德으로 본 제자백가사상

정재현

서강대 철학과 학부와 대학원을 졸업하고, 미국 하와이주립대학에서 철학박사학위를 받았다. 박사논문은 *Abstraction and Theories of Lei* (類, kinds, classification)이었다. 제주대학교 철학과 교수를 거쳐 현재 서강대학교 철학과 교수로 재직중이다. 쓴 책으로는 『차별적 사랑과 무차별적 사랑』, 『고대 중국의 명학』, 『묵가사상의 철학적 탐구』 등이 있고, 논문은 "Why is loving a thief not the same as loving all men for the Mohists," 「제자백가 사상으로 구성해본 현대사회의 덕론과 수양론」, 「묵가와 유가의 감정 기능주의와 인공지능」 등이 있다.

서강학술총서

129

德으로 본 제자백가사상

정재현 지음

서강대학교출판부

서강학술총서 129
德으로 본 제자백가사상

초판 1쇄 발행 | 2020년 10월 20일

지 은 이 | 정재현
발 행 인 | 박종구
편 집 인 | 전종호
발 행 처 | 서강대학교출판부
등록 번호 | 제2002-000170호

주 소 | 서울특별시 마포구 백범로 35(신수동)
전 화 | (02) 705-8212
팩 스 | (02) 705-8612

ISBN 978-89-7273-360-7 (94080)
ISBN 978-89-7273-139-9 (세트)

값 28,000원

* '서강학술총서'는 SK SUPEX 기금의 후원으로 제작됩니다.

책 머리에

제자백가諸子百家는 공자, 묵자, 노자, 장자, 한비자와 같이 지금으로부터 2400년 이전 중국 전국시대戰國時代에 활동했었던 사상가들 혹은 그 사상가들의 사상을 가리킨다. 그들은 혼란한 시대상황에서 그 혼란을 종식시킬 수 있는 나름의 방법 즉 도道를 갖고 여러 제후들을 설득하였던 사상가들이었다. 그들의 정치적 · 윤리적 비전은 그 사유의 독창성과 심도에 있어서 동아시아 어느 곳, 어느 시기의 사유보다도 탁월하다고 할 수 있었다. 적어도 불교가 들어오기 전의 중국 아니 동아시아 사유전통의 사상적 원류를 보여준다고 할 수 있다. 이런 점에서 제자백가는 중국, 한국, 일본과 같은 동아시아 문명의 기초를 놓은 사람들이라고 할 수 있다.

제자백가는 비록 2400년 전의 사람들이지만, 그들의 사유는 놀라울 정도로 현대인인 우리를 일깨우는 것이 많음을 발견한다. 인간이 만든 인공지능이 인간을 대체할지도 모른다는 우려를 가진 고도의 첨단 과학기술시기에 거의 원시인이라 할 수 있는 오래전 사람들의 지혜가 여전히 유효하다는 사실은 참으로 놀랍다. 인간의 삶에는 변하면서도 변하지 않는 것이 있음을 느끼게 된다.

이 책의 특징은 첫째 동아시아 사상의 원류라고 할 수 있는 제자백가사상을 도道가 아니라, 덕德의 개념을 중심으로 해명하는 것이다. 흔히들 제자백가는 각자 자신의 정치적 · 윤리적 비전 즉 도道가 진정한 혼란극복의 해법임을 주장하면서 서로 경쟁하였다고 보는데, 이 책은 도道보다는 그들이 내세우는 이상적 인간상의 능력 즉 덕德에 주목하였다. 그리고 이들 덕은 현대인들에게도 적용될 수 있는 다양한 인간의 능력(德)들이기에 제자백가 사상가들의 공헌은 우리 인간 삶을 풍요롭게 하는 인간의 다양한 능력들을 제안한 것이라고 주장하였다.

이 책의 두 번째 특징은 제자백가사상에 대한 철학적 접근방식이다. 제자백가사상은 다양한 측면을 포함한 사유이므로, 여러 가지 방식으로 이해가능할 것이다. 종교, 역사, 인류학, 문헌학 등등 다양한 관점으로 제자백가사상을 접근할 수 있을 것이다. 그 결과 제자백가서들을 우리의 삶을 윤택하게 만드는 지혜의 책 혹은 처세에 대한 책으로서 이용할 수도 있겠고, 동아시아인들의 다양한 문화적 축적을 보여주는 역사책으로서 살펴볼 수도 있을 것이다. 하지만 여기서는 제자백가의 다양한 주장들이 철학적 성격을 띠고 있음을 강조하였다. 제자백가는 단순히 자신의 생각이나 가치를 제안한 것에서 그치지 않고, 그것들이 어떻게 객관적이고 보편적일 수 있는지를 물어보았다고 보았다. 그런 점에서 이 책은 그들의 사상을 종교나 인문학에 속한다기보다는 철학에 속한다고 보았다.

다년간 학부에서 '선진한철학사先秦漢哲學史'라는 과목을 강의한 내용이 이 책에 반영되었지만, 여전히 아쉬움이 많이 남는다. 좀 더 포괄적이고, 좀 더 체계적인 제자백가사상에 대한 책을 꿈꿨는데, 게으름 때문인지, 능력 탓인지 이 정도에 그치고 말았다. 이후 좀 더 노력해서 더 나은 책을 썼으면 하는 바람이다. 수업 중에 많은 자극을 준 서강대학교 학생들과 불완전한 원고를 읽고 조언을 해준 서강대 철학과 대학원의 임은비, 박성준, 그리고 학부의 양명렬에게 고마움을 전한다.

2020년 9월

정재현 씀

목 차

제1장

서론:

철학, 동아시아 철학, 제자백가

제1장
서론: 철학, 동아시아 철학, 제자백가

1. 철학, 동아시아 철학, 제자백가

이 책에서 주로 다루게 될 제자백가 사상은 BCE 5–3세기의 고대 중국에서 활동했던 사상가들의 생각을 의미한다. 이들의 사상은 동아시아 전통사상 중에서도 지역적으로는 중국사상전통, 시간상으로는 고대라는 특정 시기의 사상을 가리키지만, 동아시아 사상전통 안에서의 그 영향력과 위상은 그 어떤 시기나 그 어떤 지역의 사상들보다도 더 크다고 할 수 있다. 이러한 제자백가 사상을 철학의 영역 안에서 다루려는 것이 이 책의 기본 의도이다. 이를 위해 여기서는 철학과 동아시아 철학의 관계를 살펴보고, 이를 바탕으로 하여, 제자백가 사상의 특성 및 위치에 대해 살펴볼 것이다.

– 철학과 동아시아 철학

철학이 무엇인가? 철학은 좁은 의미로는 대학에서 전문적으로 가르치고 있는 특정 학문분과를 가리킨다. 하지만, 철학은 또한 일상대화에서는 물론이고, 심지어 길거리의 철학관 간판에서도 볼 수 있을 정도로 보편화된 용어이다. 먼저 전문 분과학문으로서의 철학은 고대 서양(그리스)에서 생겨나서 중세를 거쳐 근대, 현대에 이르기까지 오랜 시간을 거쳐, 또한 지역적으로도 확장 발전되어온 지적 탐구 분야를 가리킨다. 그것은 발생 초기에는 현재와 같이 '순수 이론적이고, 학구적인 강단철학'을 가리켰다기보다는 '삶의 문제에 대한 다양한 의견 및 통찰, 혹은 그런 통찰에 따른 삶을 살아가는 것'을 의미했었다. 일종의 '삶의 철학' 혹은 '구도求道의 학學'이라고 할 수 있겠다.[1] 이것이 현재와 같은 이론적, 학구적 강단철학으로 국한되어진 것은 칸트(Immanuel Kant)로부터 즉 비교적 근세의 일이었다고 한다.[2] 그러나 여기서는 철학을 이처럼 협소하게 '강단철학'으로 정의하지 않으려 한다. 왜냐하면 이 글에서는 다양한 지역과 문화 속에서 오랫동안 발전해 온 지적 탐구의 분야, 특별히 우리의 지적 전통이라고 할 수 있는 이른바 동아시아 철학이라는 분야를 서구의 철학과 연결시키는 작업을 하려 하기 때문이다.

---

1 전자의 작업을 '전문가'(specialist)의 일로, 후자의 작업을 '스승'(master)의 일로 대비적으로 바라볼 수 있을 것이다. 물론 나는 궁극적으로는 이 간극을 조금 허물려고 한다. 여하튼 서양고대의 철학이 지금과는 달리 전자보다는 후자에 치중했다는 것은 하돗(Pierre Hadot)에 의해서도 지적되었다. cf. Pierre Hadot, *What is ancient philosophy?* Cambridge: Harvard University Press, 2002, 1–6.

2 물론 서양 고대에도 이미 플라톤, 아리스토텔레스 철학 같은 강한 이론적 성향의 철학과는 별도로 이소크라테스 철학과 같은 '삶의 방법'으로서의 철학의 전통이 있었다고 한다. 이에 대해서는 김헌, 「왜 이소크라테스는 철학자로 불리지 않는가?」, 『대동철학』 47집, 2009, 21–42 참조.

물론 이러한 시도에 여전히 회의적인 시선을 보내는 사람들이 있는 것도 사실이지만,[3] 그럼에도 서구 이외의 다양한 지역에서 발전되어온 사고 형태를 철학으로 간주하는 것은 더 이상 낯선 풍경은 아니라 할 수 있다.[4] 여기서는 철학의 개념을 확장하려는 이런 시도의 연장 선상에서 논의를 진행하겠다.

물론 아무리 확장적으로 철학을 정의하려고 해도 우리가 대체로 받아들이는 몇 가지 철학의 특징이 있는 것 같다. 그것은 내용상으로 보편적인 것(혹은 일반적인 것) 내지 본질적인 것과 관계하며,[5] 방법적으로는 논증적 방식을 사용해야 한다는 것이다. 보편적(혹은 일반적)인 것이란 특수적인 것이나 구체적인 것과 상대되는 개념이고, 본질적인 것이란 우연적인 것과 상대되는 개념이다. 어느 한 지역이나 시간에만 구현되고 받아들여지는 것을 특수한 것이나 구체적인 것이라고 한다면 보편적인 것이나 추상적인 것은 그와는 반대되는 것을 의미할 것이다. 모든 사람에게 혹은 대다수의 사람들에게 받아들여지거나 동의되는 것

3 드푸르트(Carine Defoort)는 그의 논문에서 중국철학이 존재하지 않는다는 주장과 중국철학이 존재한다는 주장을 검토하는데, 바로 전자의 주장을 하는 사람들이 이에 해당한다고 할 수 있다. Carine Defoort "Is There Such a Thing as Chinese Philosophy" in *Philosophy East and West*, 51/3, 2001, 참조(이후 드푸르트로 약칭).

4 위의 드푸르트 논문에서 제시된 후자의 주장에서 잘 표현되었다. 또한 최근에 동양 철학자 밴 노던(Bryan W. Van Norden)이 제시한 다문화철학(multicultural philosophy)의 개념도 바로 이런 경향을 보여준다. Cf. Bryan W. Van Norden, *Taking Back Philosophy*, New York: Columbia University Press, 2017, 1–37.

5 물론 철학이 일반적인 것만을 말하고, 구체적인 것을 말하지 않는다는 것은 아니다. 철학은 일반적인 것과 구체적인 것 두 가지 다에 관여한다. 스트로슨(P. F. Strawson)은 우리의 경험 혹은 경험적 지식을 논하는 어떤 철학체계에도 일반적인 것과 구체적인 것 두 가지가 포함되어 있으며, 이는 칸트(I. Kant)의 '직관'(intuitions)과 '개념'(concepts)에 각각 해당된다고 하였다. cf. P. F. Strawson, *The Bounds of Sense: An Essay on Kant's Critique of Pure Reason*, New York: Routledge, 1975, 20.

을 보편적인 것 즉 보편적 사실이나 보편적 가치라고 일컫는 것은 이런 이유 때문일 것이다.[6] 철학이 그 학문의 성격상 이런 보편적인 것과 본질적인 것에 관련되어야 한다고 생각하는 것은 너무나 자연스럽다. 본질적인 것이란 주로 본질적 속성을 의미할 것인데, 본질적 속성은 '그것이 부재하면 어떤 것이 그 어떤 것이 될 수 없는 속성'을 의미할 것이다. 우리가 '그것의 본질은 무엇인가' 하고 물을 때의 그 본질 말이다. 본질은 좁은 의미로 필요조건이라고 할 수도 있다. 그에 반해, 우연적인 속성이란 '그것의 존재여부가 어떤 것의 동일성을 유지하는 데 어떤 결정적 역할도 하지 않는 속성'을 의미한다. 예컨대, 인간의 체중이나 모습과 같은 것은 수시로 변하는 것으로, 인간을 인간으로 만드는 데 있어서 결정적 역할을 하지 않는 속성으로 인간의 우연적 속성이라 할 수 있을 것이다. 반면, 인간의 식욕, 성욕과 같은 것은 인간이 인간이 되기를 포기하지 않는 한, 부인할 수 없는 인간의 본질적 속성이라고 할 수 있다. 한마디로 식욕, 성욕이 없는 인간을 상상하기 어렵기 때문이다. 물론 본질이라는 말은 이렇게 단순히 필요조건만을 의미하는 것이 아니고, 또 어떤 것을 다른 것과 구별시켜주는 속성도 의미하기에, 인간이 동물과 공유하는 속성인 식욕, 성욕보다도 인간의 사유능력을 인간의 본질적 속성, 즉 본질로 지목하기도 한다. 즉 아무리 식욕, 성욕이 인간됨의 필요조건이라고 해도 그것들은 인간을 다른 존재와 구별

6 철학은 '실제적인 것'이 아니라, '원리'에 대한 것이라고 할 수 있다. 또는 철학은 현상을 다루는 것이 아니라, 그 현상을 가능하게 만드는 필요조건을 다루는 것이라고 할 수도 있다. 이렇게 되면 뒤에 얘기하는 정당화 과정으로서의 철학 개념과 연관된다. 하여간 철학이 일반적으로 현실에서 볼 수 없는, 말도 안 되는 예를 억지로 상정해서 다루는 것은 바로 이런 원리를 찾기 위한 일종의 실험정신에서 나온 것으로 불가피한 측면이 있다.

시켜주는 성질이 아니기에 인간의 본질은 다른 데에서 찾아져야 한다는 것이다. 구체적으로 인간의 사유능력이 무엇인지는 다시 동물도 사유능력이 있다는 주장을 의식하여 좀 더 구체적으로 '합리적 혹은 논리적 사유능력'이라고 말해졌다. 지금은 인간보다 훨씬 뛰어나게 계산을 하는 인공지능의 출현으로 인하여 다시금 '합리적 혹은 논리적 사유능력'이 인간의 본질적 속성인지가 의심스러워졌지만, 오랫동안 인간의 '합리적 혹은 논리적 사유능력'은 오직 인간만이 가진 본질적 속성으로 말해져 온 것이 사실이다.

본질적 속성이란 어떤 유類를 그 유로 만드는 속성이고, 그렇지 않은 속성은 우연적인 것으로 보아야 한다고 했는데, 그렇다면 인간의 본질은 무엇인가? 그것은 어떻게 정해질 수 있는가? 이러한 문제들은 단순히 "본질"이라는 말의 의미를 알고 있다고 하더라도 쉽게 결정이 되지 않는다. 예컨대, 한국인의 본질적 속성이 무엇인가라는 문제를 접했을 때, 이 문제가 무엇을 요구하는지 우리는 형식적으로는 알지만, 과연 한국인들에게 본질적 속성이라고 하는 것이 존재하는 것인지, 또 설사 그런 것들이 있다 하더라도 어떻게 그런 것들이 발견될 수 있는지 즉 내용적으로 그것들이 무엇을 가리키는지는 여전히 모를 수가 있다. 본질적 속성의 내용을 확정하는 그런 어려움 때문에 다른 한편에서는 이처럼 논란거리인 본질 찾기를 중단하고 그 대신 '가족 유사성'(family resemblance)을 찾자는 주장이 나오게 된다.[7] 이런 맥락에서 철학이 과연 본질을 찾는 것인지 아니면 가족 유사성 정도의 특성을 찾는 것인지

7 비트겐슈타인의 *Philosophical Investigations*(『철학적 탐구』)에서 그 시도를 찾아볼 수 있다.

다시 물어볼 수 있을 것이다. 그러나 철학이 '본질'이 아니라 '가족 유사성'을 찾는 것이라고 해도, 이것은 '느슨한 의미로서의 본질'을 찾는 것이지, 결코 '우연적인 것'을 찾는 것은 아니라 할 수 있다.

철학의 방법으로 흔히 말하여지는 논증적 방식이란 '결론과 그 근거로 이루어진 정당화 방식'을 가리킨다. 여기서는 논증을 좀 넓게 사용해서 논증구조가 표면적으로 드러나지 않는 경우에도 즉 감추어진 경우에도 논증적 방식을 사용했다고 주장하겠다. 즉 단계적인 논증의 증명방식을 사용하지 않고, 우리가 흔히 일반적이거나 추상적인 원리가 아닌 구체적인 것에 대해 말하는데 사용하는 '이야기'(narratives) 같은 것도 넓은 의미의 논증적 철학의 방법으로 수용하려는 것이다. 아니 심지어 그저 상관이 없어 보이는 일련의 주장들에 대해서도 어떤 경우는 거기에 숨겨진 논증적 구조가 있는 것으로 보려할 것이다. 여기서 철학이 논증적 방법으로 이루어진다는 것은 제기하는 주장들이 나름의 근거를 암묵적으로라도 보유하고 있다는 점일 뿐이다.

어떤 철학적 입장이나 주장의 근거가 암묵적으로 있다는 것의 의미를 단지 위와 같이 그 입장들이 단편적인 주장들로 이루어져서 분명한 논증구조가 드러나 보이지 않는 경우에만 국한하지 않는 방식이 있다. 이것은 쿠퍼만(Joel J. Kupperman)이 사용한 방식인데, 그는 암묵적 근거를 철학 저서의 내부적 근거가 아닌 외부적 근거로 해석한다. 그에 의하면 어떤 철학적 입장이나 체계는 그 내부에 제시된 언명들의 논리적 관계에서 끌어내어지는 근거와는 다른 외부적 근거에서 지지되기도 한다. 그 외부적 근거는 그 철학 저서의 입장이나 체계를 받아들이는 독자나 청중이 그것들을 자신의 삶이나 혹은 다른 사람들의 삶과 연결시키는 데에서 발생한다. 즉 그 철학이 독자나 청중의 삶에 영감을 주고, 새롭게 세계를 이해하게 하고, 그들의 삶을 일관되게 만드는 데 공헌을 한다면, 그러한 요소들은 그 철학을 받아들일 충분한 근거가 되고, 그 근거가 바로 그 철학적 입장의 외부적 근거가 된다는 것이다.[8] 이것은 철학적 입장의 함축을 그 철학의 근거로 받아들이는 경우가 될 것이다. 실제로 철학자 자신이 그런 근거들을 사용하지 않았다 하더라도, 후대에 그 철학자를 대신해서 새로운 근거들을 찾아준 경우들이 많고, 따라서 이러한 점을 염두에 둔다면 쿠퍼만의 시도가 전혀 근거 없는 것은 아닐 것이다.[9]

여하간 동아시아 철학이 철학인가의 문제에 답하기 위해 위의 철학의 특징들을 적용해 보자. 오랫동안 공자가 말한 인仁(인간다움)은 상황 의존적이고(특수적이고, 우연적이고) 따라서 여기에는 보편적인 것, 본질적인 것을 말할 수 없다고 하는 사람들이 있었다. 공자는 상황에 따라 다양한 방식으로 인仁을 말했기 때문에, 나아가 인仁을 정의하지도 않았기 때문에, 공자의 윤리는 일종의 상황윤리라고까지 말해졌다. 아마도 공자의 사유방식이나 활동을 철학(특히 서양전통의 철학)과 연결시키지 않으려는 생각은 바로 이런 통상적 판단들에 기초해 있을 것이다. 그러나 이러한 판단들은 전적으로 정확한 것은 아니다. 공자의 인仁은 특정한 개인에게만 해당되는 것이 아니고, 다양한 인간에게 제안

---

8 Joel J. Kupperman, *Learning from Asian Philosophy*, New York: Oxford University Press, 1999, 3–13.

9 그러나 이렇게 어떤 주장의 함축을 그 주장의 근거로 받아들이면 논증적인 주장과 논증적이지 않는 주장의 구분이 모호해진다. 체험을 강조하는 어떤 종교 주장도 논증적인 주장이라고 할 수 있기 때문이다.

되는 미덕이고, 그것은 특정 인간의 임시적, 피상적, 우연적 측면을 다루는 것이 아니라, 인간의 일반적이고, 본질적인 측면을 가리키고 있는, 즉 '인간 종'(human kind)의 미덕이기 때문이다.[10] 또한 공자의 『논어』에 플라톤의 대화록들에서 볼 수 있는 논증적 대화 형식이 표면적으로 부재하는 것도 부인할 수 없는 사실이지만, 그러나 우리는 재구성의 노력을 통해 그것에 감추어진 내면적 논증의 구조 혹은 그것이 함축하는 논증의 구조를 찾아 볼 수도 있다.[11] 비록 간접적이지만 이런 암묵적 논증의 구조를 가진 것들도 논증적 구조가 있다고 할 수 있지 않겠는가? 논증적 구조는 꼭 특정 형태를 통해 발견되는 것이 아니라, 또 명백하게 드러나 있는 것만이 아니라, 감춰져 있는 것일 수도 있다. 예컨대, 20세기 최고의 철학책 중의 하나로 인정받는 비트겐슈타인의 *Tractatus*(『논리철학논고』)가 명백한 논증적 구조의 대화가 아닌 독립적으로 보이는 간략한 언명들로 이루어졌음에도 누가 거기에 논증이 없다고 할 수 있을 것인가? 적어도 그 안에 모순적 내용을 포함하지 않는다면, 또는 그것이 재배열을 통해 정합적인 메시지를 독자에게 준다면 우리는 그것에 논증적 구조가 있다고, 즉 논증적으로 이해해 볼 수 있다고 할 수 있을 것이다.

물론 보편적인 것과 본질적인 것에 관련되고, 논증적으로 되어 있다는 것만으로 충분히 철학을 규정지을 수 없다고 주장할 수 있다. 사

10 모종삼은 이 때문에 "仁이란 사건이 아니고, 삶의 원리이다"라고 하였다. 모종삼, 『중국철학19강』, 모종삼전집29, 34.

11 핑가렛(Herbert Fingarette)의 *Confucius- the Secular as Sacred*가 아마 이런 의미에서의 대표적인 공자사상의 재구성 작업이라고 할 수 있다. cf. Herbert Fingarette, *Confucius- the Secular as Sacred*, New York: Harper & Row, 1972. (이하 Fingarette, Confucius로 약칭)

실 철학과 구분되는 과학이나 종교도 개별적인 것이 아니라 보편적인 것, 그리고 우연적인 것보다는 본질적인 것에 관여하기 때문이다. 또한 그것들도 이제껏 말한 의미의 논증적인 것이 아니라고 할 수 없을 것이다. 한마디로 보편적인 것을 논증적으로 다룬다고 그것을 바로 철학이라고 할 수는 없다는 주장이다. 만약 그렇다면 철학의 필요조건이면서도 철학만이 가지는 본질적인 속성을 좀 더 다른 곳에서 찾을 필요가 있다.

흔히들 서양 전통에서 철학은 과학과 종교 사이에 있다고 말해진다. 그러면서 철학은 과학처럼 합리적인 방식으로 진리를 찾지만 그 진리가 보다 궁극적인 것과 관련이 된다고 말해지고, 종교처럼 궁극적인 진리를 찾지만 종교와는 달리 합리적인 방식을 택한다고 말해진다. 이것을 달리 표현해서 철학은 사실(과학)이나 궁극적인 것(종교) 하나만을 추구하는 것이 아니라, 궁극적 사실에 대한 추구 혹은 달리말하면 '사실의 궁극적 정당화'를 추구하는 것이라고 말할 수 있을 것이다.[12] 철학은 과학처럼 사실을 발견함으로써 작업을 마치는 것이 아니라, 그런 사실이 어떻게 정당화되는지를 끊임없이 물음으로써 보다 궁극적인 곳으로 향하는 것이고, 종교처럼 믿음을 통해 궁극적인 것을 받아들이지 않고, 그런 믿음의 정당성을 합리적으로 다시 묻는 회의적 태도를 견지하는 것이라는 의미이다.

동아시아 학문전통은 오랫동안 논증적이지 않았고, 또한 직관이나 감성에 기반하였기에 그것을 철학이라고 바라보기보다는 '사상'이라고

12 철학의 문제는 발견의 문제가 아니라, 정당화의 문제라고 볼 수 있다는 것이다. 이것은 칸트의 *Critiques*『비판들』에 의해 명확히 제시된다.

해야 한다고 주장해왔다. “동양철학” 혹은 “동아시아철학”이라는 표현은 ‘서양의 철학을 가지고 동아시아의 사상에 접근하려는 시도’ 즉 ‘동아시아 사상에 대한 철학적 접근’이라는 메타적 의미로만 정당성을 가질 수 있다고 보았다. 하지만 이러한 피상적 인상에 기반한 해석을 탈피해서 동아시아전통 사상도 그 자체로 하나의 철학이라고 이해해 볼 수도 있을 것이다. 예컨대, 동아시아 사상전통에서 강조한 근본이나 기원의 추구문제도 이전처럼 발견의 맥락에서만이 아니라, 정당화의 시각에서도 바라 볼 여지도 있다고 생각해 볼 수 있다. 동아시아 사상전통에서 핵심적 역할을 차지하는 공자도 이렇게 볼 수 있는데, 예禮의 근본이 무엇이냐는 공자에 대한 한 제자의 질문은 예의 역사적 기원을 묻는 것일 수도 있지만, 왜 우리가 예를 준수해야 하는가라는 예의 정당화를 묻는 질문일 수 있고, 따라서 그 문제에 대한 공자의 호응적 응대도 정당화의 중요성을 인정한 것일 수 있다. 따라서 철학이 정당화의 활동임을 인정한다고 해도 우리는 여전히 전통 동아시아 사상을 철학이라고 바라볼 수가 있다.

정당화의 작업은 종종 해명이나 설명의 작업과 구분할 수 있다. 전자가 아직 성립되지 않는 사실을 확립하기 위해 근거를 사용하는 것이라면, 후자는 이미 확립된 사실을 설명하기 위해 근거를 사용하는 것이라고 할 수 있다. “유가하락으로 환율이 폭락했다”라고 말하는 경우가 환율폭락의 사실을 유가하락으로 설명하려는 것이라면, “수천 년 동안 해가 동쪽에서 떴으므로 내일도 동쪽에서 해가 뜰 것이다”라는 경우는 내일 동쪽에서 해가 뜨는 것을 사실로 확립시키기 위해 수천 년 동안 해가 동쪽에 뜬 사실을 이용한 것이므로 정당화를 시도한 것이다.[13] 물론 이런 정당화와 설명의 차이가 모든 점에서 분명한 것은 아니지만, 적어도 철학의 목표가 과학과 마찬가지로 사실의 확립에 있다는 것은 부인할 수 없는 사실이다. 나는 적어도 이런 사실의 확립으로서의 정당화라는 철학적 활동의 개념을 동아시아 철학을 다룸에 있어서도 포기하지 않으려 한다.[14]

물론 나와는 다르게 철학의 개념을 사용하면서도, 동아시아 철학을 말할 수 있다. 이것은 또한 특정 형태의 철학, 즉 예컨대, 서양 철학의 보편성을 부인하는 것이다. 동아시아 철학이라는 표현을 쓰면서도 서양철학과의 관련성 속에서 사용하지 않으려는 태도이다. 이에 따르면, 철학은 다양하게 정의될 수 있으며, 따라서 굳이 특정 형태, 특히 서양전통에서 받아들여 온 철학에 대한 정의를 따르려고 노력할 필요가 없다는 것이다. 한마디로 앞서 말한 것처럼 철학을 굳이 보편적, 본질적, 그리고 논증적인 것, 나아가 정당화의 과정과 연결시킬 필요가 없다는 것이다. 철학은 문화와 지역에 따라 다르게 정의될 수 있기에(예컨대, 우연적인 것과 특수적인 것을 강조할 수 있기에), 따라서 철학을 본질적이고, 보편적인 것을 추구하는 논증적 활동으로, 그리고 합리적인 정당화의 활동으로 보고, 이것을 문화나 지역을 초월하는 것처럼 생각하는 것은 일반화의 오류거나 서구 중심주의와 같은 일종의 제국주

---

13 이병덕, 『논리적 추론과 증명』, 서울: 이제이북스, 2015, 10-11.

14 김영건은 비슷한 이야기를 다음과 같이 한다: "...하나의 철학적 입장을 이해, 해석, 설명하는 것은 어떤 의미에서 철학의 본래 목적이 아니다. 오히려 철학은 논증하는 것이다." 김영건, 『이성의 논리적 공간』, 서강대학교출판부, 2014, 377. (이후 김영건, 『이성』으로 약칭).

의적인 폭력적 사고라는 것이다. 아이러니컬한 것은 이러한 비보편주의, 비본질주의적, 비논증적, 비정당화 사고의 강조가 동아시아에서 자생적으로 생겨난 것이 아니고, 서구의 반모더니즘 즉, 포스트모더니즘적 사고의 영향을 받았다는 점이다. 어떻게 보자면, 동아시아 철학의 자주성을 모색하는 시도도 서양의 영향을 받아서 시작한 셈이다. 이렇게 동아시아 철학을 서양철학과 다르게 취급하여 정의하려는 시도 중에서 두 가지 주목할 만한 경향을 살펴보려고 한다. 먼저, 동아시아 철학은 종종 합리적 접근방식을 불허한다고, 아니 적어도 합리적 방식으로의 접근은 동아시아 철학을 이해하는 데 한계를 가진다고 말하는 입장이 있다. 한마디로 신비주의적 입장이라고 할 수 있다.[15] 공자의 『논어』와 마찬가지로 동아시아 전통사상에 커다란 영향을 준 『노자』 첫 장은 "도道를 도라고 하면 진짜 도가 아니다"(도가도道可道 비상도非常道)라는 주장이 있고, 또 다른 주요 저서인 『장자』 「제물론」에서는 어떤 수레바퀴 만드는 기술자가 "진정한 기술은 다른 사람에게 전달할 수 없다"는 진술을 하였다. 이러한 주장이나 표현들은 대표적으로 동아시아 철학에서 추구하는 궁극적인 것이 인간의 언어나 사유로 잡히지 않는 것이거나, 또한 설사 그런 궁극적인 것에 대한 인식이 가능하다고 해도, 그것은 '명석 판명한' 것이 아니고, 오히려 종종 무의식 혹은 무차별적

---

15 합리적 접근을 거부한다고 다 신비주의는 아니다. 예컨대, 동양철학의 심미적 접근을 강조하는 에임스/홀Ames/Hall이나 김영건의 입장이 신비주의적 해석을 옹호하는 것은 아니다. 에임스/홀은 서양의 사고를 논리적 질서, 동양의 사고를 심미적 질서에 각각 위치시켜 놓고, 서양의 관점에서 동양의 사상을 접근하는 것의 위험성을 경계해 왔다. Cf. Roger T. Ames and David L. Hall, *Thinking Through Confucius*, New York: State University of New York Press, 1987; *Anticipating China,* New York: State University of New York Press, 1995. 김영건의 심미적 해석에 대해서는 김영건, 『이성』 10장, 11장 참조.

상태에서의 인식(?)이라고 해석되어져 왔다. 후대의 중국 불교전통에서 말하는 언어를 떠난 '깨달음'[16]이나, 주자학 전통에서의 희로애락喜怒哀樂의 감정이 발하기 전의 상태 즉 '미발未發에 대한 체험'의 이야기도 언어나 사유로 파악하기 힘든 궁극적인 것에 대한 인식을 말하는 것으로 해석되었다. 따라서 이런 해석의 입장에서 보면, 내가 이 책에서 제시하려는 '논증과 분석을 통해 이해 가능한 분과로서의 동아시아 철학에 대한 탐구'란, 의식으로는 잡히지 않는 것을 억지로 잡아내려고 하는 헛된 시도이다라고 비판할 수 있을 것이다. 그러나 이런 신비주의 입장이 과연 적극적으로 성립할 수 있을까? 궁극적인 것은 말로 표현할 수 없는 것이라는 입장이 하나의 입장으로 모순 없이 성립할 수 있을까? '무차별적 인식'이란 그 자체 모순이 아닐까? 어떤 의미에서 이러한 입장의 어떤 실용적 가치를 인정은 하지만, 이러한 입장은 지나치게 과장되거나 신비화되어서는 안 된다. 언어가 깨달음에 있어서 중요한 역할을 한다는 점은 깨달음은 언어로 표현불가능하다고 했던 노자, 장자, 그리고 선불교의 선승들이 바로 그러한 반언어적 주장들을, 방대한 저작들 즉 언어를 통해 수행하고 있는 점에서 알 수 있다. 저명한 불교학자, 버스웰(Robert Buswell)교수가 그의 책[17]에서 지적한 대로 깨달음은 너무 신비화되어서는 안 되고, 깨달음은 어디까지나 구체적 환경이나 점진적 방법을 고려하는 가운데 이해될 필요가 있다. 이것이 동아시아

16 불교 선종의 대표적 모토는 "以心傳心, 不立文字, 直指人心, 見性成佛" (마음과 마음으로 전해지고, 문자를 세우지 않고, 사람의 마음을 바로 가리키고, 본성을 보고 부처를 이룬다)이다.

17 로버트 버스웰, 『파란눈 스님의 한국 선 수행기』, 김종명 옮김, 서울: 예문서원, 1999 참조.

철학에서 강조하는 하학이상달下學而上達(구체적인 데서부터 공부하여 점차 추상적인 것을 이해하는 데로 나아감)의 정신을 따르는 것이 아닌가 한다. 즉 동아시아 철학에는 초월주의나 신비주의의 요소와 함께, 일상성과 반신비주의의 정신이 강조되고 있다. 이 후자의 태도가 바로 과학적 태도이고, 또 과학의 시대를 살아가는 우리들이 동아시아의 사유전통에 접근해 갈 수 있는 안전하고 유일한 길이 아닐까 한다. 전자의 신비주의적 요소는 후자의 과학적 태도나 입장 하에서, 적절하게, 제한적으로 이해되어야 한다고 믿는다. 나는 합리적 서양철학과 비합리적 동아시아 철학의 구분이 문화적 구분이나 스타일상의 구분의 의미로 말해진 것이라면 어느 정도 수용할 수 있다고 본다. 그렇지만 위에서 보는 것처럼 그 구분의 입장이 언어와 보편적인 것을 부정하는 데에로 나간다면, 그것은 자칫하면 비트겐슈타인이 말하는 '사적 언어'(private language)[18]의 오류에 빠지는 것이 될 것이고, 따라서 합리적으로 받아들이기 어려운 주장이라고 생각한다. 오직 자신에게만 이해되는 '사적 언어'의 개념과 같이, 언어의 공공성을 무시하는 개념은 성립하기 힘들 것이기 때문이다. 한마디로, 합리적 서양과 비합리적 동양이라는 차이가 관습이나 문화적 차원에서 말하는 것이라면 받아들일 수 있지만, 원리나 논리의 차원에서 제기하는 것이라면 받아들일 수 없다.

도가나 선불교가 신비주의일 수 없다는 것은 그들을 포함하는 동아시아 사유 전통이 처음부터 끝까지 자신들의 이상적 상태 즉 깨달음이나 도에 다다른 상태를 다른 사람도 공유할 수 있는 상태 즉 인지적

---

18 비트겐슈타인의 *Philosophical Investigations* §§244－271 참조. 사적 언어 논증이란 원리상 본인 이외에 다른 사람에게 이해 불가능한 언어는 불가능하다는 주장이다.

인(cognitive) 것으로 생각했기 때문이다. 누구도 도가 타인과 공유 불가능하고, 타인에게 전달 불가능한 사적인 것이라고 이야기 하지 않았다. 또한 우리는 얼마든지 동아시아 사상 전통이 추구하는 궁극적 상태에 대해 혹은 신비적인 최상의 상태에 대해 적어도 쿠퍼만의 방식으로 그 암묵적 근거를 제시할 수 있고, 이러한 한에 있어서 합리적 이해가 가능하다고 보아야 한다.

앞서와 같은 신비적인 방식은 아니지만, 여전히 동아시아 철학을 보편적이고, 논증적인 차원에서 정의하지 않으려는 또 다른 시도가 있을 수 있다. 이들이 보기에 동아시아 철학이 서양철학과 달라지는 것은 그 실천성에 있다. 한마디로 이른바 동아시아의 철학자들이 관심을 갖는 것은 실천적 행동이지, 말이나 사유가 아니라는 것이다. 여기서 말하는 것은 동아시아의 철학자들은 이론에 관심이 없었고, 실행에 관심이 있었다는 것이다.[19] 수양과 같은 실천의 문제에 대해서도 그 근거와 가정을 따져보고, 그 적실성을 따져보는 것은 현대의 동아시아 철학자들(즉 예전의 동아시아 전통 사유를 연구하는 현대의 철학자들)에게서 볼 수 있는 활동이지, 공자나 노자와 같은 과거의 이른바 동아시아 철학자들에게서 볼 수 있는 활동은 아니라는 것이다. 드푸르트는 이러한 입장 차이를 '스승'(master)과 '철학 전문가'(specialist in philosophy)의 차이로 부르고, 19세기 이래 중국에서는 중국전통 철학을 연구하는 이를 전자로 부르지 않고, 후자로 부르기 시작했다고 말한다. 이른바 '스승'의 시대

19 이것은 실천적 지식과 이론적 지식의 차이가 아니다. 오히려 라일(Gilbert Ryle)이 말하는 '방법적 지식'(knowing how)과 '명제적 지식'(knowing that) 의 차이이다. cf. Gilbert Ryle, *The Concept of Mind*, New York: Barnes & Noble, 1949, 27–32.

가 끝났다는 것이다.[20] 세상을 보다 나은 세상으로 변화시키기 위해 정치에 참여하고, 혹은 제자들을 교육하는 일이 스승의 일이라면, 철학의 전문가들은 전통적 동아시아 사유를 현대의 언어 즉 철학 용어로 해석하고, 체계적으로 해명하는 일을 한다고 할 수 있다. 전자가 직접 현실 세계에 뛰어 들어, 현실을 바꾸려는 노력을 하는 것이라면, 후자는 그런 노력에 대한 반성적인 이론화 작업을 한다고 할 수 있다.[21] 하지만 이러한 구분이 정말 분명한가? 예컨대 후자의 작업 없이 전자의 작업이 가능한가? 공자의 작업을 정확히 이해하지 않고, 공자의 작업을 계승하겠다는 것이 가능한가? 공자의 작업의 이해가 반성적인 이론화 작업 없이 가능한가? 공자가 설령 지금 살았더라도, 과연 전문가의 일을 수행하지 않고, 단순히 스승의 일을 할 수 있을 것인가? 피상적으로 본 것과는 달리, 스승의 길과 전문가의 길이 멀리 떨어져 있는 것은 아니라는 것이 나의 소견이다.

이런 실행의 강조와 함께 몇몇 현대의 중국철학자들은 동아시아 혹은 중국철학의 특징을 심성지학心性之學 혹은 주체적, 내면적, 생명의 학문으로 본다.[22] 그들은 동아시아의 철학이 명제적 지식과 다른 방법적 지식의 체계라고 규정짓는 것도 충분하지 않다고 생각한다. 방법적 지식 중에서도 특별한 의미의 방법적 지식을 강조한다. 이러한 입장의 주창자인 모종삼은 처음에는 철학을 '대체로 인간의 감성이나 인성의 활동에 대하여 이지적이고 관념적인 방식으로 반성하여 설명하는

20 드푸르트, 395.

21 이런 의미에서 정치철학이나 윤리학 같은 실천철학들도 후자에 속한다.

22 모종삼, 『모종삼 교수의 중국철학 강의』, 예문서원, 2011, 171쪽. 혹은 당군이, 장군매, 모종삼, 서복관이 1958년에 선포한 「중국문화선언」 참조.

것'[23]이라고 정의 내림으로써 일견 서구의 이론 중심의 철학관을 수용한다. 그러나 사실 그가 중국의 전통적 철학사상으로 보는 심성지학은 '이지적이고 관념적인 방식으로 반성하여 설명'하는 것이 아니다. 그것은 일종의 실존적 반성활동을 가리킨다는 점에서 철학이라기보다는 종교에 가깝다. 다시 말해 모종삼의 철학 정의를 따를 때, 모종삼 자신의 학술활동은 철학으로 바라볼 수 있지만, 모종삼이 탐구대상으로 삼는 공자의 활동은 종교에 가깝다고 볼 수 있을 것이다. 즉 모종삼의 철학에의 정의, 그의 철학적 학술활동, 그가 보는 중국철학 전통의 특성 간에는 약간의 내적 충돌이 있다. 여하간 이런 모순적 상황과는 상관없이 전통 동아시아 철학을 심성지학으로 보는 그의 입장은 동아시아 전통 철학사상은 내성이나 내포적 접근 방식으로 진행되었다는 것이다. 그는 진리를 내포적 진리와 외연적 진리 혹은 강도적 진리와 연장적 진리의 두 가지로 나누고 전자를 서구의 과학적 탐구방식의 후자와는 다른 방식으로 실존적으로 그리고 반성적으로 진리를 추구하는 것으로 보았다.[24] 그는 오직 전자만이 주체를 객체화하지 않는 실존적 탐구방식이라고 한다. 물론 동아시아의 철학은 대체로 전자에 속하는 철학이라는 것이 그의 입장이다.[25] 이러한 모종삼의 입장은 대학의 분과학문체계에서 동아시아 철학을 철학과에서 다루지 않으려는 오랜 서구 주류 학계의 시각과 마찬가지로 서양의 철학전통과 동아시아의 철학전통의 상이

23 *Ibid.* 28.

24 그는 또 같은 대비를 '이성의 운용적 표현運用的 表現'과 '이성의 가구적 표현架構的 表現'이라는 표현으로 비교 제시하기도 한다. cf. 모종삼, 『정도여치도政道與治道』, 모종삼선생전집 10, 대만: 학생서국, 1996, 49-68. (이후 모종삼, 『政道與治道』로 약칭).

25 모종삼, 『중국철학19강』, 모종삼전집29, 19-44.

함을 강조하는 것이다. 물론 서구 주류 학계에서 동아시아 철학을 철학으로 인정하지 않으려는 입장은 서구 우월주의를 배경으로 하고 있고, 반면 동아시아 철학의 독특성을 강조하는 모종삼 등의 입장은 그렇지 않다는 점에서 차이가 난다. 그러나 나는 이 두 시각이 공통적으로 가지고 있는 동양 고유의 철학전통이라는 개념에 찬동하지 않는다. 즉, 서구주류 학계의 시각처럼, 전통의 동아시아 철학자들이 실행이나 내성적 반성활동에 경도되었기에, 그들을 비철학적 활동을 한 사람들로 간주하고, 오직 이들에 대한 우리의 이론적, 반성적 작업만을 철학적 작업으로 한정지우려 시도하지 않겠다. 또한 동아시아의 특수성을 강조하기 위해 그들의 작업을 단순한 이론적 작업이 아니라, 일종의 실행에만 종사한 사람들로, 혹은 일종의 내성의 반성작업만을 수행한 사람들로 간주하지도 않겠다.[26] 다시 말해, 공자나 노자가 행한 활동이 이론적 이해를 위한 정당화나 설명을 추구하는 것이라기보다는 이상적 자아의 완성을 추구하는 것이었다[27]고 하는 데에는 어떤 스타일의 측면에서 동의하지만, 이상적 자아의 성취를 추구하는 것에 정당화나 설명의 작업이 결여되었다고 보지는 않는다. 그들의 작업이 언어적 체계화를 지향하고 있는 이상, 그들의 작업은 이론적인 길과 정당화의 길을 포함하고 있다.

나는 철학의 가치가 어떤 특정 문제에 대해 뭔가 적극적 해답을 주는 데 있다기보다는 그 문제의 성격과 그 한계를 보여주는 데 있고, 따

26 물론 모종삼, 당군이 등의 입장이 이렇다는 것은 아니다. 그들은 전통적 동아시아 철학자들의 작업도 철학적 활동이라고 보았다. 나의 입장은 이들의 입장도 잘못하면 이렇게 극단적으로 이해될 수도 있다는 것이다.

27 즉 세계에 대한 이해가 목적이 아니라, 이상적 인간의 구현이 목적이었다.

라서 서구 철학전통에서 강조하는 이론적 분석의 작업이 동아시아에서 강조하는 무의식의 깨달음이나 실천적 지식의 성격을 보여주는 데 아무런 해가 되지 않을 뿐만 아니라, 오히려 사이비 깨달음이나 맹목적 행동을 솎아내는 미덕도 있다고 본다. 따라서 분석과 논변을 강조하는 것이 전혀 동아시아 사유의 고유성을 훼손하는 것이 아니라고 본다. 오히려 이론적 분석이 만병통치는 아니지만, 어느 병에나 상당히 효과가 있는 치유제의 역할을 할 수 있다고 본다. 그리하여 동아시아 철학에는 단순히 실천만 있는 것이 아니고 이론적 분석도 깔려 있다고 본다. 이론은 실천과 규범적으로 뿐만이 아니고, 실제상으로 연결되어 있다고 보기 때문이다. 이것이 내가 단지 명료한 개념분석의 작업에만 철학을 국한시키는 것을 찬성하지 않는 이유이다. 동아시아 철학의 개념에 수양이나 실천의 수행이 좀 더 통합적으로 포함되기를 원하고, 또한 수양이나 실천은 정당한 분석적 작업을 위한 자료로만이 아니고, 그 자체가 일종의 이론적 탐구활동임을 알아야 한다. 퇴계와 고봉의 사칠논변을 보면, '논변에 대한 분석'으로서의 학문, 즉 좁은 의미의 개념적 분석 작업으로서의 철학이 동아시아에서 상대적으로 미약한 것이었다는 것을 알 수 있지만, 또한 그곳에서 수양과 실천을 아우르는 이론적이고, 개념적 활동으로서의 철학의 모습이 확연하게 있음도 인지할 수 있다. 요약하자면 동아시아 철학은 기본적으로 이론적인 것과 실천적인 것의 연결고리를 바탕으로 진행되는 탐구영역이다. 이런 점에서, 실천을 포함한 모든 활동은 인식으로부터 출발하고, 또한 제대로 된 인식은 실천적 반성을 통해 얻어진다고 말할 수 있다. 예컨대, 동아시아의 정명론正名論은 이런 통찰을 위한 자료로 이용될 수 있다. 뒤에 좀 더 자세하게 다루겠지만 공자는 정치를 하게 되면 먼저 무엇을 하겠느냐는 한 제자의 질문에 '정명正名을 하겠다'고 하였다. 정명正名은 흔히 '이름을 바로 함'으로 번역되는데, 여기서 '이름을 바로함' 혹은 '정확한 이름의 사용'은 일종의 개념적 명료성의 작업만이 아니라, 동시에 윤리적이고, 정치적인 실천행위를 가리켜야 할 것이다. 그러기에, 정명은 '올바른 명분을 세움'의 윤리적 · 정치적 활동으로도 이해되어지는 것이다. 여하간, 정명론에서 드러났듯이, 언어의 개념성과 실천성의 공존은 실천과 행위의 영역이 인지적이고, 개념적인 영역과 중첩되어 있음을 알 수 있게 한다. 다시 말해 '지식'만이 아니고 '지식에 따라 사는 삶'도 인지적이고, 개념적인 활동인 것이다. 나는 한마디로 동아시아 철학에서 행해져 온 지적, 실천적 활동을 일종의 정명론의 활동이라고 본다. 그것은 섬세하게, 우리가 가진 가정, 실천, 인식에 대해 끊임없이 반성하는 것이다. 이런 활동이 철학적 활동이 아니라면, 어떤 것이 철학적 활동일까? 정명론의 명실일치의 주장이나, 유학자의 지행합일이 말하는 것은 우리의 개념적 활동과 실천적 활동이 단순히 규범 차원에서만이 아니라, 실제 차원에서도 연결되어 있음을 보여준다. 흔히들 우리는 '나는 알았는데 행동하지 못했다'거나 '나의 이상과 현실은 분리되어있다'고 느끼는데, 이것은 사실 정확한 사실이 아닐 수도 있다. 나는 어떤 의미에서는 처음부터 아는 만큼 행동하고 있었고, 내가 진실로 하려고 원하는 만큼만이 나의 현실이었다는 것이 좀 더 정확한 이야기일 수 있다.[28] 한마디로 동아시아의 철학은 단순한 개념적 인지작업이 아니고,

28 물론 이것은 너무 지나친 해석이다. 앎과 행위가 서로 연결되어있다고 해서 앎과 행위가 같다는 것이 도출되는 것은 아니기 때문이다.

실천적인 작업이라는 것이다.

– 제자백가 사상과 덕德

제자백가 사상이란 대체로 중국 최초의 통일제국인 진秦나라가 통일되기 이전인 춘추전국시기(BCE 770–221)의 다양한 철학사상을 가리킨다. 좀 더 구체적으로는 전국시기(BCE 403~221)의 다양한 철학사상을 말한다. 진제국 이전의 철학이라는 의미에서 "선진철학先秦哲學"이라고 하기도 하고, 또 서구에서는 진나라가 극히 짧은 시간 지속하였기에 그 다음 왕조인 한漢왕조를 기준으로 "Pre–Han philosophy(즉, 선한철학先漢哲學)"이라는 용어도 쓴다. 시기상으로 볼 때, 춘추전국春秋戰國시대란 중국의 왕조에서는 주周왕조시대의 후반기 즉 동주東周시대를 가리키는 것으로, 이는 앞선 주왕조 전반기의 서주西周시기와 대비되어 쓰인다. 여기서 말하는 주周는 소위 중국의 고대 왕조인 하夏(BCE 2070~1600), 은殷 혹은 상商(BCE 1600~1046), 주周(BCE 1046~256) 삼대 왕조를 가리킨다. 역사적 기록을 가지고 있는 주왕조와는 달리 그런 기록을 가지지 못한 하와 은왕조는 오랫동안 전설의 왕조들로만 여겨졌으나 20세기에 들어 은의 수도 은허殷墟에서 갑골문이 발견되고 각종 청동기 유물이 발견됨으로 해서 은왕조가 중국 역사상 최초의 왕조로 역사에 편입되었고, 최근에는 하왕조 시기도 역사상 실재했었다는 주장도 나온다. 서주(BCE 1046~771)와 동주(BCE 770~256)의 구분은 주왕조가 이민족에 쫓겨 동으로 수도를 옮긴 〈호경(鎬京, 현재의 시안 시 부근)에서 부도副都 낙읍洛邑(현재의 뤄양 시)으로〉 시점을 기준으로 나눈 것이다. 앞서 말한 대로, 춘추전국시대는 주나라가 동으로 수도를 옮긴

이후의 시기 즉 이 동주시대(BCE 8–3)를 가리킨다. 동주시기는 또한 일반적으로 춘추(BCE 8–5)시대와 전국(BCE 5–3)시대로 나뉘므로, 전체적으로 이를 춘추전국시대라고도 하는 것이다. 춘추전국春秋戰國이라는 명칭은 춘추시대는 역사책『춘추春秋』가 커버하는 시기이고, 전국시대는 역사책『전국책戰國策』이 커버하는 시기를 가리킨 데서 유래했다. 흔히들 제자백가는 춘추전국시기의 철학사상을 가리킨다고 하지만, 엄밀하게 말하면, 제자백가는 주로 전국시대에 활동했던 사상가들을 가리킨다. 따라서 제자백가 사상은 주로 전국시대의 철학자들의 다양한 사상을 의미한다고 보아야 할 것이다. 이 책에서 제자백가 사상을 시대적으로 전국시기인 BCE 5–3세기에 국한시키려는 것도 이런 이유이다. 제자백가라는 말이 의미하듯이, 전국시기에는 그야말로 다양한 종류의 철학자들이 다양한 종류의 사유방식을 가지고 서로 대립하고 경쟁하였음을 알 수 있다. 그 경쟁의 목표는 물론 혼란된 세상을 바로 잡을 수 있는 방법 즉 도道를 제시하는 것이었다. 저명한 서양의 중국학자인 그레이엄(A. C. Graham)이 그의 제자백가사상에 대한 저서의 제목을 *Disputers of the Tao*[29](『도의 논쟁자들』)라고 붙인 것은 상당히 설득력이 있다. 주의할 것은 제자백가는 처음부터 각각의 구세救世의 도를 중심으로 뚜렷한 학파적 분파의식과 문제의식을 가지고 있었던 것이 아니었다는 점이다. 예컨대, 노자와 장자가 자신을 일관된 도가의 유파에 속한다고 생각한 것은 아니었다. 제자백가의 학파분류는 한참 시간이 흐른 뒤에, 전국을 통일한 진秦 왕조를 이어 한漢나라에 와서야 이루어진

29 A. C. Graham, *Disputers of the Tao*, La Salle: Open Court Publishing Company, 1989. (이후에는 Graham, *Disputers*로 약칭함).

다. 최소한 백여 년이 지난 후에 이루어진 것이다. 『사기』를 저술한 중국의 위대한 역사가 사마천의 부친인 사마담司馬談은 『논육가요지論六家要旨』를 저술하여, 제자백가를 음양가, 유가, 묵가, 법가, 명가, 도가의 육가六家로 분류하였고, 뒤에 유흠劉歆은 『칠략七略』에서 이 육가六家 이외에 종횡가, 잡가, 농가, 소설가를 덧붙여 십가十家를 만들었다. 유흠은 이 중에서 소설가는 비교적 중요하지 않아, 생략할 수도 있다고 하였다. 여하튼 이들 역사가들은 그들의 저술을 통해 다양한 사상가들이 춘추전국시기, 특별히 전국시기의 혼란상을 극복할 방책을 제기했었다고 기술하였다. 이 책에서는 사마담의 육가분류에 기본하여 내용을 전개할 것이므로 여기에 잠깐 그 내용을 소개한다:

> 『주역 · 대전』에 "천하의 사람들은 하나로 일치할 수 있지만 백가지 생각으로 갈리어지고, 귀결점은 같지만 그 길은 다르다"라고 하였는데 무릇 음양가, 유가, 묵가, 명가, 법가, 도덕가는 힘써 정치를 하려는 자들이다. 단지 말의 차이를 따라 간략함과 간략하지 않음이 있을 뿐이다. 일찍이 음양가의 방법을 몰래 관찰해보니, 크게 상세하지만 금기하는 것들이 많아 사람들로 하여금 구속되어 두려워하는 바가 많게 하는 점이 있다. 그러나 그들이 사시의 커다란 조화를 순서지우는 것은 잃을 수가 없다. 유가의 사람들은 박학하지만 요점이 적고, 힘은 들지만 공은 적다. 그러므로 그들의 일은 완전히 따르기가 어렵다. 그러나 군신부자의 예를 순서지우고, 부부장유의 다름을 배열시킨 것은 바꿀 수가 없다. 묵가의 사람들은 검소함이 따를 수 없을 정도이고 따라서 그들의 일은 두루 따를 수 없다. 그러나 근본을 튼튼히 하고, 물자사용에 있어서의 절약함은 폐기할 수 없다. 법가의 사람들은 엄격하고 은혜 베풂이 적다. 그러나 군신 상하의 나눔의 정확함은 더 개선할 수 없다. 명가의 사람들은 사람들로 하여금 말만 잘하게 하여 자주 참된 것을 잃어버리게

> 한다. 하지만 명실을 바르게 하는 일은 살펴보지 않을 수 없다. 도가는 사람들로 하여금 정신을 전일하게하고, 움직임이 무형의 것에 부합되게 하고, 조용함이 만물을 충족하게 한다. 그들의 방법은 음양가의 커다란 조화에 따르고, 유묵의 선을 채택하며, 명법의 요점을 취한다. 때에 맞추어 움직여가며, 사물에 맞게 변화한다. 풍속을 세우고 일을 베풂에 적절하지 못함이 없고, 가리키는 것이 간략하면서도 다루기에 쉬우니 일은 적지만 공은 많다.[30]

대체적으로 제자백가의 사상을 다루기 위해서는 학파(school of thought)로 접근할 수도 있겠고, 개별 사상가들(individual thinkers)로 접근할 수도 있겠으며, 나아가서는 주제(topic)별로 접근할 수도 있겠다. 각각의 방법이 다 나름의 장점과 단점을 가지고 있다. 먼저 학파별 접근은 아주 분명한 사상사의 지도를 그려준다는 점에 장점이 있지만, 앞서 말한 대로 이런 학파별 구분은 이 구분이 한대漢代에 이루어진 회고적인 도식, 즉 한漢의 편견이 섞인 도식임을 간과할 위험이 있다. 다시 말해, 춘추전국시기의 대부분의 철학자들은(아마도 유가나 묵가를 제외하고는) 분명한 학파의식을 가지고 있지 않았기에, 노자와 장자에게서, 한비와 신불해에게서, 맹자나 순자가 공자에게서, 혹은 금골리가 묵적에게서 느꼈을 법한 동류의식을 기대할 수 없을 것이다. 그들은 후대에 그 당시 자신들이 잘 알지 못했던 다른 사람들과 같은 학파로 분류된

---

30 易大傳:「天下一致而百慮, 同歸而殊涂.」夫陰陽, 儒, 墨, 名, 法, 道德, 此務為治者也, 直所從言之異路, 有省不省耳. 嘗竊觀陰陽之術, 大祥而眾忌諱, 使人拘而多所畏；然其序四時之大順, 不可失也. 儒者博而寡要, 勞而少功, 是以其事難盡從; 然其序君臣父子之禮. 列夫婦長幼之别, 不可易也. 墨者儉而難遵, 是以其事不可遍循; 然其彊本節用, 不可廢也. 法家嚴而少恩; 然其正君臣上下之分, 不可改矣. 名家使人儉而善失真; 然其正名實, 不可不察也. 道家使人精神專一, 動合無形, 贍足萬物. 其為術也, 因陰陽之大順, 采儒墨之善, 撮名法之要, 與時遷移, 應物變化, 立俗施事, 無所不宜, 指約而易操, 事少而功多. (『사기』「태사공자서」).

것에 대해 당황스러워 했을 것이다. 예컨대, 개인주의자 장자는 자신이 철저한 공동체주의자 (?) 노자와 같은 학파로 묶여진 것에 당혹스럽게 생각했으리라. 학파별 접근은 자칫 이런 역사적 사실을 소홀히 할 수 있다. 반면 개별 사상가들로 접근하는 것은 이런 어려움을 해소해 주는 미덕이 있다. 그러나 여기는 반대로 자칫 산만해질 수도 있다. 그래서 나는 이 세 번째 방식인, 구체적 문제의식 혹은 핵심적 개념을 중심으로 해서 접근하겠다. 그러면서도, 기존의 학파별 접근과 개별 사상가 위주의 접근방식을 아우르는 접근을 시도하겠다. 내가 생각하는 이상적 접근방식은 예컨대, 그레이엄이 그의 책 *Disputer of the Tao*(『도의 논쟁자들』)에서 제자백가 사상을 도道 구체적으로는 천도天道(자연)와 인도人道(인간)의 상호관계의 측면에서 설득력 있게 풀어내고 있는 것과 같은 방식이다. 내가 그레이엄과 달리 주목하는 주제 혹은 개념은 바로 덕德이다. 덕은 서양의 철학적 단어인 virtue(혹은 excellence)의 번역어로 흔히 이해된다. 서양에서의 덕(virtue)은 기본적으로 어떤 행위를 할 수 있는 능력, 즉 탁월성을 의미한다. 탁월성은 어떤 이상적 상태를 상정하고서야 가능한 개념이므로, 일종의 목적론을 깔고 있다고 할 수 있다. 그 이상적 상태란 이상적 정치질서를 가리킬 수도 있지만, 또한 아리스토텔레스에게서는 어떤 영혼 혹은 마음의 상태를 의미하였다. 아리스토텔레스는 영혼의 세가지 상태, 즉 욕망(passions), 능력(faculties), 품성의 상태(states of character) 중에서 세번째를 덕과 연결시킨다.[31] 따라서 그에게 덕은 '행복에 도움이 되는 품성의 특성'이다. 그러나 내가 여기서 말하는 덕은 기본적으로 이상적 정치질서와 관련하여 어떤 행위를

31 아리스토텔레스, 『니코마코스 윤리학』, 1105b28–1106a7.

할 수 있는 능력만을 가리키지, 위와 같은 아리스토텔레스적인 영혼의 상태를 나타내지는 않는다. 물론 그 덕의 능력을 통해 이상적 정치질서인 도를 이룰 수 있으므로 이상적 정치상태하고는 연관이 있을 수 있지만, 유덕자의 영혼의 상태와는 관계가 없다. 아리스토텔레스와 중국 고대의 덕이 유사성을 가질 수 있는 것은 그것이 이상적 정치 상태와 연관이 있다는 점뿐이다. 중국 고대의 덕德은 영혼의 상태를 가리키는 개념이라기보다는 일차적으로 다른 사람에게 보여준 행위를 통해 그 사람이 가지게 된 영향력을 의미하기 때문이다.[32] 즉 어떤 사람이 일이나 행사를 통해서 가지게 되는 그 사람의 힘, 카리스마를 덕이라고 일컫기에 영혼의 상태를 직접적으로 지칭하지는 않는다. 물론 동아시아에서도 초창기의 이런 외재적 덕의 개념이 심心 개념의 등장과 더불어 점차 내면화, 주체화되어 동양의 덕 개념이 마치 서구의 영혼의 상태와 유사하게 되는 것도 사실이다. 그럼에도 영혼의 상태냐 아니냐가 제자백가의 덕 사상과 아리스토텔레스적인 덕의 개념의 차이를 나누는 일차적 분기점인 것은 분명하다. 또 그들 간의 또 다른 차이점은 동아시아의 덕은 서구의 덕과는 달리 윤리적 덕에 집중되어 있다는 사실이다. 제자백가 사상에 있어서 덕 개념은 점차로 윤리적 차원의 덕에 집중하게 된 유가의 사람들에 의해, 윤리적 영향력을 의미하게 되었고, 따라서 유가에 적대적이었던 학파의 사람들은 이러한 윤리적 의미의 덕에 비판적이었다. 따라서 덕의 개념을 윤리적 덕으로 생각한 제자백가 시기의 사상가들의 사상을 이런 덕의 개념을 중심으로 적극적으로 다루기에는

32 덕은 흔히 '탁월성'을 의미하는 서양의 virtue 혹은 arete의 번역어로 쓰이는데, 뒤에 다시 나오겠지만, 동아시아의 덕은 개인의 탁월성을 추구하는 맥락에서 나온 것이 아니고, 권력의 잔혹성이나 폭력성을 완화시키고자 하는 맥락에서 출현하였다.

한계가 많은 것이 사실이다. 많은 제자백가 사상가들이 덕에 대한 특정한 개념을 염두에 두었기에 그들은 공공연히 덕의 한계성을 지적하였던 것이다. 따라서 이런 그들의 입장도 덕의 관점에서 바라보는 것은 어쩌면 잘못된 접근방식인 것처럼 보이게 만들 수 있다. 그래서 나는 덕의 개념을 유교의 덕개념에 집중하기보다는, 서양 덕 개념과의 관련성 속에서 좀 더 확장해서, 유가의 덕에 대해 반대한 사람들의 생각도 나름의 덕을 제시한 것으로 그려내려고 한다. 다시 말해서 제자백가의 목소리를 덕이라는 기존의 개념을 확장해서 사용함으로써 보다 효과적으로 그려내려고 한다. 즉, 덕을 거부한 사람들도 좀 더 넓은 의미의 덕을 말한 것으로 보려 한다는 것이다. 그렇다면 내가 말하는 확장된 덕의 개념은, 즉 대부분의 제자백가 사상가들이 덕이라고 보지는 않았지만, 지금의 관점에서 보자면 덕이라고 볼 수 있는 것은 무엇인가? 그것은 어떤 일을 처리하는 효과적인 능력이라는 의미이다. 나이(Joseph Nye)는 '힘'(power)을 '자신이 원하는 결과를 얻기 위해서 다른 사람들의 행동에 영향을 끼치는 능력'이라고 정의하면서 세 가지 방식을 제안하는데, 그것은 각각 위협하는 것, 지불을 통해 행동적 변화를 이끌어내는 것, 그리고 마음에 들게 해서 끌어들이는 것이라고 하였다.[33] 이 나이(Joseph Nye)의 '힘'(power)이 바로 내가 말하는 덕의 의미이다. 나이의 힘을 덕으로 이해해서, 제자백가 사상가들에게 적용한다면 유가와 도가의 덕은 세 번째 방식이고, 법가의 덕은 첫 번째, 묵가의 덕은 두 번째 방식에 해당된다고 할 수 있다.

33 Nancy Snow, "Rethinking Public Diplomacy" in *Routledge Handbook of Public Diplomacy* ed. Nancy Snow and Phillip M. Taylor, New York: Routledge, 2009, 3에서 재인용.

제자백가 사상가들의 기본 관심이 정치적 안정이었으므로 덕은 구체적으로 정치적 효과를 가져오는 능력을 가리킨다. 앞서 말했듯이 이상적 정치상황을 불러올 수 있는 능력을 가리킨다. 이러한 덕의 개념은 흥미롭게도 단순히 유가의 덕 개념을 포괄할 수 있을 뿐만 아니라, 심적 상태의 탁월성의 의미로서의 서양의 덕 개념을 포괄할 수 있고, 나아가 고대 중국의 유가 이외의 타 학파의 사상을 포용할 수 있다. 특정한 효과가 있는 힘의 의미로 확장된 덕의 개념은 단순히 윤리적 차원에만 머물 수 없고, 지성의 덕, 심미적 덕, 제도 운용의 덕 등등도 포함할 것이다. 이렇게 확장된 덕 개념을 가지고, 제자백가의 사람들이 가진 생각을 해명해보려고 한다. 예컨대, 묵가나 법가의 사람들은 특히 법가의 사람들은 개인의 윤리적 덕보다는 사회의 제도나 시스템을 중요시했다. 기본적으로 그들은 사회의 선과 악은 개인의 도덕성의 문제라기보다는 사회 구조, 혹은 제도 운용의 문제라고 보았던 것이다. 그래서 그들은 그런 사회구조를 개선할 수 있는 제도나 시스템을 만들려 했고, 나아가 그런 제도나 시스템을 유지할 수 있는 방안을 모색했던 것이다. 아니 엄격하게 말하면 그런 제도나 시스템을 운용할 수 있는 능력을 갖춘 사람이 지도자가 되어야 한다고 생각하였다. 나는 여기서 묵가나 법가가 강조한 능력 즉, 시스템을 고안하고, 그것을 유지할 수 있는 능력도 일종의 덕, 즉 특별히는 일종의 제도 운용의 덕이라고 보려고 한다. 그것들이 비록 희생적 행위를 통해 비폭력적인 방식으로 영향력을 가지는 유가가 생각한 윤리적 덕은 아니라 할지라도, 혹은 양보나 반위계적 사고를 통하여 타인에게 영향력을 가지는 도가의 심미적 덕은 아니라 할지라도, 여전히 해야 할 일을 효과적으로 수행하는 개인의 탁월함의 능력을 가리킨다고 보기 때문이다. 그리고 이런 덕들도 다 나름으로 유가의 윤리적 덕이나 도가의 심미적 덕이 가진 측면들을 가지고 있다. 그 측면들이란 노력과 희생을 통해 덕이 길러지고 유지된다는 것들이다. 윤리적 덕은 물론이고, 지성적 덕, 심미적 덕이나 제도 운용의 덕을 쌓는데, 땀과 노력을 들이지 않을 수 있겠는가? 다시 말해서 심지어 유가의 윤리적 덕을 부인하는 사람들조차도, 도가 구현된 세상 즉 잘 다스려지는 사회에 대한 이상을 가졌을 것이고, 그것을 이룩하기 위한 여러 방안을 강구하고 이를 실천에 옮겼을 것이며, 그 실천의 과정에 수많은 땀과 끊임없이 노력했을 것이다. 그러기에, 이러한 일이 아무에게나 가능한 것이 아니고, 그런 과정을 거친 사람에게만 가능한 것이 되었으리라. 이처럼 덕의 개념을 확장했을 때, 그런 확장된 덕의 개념으로 추구한 이상이 도라는 것이다. 이런 점에서 보자면 나의 시도는 유가의 윤리적 덕개념을 원래의 덕개념, 즉 덕이 가진 외면적 행사의 측면을 부각해서 재조명하는 것이고, 이것을 또한 윤리적 덕 이외의 다른 덕에로 확장한 것이다. 이런 접근을 통해, 제자백가가 제시한 덕의 능력에는 유가의 윤리적 덕 이외에 묵가나 명가의 지성적 덕, 법가의 제도 운용의 덕, 그리고 도가나 음양가와 같이 윤리적 덕이나 지성적 덕은 아니지만 제3의 덕 즉 심미적 덕이 있다고 주장하려고 한다.[34] 이 심미적 덕은 윤리적 덕이나 지성적 덕과는 달리 그 안에 육체적, 감성적

34 통치자 혹은 이상적 인간의 다양한 힘을 중심으로 제자백가 사상을 다루는 이 책의 시도와 유사하게 노사광은 그것을 주체의 특성으로 나누어 다루는데, 예컨대 유가의 덕성아德性我, 명가나 후기묵가의 인지아認知我, 도가의 정의아情意我 등이다. 하지만 이 책에서처럼 법가의 이상적 군주가 가져야 될 능력을 주체의 능력으로 다루지는 않았다. cf. 노사광, 『중국철학사』(고대편), 정인재 역, 서울: 탐구당, 1986, 229-233.

혹은 영적 의미가 내재되어 있다. 이러한 능력들을 통틀어 덕이라 부르는 것은 기본적으로 덕이란 내면적일 뿐만 아니라 외면적인 행사의 측면도 아울러 가지고 있다고 믿기 때문이다. 다시 말해 덕이란 마음에 속할 뿐만 아니라 마음 밖과 연결되어 있다고 보기 때문이다. 여기서 내면적과 외면적, 마음에 속하는 것과 마음에 속하지 않는 것의 구분은 제자백가 사상가들에게는 매우 중요한 논란거리였지만, 이것들은 어쩌면 말한 것과 말하지 않은 것의 구분처럼 단순히 피상적인 것에 불과할 수도 있다. 다시 말해 내외의 구분이 사실 말처럼 그리 쉬운 것은 아니라는 것이다. 이런 생각은 동양의 덕론은 물론 아리스토텔레스의 덕론에서도 확인할 수 있을 것이다. 아리스토텔레스에 있어서의 덕의 능력도 개체의 영혼의 상태를 가리키는 것이지만, 동시에 타인과의 교류에서 벌어지는 행사의 능력을 가리키기도 하기 때문이다. 현대 심리철학적 용어를 빌려 말하자면, 마음은 단순히 개체의 내면에만 국한될 수 없고, 개체들이 타 개체들과 공유하는 제도나 기기에까지 확장될 수 있다. 이것은 이른바 현대 심리철학의 '연장된 마음 혹은 외연화된 마음'(extended mind or embodied mind)의 이론[35]에서 확인되는 주장이다. 단순히 행위자 개인의 의식이나 동기가 아니라, 행위자가 행위를 하기 위해 사용하는 도구, 행위의 조건, 행위의 결과까지도 행위자의 마음의 능력으로 간주할 수 있다는 생각이다. 예컨대, 컴퓨터가 분명 우리의 내면에 국한된 것은 아니지만, 그것을 통해 우리가 마음을 사용한다는 의미에서는 우리의 마음의 확장, 즉 연장된 마음이 될 수 있듯이, 우리의 육체나 혹은 우리가 행위를 할 때 사용하는 각종 물적 자원들의 운

35 Andy Clark, David J Chalmers "The extended mind". *Analysis* 58 (1), 1998, 7–19.

용도 우리가 가진 마음의 능력, 즉 덕의 능력으로 간주될 수 있다. 어떤 사람이 있을 때, 이런 공유 자원들을 통해 어떤 혜택이나 변화가 늘 주어진다면 우리는 그 자원들을 운용하는 그 사람의 능력을 그 사람의 덕으로 평가할 수 있다는 것이다.

덕의 성격이나 종류, 그 영향력 등등은 시대의 상황에 따라 변한다. 매킨타이어(Alasdair C. MacIntyre)는 일찍이 서구 전통에서 덕의 영향력이 줄어든 이유가 덕 윤리 중심의 공동체가 근대에 무너졌기 때문이라고 하였는데,[36] 근대의 동아시아에서 유가의 영향력이 줄어드는 것이 바로 유가의 덕윤리가 근거하는 원시공동체가 무너진 때와 일치하는 것에서 어느 정도 설득력이 있는 주장이다. 새로운 사회에는 새로운 능력이 요구되는데, 유가의 덕 윤리는 새로운 시대에 이전과 같은 효능을 가질 수 없다는 것이 근현대에 있어서 유가를 비판하는 집단의 논리였던 것이다. 나의 주장은 그들의 유가 비판은 결국 새로운 시대, 새로운 상황에서 새로운 능력을 제시하였다는 것이고, 바로 이런 새로운 능력이 바로 내가 말하는 덕의 개념에 포함된다는 것이다. 이것은 물론 유가 전통에서 흔히 생각하듯이 내면적인 것일 필요가 없다. 이런 의미에서 나는 흔히 생각하는 이상적 정치의 조건으로서의 덕과 제도의 대비[37]를 강하게 주장하지 않는다.

그렇다면, 이 책에서는 왜 도道보다는 덕德에 중점을 두었는가? 흔

---

36 매킨타이어, 『윤리의 역사, 도덕의 이론』, A. 매킨타이어 지음;김민철 옮김, 철학과현실사, 2004, 136-137.

37 이상적인 정치를 이루기 위한 조건이 제도인지 혹은 통치자의 덕인지에 대한 논란에 대해서는 Stephen C Angle and Justin Tiwald, *Neo-Confucianism: A Philosophical Introduction*, Malden, Polity Press, 2017, 189-196 참조.

히 제자백가의 사상가들은 춘추전국시기 특히 전국시기의 사회혼란을 구할 방법 즉 도의 문제에 관심을 가진 사상가들이라고 말해져 왔기에 도라는 개념을 통해서 제자백가사상을 그려내는 것이 자연스러워 보인다. 실제로 일반적으로 도는 이상사회 혹은 잘 다스려진 사회의 상태는 물론이고 그런 이상사회를 이룩하는 방법으로 이해할 수 있는데, 도를 제자백가의 사상가들을 분류하기 위한 주요 개념으로 사용하는 학자들은 도에 이 두 가지 의미를 다 담아 사용한다. 예컨대, 앞서 말한 그레이엄의 저서 *Disputers of The Tao*(『도의 논쟁자들』)에서 도의 논쟁자라고 말할 때, 그 제목의 의미는 먼저 '이상적 상태가 무엇이냐를 놓고 다투는 사람들'이라는 의미일 수 있고, 또는 '이상적 상태에 도달하는 방법이 무엇이냐를 놓고 다투는 사람들'이라는 의미일 수 있다.[38] 이 책이 도보다는 덕에 주목하는 이유는, 바로 도의 의미의 이런 이중성을 벗어나기 위함이다. 나는 도를 '방법'보다는 '이상'에 국한해서 사용하려고 한다. 그리고 '방법'으로서의 도는 "덕"이라는 용어를 써서 나타내려고 한다. 다시 말해 도는 의도하든 의도치 않든, 어떤 개인의 능력을 가리킨다기보다는 어떤 객관적 상태 혹은 절대적 존재를 더 일반적으로 가리키기에 많은 사람에게는 와 닿지 않는 목표나 혹은 실현가능성이 희박한 목표일 수 있다는 것이다. 특히나 현대를 살아가는 우리에게 제자백가들의 도가 가리키는 이상적 사회는 커다란 의미가 없을 수 있다. 혹은 탈근대를 살아가는 우리에게 공통된 이상이라는 것은 바람직하지 않은 것일 수 있다. 이에 반해 덕은 우리에게 실감이 나지 않는, 혹은 실현

38 이상적 상태는 이상적인 공동체를 의미할 수도 있고, 행복한 혹은 만족스러운 개인생활을 의미할 수 있다. cf. Graham, *Disputers*, 3.

할 수 없는 어떤 객관적 이상 상태라기보다는 그러한 상태를 이룩하는 데 필요한 것으로, 각각의 개별자에 내면화된 능력이나 외재화된 행사의 방식으로 보이고, 따라서 이처럼 우리 각자에게 기대되는 어떤 능력이라는 점 때문에 탈근대의 시대를 살아가는 독자들에게도 설득력 있는 제안으로 비춰질 수 있을 것이다. 다시 말해, 도와는 달리 덕의 성취는 누구에게나 매력적이고 실현가능한 현실적 목표가 될 수 있다. 굳이 이야기하자면 덕의 의미는 앞서 말한 도의 두 가지 의미 중에서 후자의 의미라고 할 수 있다. 만약 도를 이처럼 방법의 의미로 국한한다면, 내가 말하는 덕의 의미와 커다란 차이가 없을 것이다. 그레이엄의 철학사는 사실 이런 의미에서는 나와 마찬가지로 '덕의 개념으로 본 제자백가 사상의 해명'이었다고 볼 수 있을 것이다. 그밖에 덕의 개념에 주의를 기울이는 이유는 이렇게 했을 때, 제자백가 사상 이야기를 실제로 나라를 다스리는 정치가에 국한되는 이야기만이 아니고, 다양한 영역에서 자신의 능력 향상에 대해 관심을 갖고 있는 현대의 독자들에게도 매력적인 이야기로 만들 수 있기 때문이다. 예컨대 묵가와 법가가 유가의 덕 개념이 가진 협소성 때문에 덕 개념 자체를 부정적으로 바라보았는데, 그런데 사실은 그들이 우리에게 조언하는 개인의 능력도 덕을 제외하고 다른 개념으로 표현하기가 쉽지 않다. 다시 말해 묵가가 강조하는 인자의 지성적 능력이나 법가가 강조하는 통치자의 법제도의 운용 능력(전략적 덕)은 비록 유가적 의미의 덕은 아니지만, 개인의 능력이라는 면에서 덕이라는 개념을 배제하고 다른 개념으로 표현하기가 쉽지 않다는 것이다.[39] 마지막으로 내가 도보다 덕에 관심을 집중한 또 다른 이

39 이런 점에서 법가가 생각한 법치도 순전히 객관적 제도에 입각한 통치라기보다

유는 대체로 도가 구현된 이상적 사회 상태는 여러 제자백가의 사상가들이 공유하는 것이라 보기 때문이다. 즉 제자백가의 사상가들은 공통된 도가 있었고, 문제는 이 도를 해결할 방법에 대해서 서로 다른 생각을 가졌다는 것이 역사적 사실처럼 보이기에, 덕을 중심으로 해서 제자백가 사상가들을 접근해 본 것이다. 이러한 나의 접근방식은 중국의 선진철학이 커다란 동질적 기준 내지 패러다임을 가지고 있다고 가정한 데서 연유한다. 그 공유하는 패러다임이란 묵가가 삼표三表에서 강조하였던 것 즉 전통, 상식, 그리고 유용성이라는 판단과 제도의 기준들이 존중되는 사회라고 생각한다. 바로 이런 기준들을 누구나 공유하기에 이로부터 자연스럽게 도출되는 인륜관계와 중국고대의 예법이 제자백가의 사상가들에 의해서 공유되는 이상상태였다고 본다. 나는 이런 인륜관계와 중국고대의 예법이 조화롭게 운행되는 사회가 역사적으로 유가, 도가, 법가, 묵가, 명가, 음양가를 막론한 제자백가 사상가들의 이상사회, 즉 도가 구현된 사회라고 보고 싶다.[40] 그런 사회를 이룩하기 위해 유가는 우리의 도덕적 능력에, 묵가, 명가, 법가는 지성적 능력과 제도 운용의 능력에, 도가, 음양가 들은 육체적, 심미적, 감성적, 영적 능력을 강조했던 것은 아닐까? '도의 논쟁자들'이라는 개념은 다양한 '목표'를 달리한다는 인상을 주기에 나는 그 대신 '덕의 논쟁자들'이라는 개념을 사용하려는 것이다. 순자는 이와 관련해서 의미심장한 이야기

는 인간의 능력에 입각한 인치人治이다. 모종삼은 이와 유사하게 법가의 통치를 '물화적物化的' 통치로 보고, 유가의 덕화적德化的 통치나 도가의 도화적道化的 통치처럼 인치의 하나라고 하였다. cf. 모종삼, 『政道與治道』 2장; 7장.

40 물론 구체적인 제도에 들어가면 각 학파의 차이도 볼 수 있다. 유가는 주나라를 높였고, 도가는 상나라를, 묵가는 하나라를, 법가는 중앙집권적 제도가 완비된 나라를 선호했다는 식으로 말이다.

를 한다:

> 재질, 본성, 지능, 능력은 군자나 소인이 한 가지이다. 영예를 좋아하고, 굴욕을 미워하며, 이익을 좋아하고, 손해를 미워함은 군자나 소인이 똑 같다. 그들이 그것을 구하는 방법, 즉 도道는 다르다.[41]

위의 인용은 군자와 소인의 차이를 목표보다 방법에 둔다는 것이다. 순자와 같은 유가의 입장에서 제자백가의 다른 사상가들을 소인으로 보았을지는 의심스럽다. 하지만 추측건대 적어도 순자는 제자백가의 사상가들의 지향점이 완전히 다르다라고 생각했다기보다는 같다고 보았을 것 같다. 그렇다면 순자에 있어서도, 제자백가의 차이점은 지향점보다는 그 지향점을 추구하는 방법에 있었다고 볼 수 있을 것이다.

물론 이런 실용적 목표 하에 내가 덕을 중심으로 선진철학을 접근하고 있기는 하지만, 덕을 유가를 넘어서 타 학파에게 적용하는 데는 약간의 무리가 있을 수 있음을 고백하지 않을 수 없다. 대체로 덕은 제자백가 사상가들에게는 기본적으로 윤리적인 것이고, 내면적인 것이라고 믿어지기 때문이다. 예컨대, 『논어』의 "덕으로 정치를 하는 것은 비유하자면, 북극성은 그 자리를 지키는데, 여러 별들이 그 주위를 따라 도는 것과 같다"[42]라는 공자의 말은, 대체로 윤리적 덕을 가지고 남을 감화시키는 사람을 북극성에, 그리고 그 덕에 감화 받은 주변사람들이 기꺼이 덕을 가진 사람을 존중하는 모습을 북극성 주위를 공전하는 별

41 材性知能, 君子小人一也; 好榮惡辱, 好利惡害, 是君子小人之所同也; 若其所以求之之道則異矣 (『순자』「영욕」).

42 為政以德 譬如北辰 居其所而眾星共之 (『논어』「위정」).

들로 비유한 것이다. 앞서 말했듯이 동아시아 전통에서 덕이라는 말을 쓸 때면, 으레 윤리적 덕을 지칭하는 것으로 이해되어온 것도 이런 해석을 지지한다. 그러나 동아시아의 맥락을 떠나서 봤을 때, 윤리적 덕이 아니라 지성적 덕, 심미적 덕, 제도 운용의 덕의 경우들도 각기의 그것들에 매력을 느끼는 사람이라면, 그러한 덕을 가진 사람 주위에 자연스럽게 모일 것이라는 점은 상상하기 어렵지 않다. 현대에 들어, 일종의 육체적 덕을 가진 스포츠 스타나 예술적 덕을 가진, 예컨대 노래를 잘하거나 연기를 잘하는 아이돌 스타들에게 사람들이 모이는 것도 같은 맥락일 것이다.[43] 그러한 덕들이 도덕적인 것만큼 우리의 삶에 근본적인 것인가에 대해서는 이론이 있을 수 있지만, 적어도 그것들이 도덕적 덕과 유사한 영향력의 구조를 가지는 것은 틀림없는 사실이다. 또한 제자백가의 사상가들이 설득하는 대상이 주로 제후나 대부와 같은 통치자들이고, 따라서 그들은 통치자들이 가져야 할 능력이나 성향에 대해 말하고 있었다. 여기서 말하는 능력이나 성향이 바로 내가 말하는 덕인데, 그것이 비록 윤리적이지는 않다고 해도, 묵가, 명가, 양주, 및 도가의 사상가들이 통치자가 가져야 할 능력이나 성향에 대해 말하고 있는 것은 틀림없을 것이다. 또한 그러한 능력을 향상시킬 방법에 대해서도 그들은 언급하고 있다고 보아야 한다. 예컨대, 맹자가 '물정勿正'(예단하지 않기) '물망勿忘'(잊지 말기) '물조장勿助長'(성급히 하지 말기) 등으로 도덕적 덕의 수양방법을 말했다면, 묵가는 '기준의 제시' '이유/원인의 추구' '종류를 찾기' 등의 유비적 방법으로 지성적 덕의 추구방법

43 아리스토텔레스에게 있어서는 '품성의 덕'(virtue of character)과 '지성의 덕'(virtue of intelligence) 이 언급된다. 그에게 기능을 잘 수행하는 것은 지성의 덕에 해당한다. 아리스토텔레스, 『니코마코스 윤리학』 참조.

을 말했다고 할 수 있다. 도가는 허심虛心(마음 비우기) 심재心齋(마음 재계하기) 좌망坐忘(앉아서 잊기) 등의 방식으로 심미적 혹은 영적 덕의 추구 방법을 말하고 있다. 또한 덕이 꼭 내면적인 것이어야 하나라는 문제에도, 반드시 그렇지는 않다고 대답할 수 있다. 그리하여, 도와 덕을 말하는 도가까지는 덕을 내면적인 것으로 보았다고 볼 수 있겠지만, 대놓고 덕의 무용성을 주장하는 법가나, 거기까지는 아니라 하더라도 개인의 다양한 능력에 대한 관심보다 사회적 제도에 비교적 관심이 많았던 묵가에게는 그들이 원했던 능력이 내면적인 것에 국한된 것은 아니었던 것 같다. 묵가가 공인의 기술을 말하면서도 자, 컴퍼스와 같은 공인의 도구를 일의 성취에 있어서 중요한 요소로 든 것은 이러한 이유 때문이다. 따라서 유가나 도가는 물론 묵가나 법가도 덕을 말했다고 보고 싶은 것은 앞서 말한 대로, 마음에 대한 최근의 이론인 '연장된 마음'(embodied mind) 이론에 영향을 받았기 때문이다. '연장된 마음' 혹은 '확장된 마음' 이론이란 우리는 외부에 구현된 제도나 기기를 통해 이전에 마음이 수행하던 일을 할 수가 있고(예컨대 컴퓨터나 스마트폰 등), 이는 바로 마음을 단지 사적인 것을 넘어 공적인 것으로 확장해서 볼 수 있음을 의미한다. 만약 이런 이론이 설득력이 있다면, 기준이나 제도를 만들고, 그것들을 운영하는 능력도 얼마든지 개인의 덕으로 볼 수 있음을 의미한다. 이러한 확장된 덕의 개념은 원래의 덕 개념이 단순히 도덕적인 의미에만 국한되지 않았고, 또한 이른바 덕의 내면적 능력도 사람들의 실제 행동에서 유래하였다는 점에 비추어볼 때 얼마든지 받아들일 수 있다. 원래의 덕 개념은 은나라의 갑골문이나 주나라 초기의 명문에서 발견된 덕 개념의 원형을 가리킨다고 할 수 있다. 그럼에도 나는 이 책에서 논의의 편의상 유가의 덕 개념을 원형으로 해서 다른 학파의 덕을 설명하는 방식을 취할 것이다. 그것은 동아시아 전통 자체에서 덕의 의미가 바로 유가의 윤리적 덕의 개념이기 때문이다.

마지막으로 나의 제자백가 해석처럼 특정 관점을 통한, 혹은 편견을 통한 제자백가 사상의 접근내지 이해가 제자백가 사상에 대한 객관적 이해와 충돌되지 않음을 지적하고 싶다. 일반적으로 중국문화에서 갑골문이던, 금백문이건, 혹은 돌에 새겨진 것이건 문자로 알 수 있는 시기를 역사시대라 한다면, 문자로 기록된 것이 없어, 유물로만 그 당시의 사정을 알 수 있는 시기를 선사시대로 볼 수 있다. 20세기 들어, 고고학의 발달로 유물에 의한 역사탐구는 선사시대는 물론이고, 역사시대의 상황 인식에까지 놀랄만한 성과를 보여주고 있다. 우리는 고고학의 발달로 문자로 쓰인 역사에 그 당시 지배자의 관점이나 권력이 들어가 있음을 더 분명히 알게 되었다. 다시 말해 문자만의 역사는 어떤 면에서 왜곡이 불가피하다는 것이다. 예컨대, 오랫동안 문자기록 상에서는 이른바 주대周代의 제도개혁은 주초周初의 주공周公에 의해 완성된 것으로 알려져 왔었다. 공자 자신도 이런 이데올로기, 즉 주초의 시대는 화려했었다, 주공은 위대한 인물이었다 등등의 편견에서 자유롭지 못했다. 그러나 최근의 고고학자 팔켄하우젠(Lothar Von Falkenhausen)의 *Chinese Society in the Age of Confucius*(1000–250 BC)에 따르면 공자가 이상시한 그 제도는 주초라기 보다는 사실 공자 시대로부터 그리 멀리 떨어지지 않았던 때에 완성되었음을 말해준다. 팔켄하우젠은 물론 어떤 문자의 기록에 의해서가 아니라, 최근 발굴된 유물로 이런 역사적 사실을 복원했던 것이다. 이처럼 문자에만 의존하는 역사는 어떤 필요에 의해서 역사가 왜곡되었던 사실을 간과하게 한다. 하지만 이것이 역사적 복원작업에서의 문자의 역할에 대한 불신으로까지 이어져야 할까? 오히려 반대이다. 문자가 어떤 권력적인 요소를 지니고 있고, 왜곡의 측면을 가지고 있는 것이 사실이지만, 문자의 중요성은 아니 문자의 역할은 아무리 강조해도 지나치지 않다. 유물에 의한 역사복원의 의의도 물론 인정해야 하지만 그럼에도 역시 역사는 대체로 문자에 의해 완성되어 왔기 때문이다. 즉, 역사는 기록에 의할 수밖에 없고, 기록의 주축은 문자이기 때문이다. 문자가 인류 역사에 있어서 늘 부차적인 것으로 간주되어 왔지만 실은 주축이었다는 점은 서구의 해체철학자 데리다(Jacques Derrida)의 통찰이 잘 보여준다. 인류역사는 늘 음성언어를 강조해 왔지만, 나아가 그 음성언어가 가리키는 이념을 지향해왔지만, 그러나 사실 진리를 드러내보였던 것은 이념과 언어라기보다는 그것들에 의해 천시되었던 문자라는 것이 데리다의 통찰이었다. 이차대전 때, 영국수상 처칠(Winston Churchill)은 그 당시 연설을 잘 하는 사람이 아니었다고 한다. 멀리는 히틀러가 더 감동적인 연설가였을 것이고, 히틀러는 물론이고, 같은 영국에서도 처칠을 능가하는 많은 달변가가 있었다고 한다. 처칠은 그저 철저히 준비해서 가져온 원고를 읽었다고 한다. 처칠과 다른 연설가의 차이점은 처칠은 연설문을 늘 쓰고, 또 그것을 남긴 것이다. 흔히들 우리는 연설은 현장에서 이루어지고, 그리고 현장에서 빛이 난다고 믿지만, 그러나 현장에서는 빛나지 않았지만, 줄곧 쓰여진 처칠의 연설만 역사에 남았고, 그렇게 쓰이지 않았던 빛나는 연설은 잊혀진 것이다. 현실과 이상의 아이러니라고나 할까? 기록은 이처럼 특정관점을 지니고 역사를 왜곡하지만, 그러나 역사 속에 살아남는 것은 이처럼 왜곡된(관점에 의한) 역사의 기록이다. 그리고 아이러니컬하게도 이런 왜곡된(?) 기록을 통해 그것이 왜곡되었음을 의식하는 가운데, 역사의 진실은 살아날 수 있는 것이다. 편견은 결코 극복하지 못할 것이 아니다. 아니 오히려 편견을 통해 진실은 살아날 수 있는 것이다.

2. 공자(BCE 551~479)이전의 시대상황과 덕德개념

2.1 시대상황: 봉건제와 종법제

공자가 이상으로 생각했던 제도는 주나라의 봉건제와 종법제였다. 종족은 내가 남자인 경우, 아버지-나(남자)-아들이라는 남자 쪽의 혈통, 즉 부계혈족을 뜻한다. 종법제는 바로 이런 부계혈족을 강조하는 것으로, 이 종법제 아래에서 조상숭배와 종족 내부의 인륜적 행동규범인 예禮라는 제도가 중요시되었다. 봉건제는 누군가에게 일정한 토지(封, 영지)를 주어 거기에 나라(제후국)를 세우게 하고 다스리게 하는 제도였다. 중국 역사상 종법제와 봉건제의 결합은 주나라가 은나라를 멸망시킨 초기에 정치적 안정을 위해 이루어졌다.[44] 이는 주로 공적이 있는 신하나 왕족을 제후로 삼아, 왕실과 제후를 본가와 분가의 형태로 만들어, 왕실을 정점으로 해서 온 중국이 피라미드형의 본가-분가관계

44 물론 앞서 말한대로 팔켄하우젠은 이 결합의 완성은 주초가 아니라, 공자가 태어나기 얼마 전이라고 주상한다.

를 이루게 하는 제도이다. 이러한 봉건제+종법제가 완전히 무너지고 군현제가 확립된 것은 전국시대를 끝낸 진시황으로부터 시작해서 漢 무제 때였다. 그렇다면 한 무제때에 군현제가 확립되었다해도, 중국에서 가족제도 혹은 종법제의 중요성이 완전히 없어졌는가? 그렇지는 않다. 오랫동안 아마도 심지어 현재까지도 종법제적 가족제도는 그 기본적 틀이 남아있다고 해야 할 것이다.

흔히들 주나라의 몰락은 봉건제와 종법제의 결합된 시스템이 그 효용성을 잃으면서 시작되었다고 한다. 왕실과 제후국간의 혈연적 관계가 희박해짐에 점차 중앙의 지방에 대한 통제력이 약화되어갔다. 또한 그 당시 철기 농기구의 도입으로 생산력이 비약적으로 증가한 것도 이런 봉건화와 종법제를 약화시키는 흐름을 가속화시켰다. 이에 따라 힘이 있는 토착 제후가 천자를 무시하는 경우가 생기고, 이는 다시 힘이 있는 대부가 제후를 무시하는 악순환의 하극상 현상이 성행하였다. 주나라가 은나라를 멸망시키고 새로운 천자국이 되었을 때처럼 주의 혼란은 천명과 덕의 관계에 대한 재정립이 필요할 정도가 되었다. 바햐흐로 춘추전국시대의 시작이었다.

2.2 공자 이전의 천명天命(우연성)과 덕德의 관계

덕의 문제를 중심으로 해서 제자백가의 사상을 살펴보기 위해서는 먼저 덕과 밀접하게 연결되어 등장하는 천, 혹은 천명의 개념을 살펴보아야 한다. 천天은 흔히 인人과 상대되어 사용되는데, 이 천인관계는 그레이엄이 이를 중심으로 제자백가 사상 전체를 통관하고 있음에서 알 수 있듯이 제자백가 사상을 통관할 수 있는 핵심적인 주제였다. 천은 우리가 가늠할 수 없는 영역 즉 통제불가능한 영역으로 일종의 자연의 영역을 말하고, 인은 우리가 가늠하고 통제할 수 있는 인간의 영역을 말한다. 덕은 바로 이 천과 인을 이어주는 개념이다. 일반적으로 보았을 때, 공자이전 시기의 천과 인의 관계를 살펴보기 위해서는 천과 덕의 개념에 주목해야 한다. 천[45]은 은 왕조 때에는 제帝 혹은 상제上帝[46]로 불렸는데, 인간사와 자연현상을 좌우하는 절대적 존재였다. 20세기 들어 발굴된 은대殷代의 많은 갑골문들은 적어도 명분상으로는 왕이 인간과 자연의 현상을 좌우하는 절대자의 뜻을 물어 정치를 행해야하는 신정정치神政政治의 상황을 잘 보여주고 있다.

앞서 말했듯이 주대周代의 절대적 존재인 천은 은殷의 제帝 혹은 상제上帝 대신에 등장한 개념이다. 이러한 절대 존재는 주 왕실의 조상신으로 묘사되기도 한다. 주周의 천 개념과 관련된 중요한 사실은 천명天命과 덕德의 상관관계였다. 주는 은의 제후국으로, 은을 멸망시키고, 주대周代를 연 혁명행위의 정당성을 요구받았다. 여기에서 등장한 개념이 '천명은 항상 일정하지 않고, 언제나 덕이 있는 사람에게 돌아간다'는 의미의 '천명미상天命靡常'이었다. 다시 말해 한 번 천명을 받았다고 영원히 천명을 받을 수 있는 것이 아니고, 덕이 없으면 언제든지 천명이 철회될 수 있다는 것이다. 은나라의 천명도 그 이전의 하왕조가 실

45 천의 숭배의 기원에 대해서는 자연숭배나 조상숭배, 혹은 농경생활, 혹은 유목생활에서 생겼다고 하는 설들이 있다.

46 천天이 주 왕실의 조상신을 가리키듯이 제帝도 은 왕실의 조상신일 가능성이 많다. 따라서 상제와 천에 드리는 제사는 바로 고대 중국사회의 효의 강조와 밀접한 연관이 있다.

덕失德한 결과로 얻어진 것이기에, 은의 실덕은 바로 주의 수명受命으로 연결될 수 있다고 주장되었다. 여기서 말하는 천명은 물론 인간사회의 왕조교체까지도 통제하는 절대자인 천의 명령을 말한다. 이러한 천명이 바로 덕과 관련된다는 사실로 인해, 신비적인 천명의 소재는 점차 인간의 통제 영역 내로 들어온다. 다시 말해서 모든 자연현상과 인간사회의 현상을 가능하게 하는 절대적 존재로서의 천이나 천의 명령이 이전에는 인간에게 전혀 알 수 없는 신비한 것 즉 요행이나 운명적인 것이었는데, 이제 인간은 더 이상 이에 연연하지 않고, 인간의 노력에 의해 통제할 수 있는 필연적 덕의 영역으로 나아갈 수 있다는 점을 표현하게 되었던 것이다. 물론 인간과 관계된 천의 영역이 인간에 의해 발견되었다고 인간이 신이 되었다는 것은 아니다. 인간은 여전히 나약하고, 운명에 의해 어떻게 될 줄 모르는 존재이지만, 다만 적어도 천명론으로 인해 인간은 약간의 안정성을 갖게 되었다. 칠흑 같은 암흑 속에서 어쩔 줄 모르다가 우연히 바로 발 앞을 밝히는 촛불을 발견하고 겨우 한 걸음 한 걸음 나아가게 되었다고 할까. 이것이 공자가 극찬한 주공에 의해 이루어진 중국 인문주의의 시작이다. 다시 말해 주의 천명론은 단순한 쿠테타의 옹호론이 아니라, 신정정치에서 인문정치로의 길을 열었다고 보는 것이다. 물론 이러한 사실이 중국사회가 종교적 길을 버리고 세속화의 길을 걷게 되었다는 것은 아니다. 여전히 초월적 영역은 기능을 한다. 인간의 운명은 태반이 알 수가 없다는 점에서 여전히 인간의 겸손을 요구한다. 천명에서 요구하는 덕의 정체는 세속화된 미덕이라기보다는 기본적으로 조상신에 대한 충심으로부터의 효도의 태도이기 때문이다.

그럼에도 흥미로운 것은 중국적 인문주의를 통해 고대 중국은 점차 천의 비인격화의 경향을 보인다. 은대나 주초의 천은 분명 인격적 요소가 있었는데, 이것이 점차로 비인격화의 길을 걸었다. 공자의 시대에 오면 이것이 더욱 뚜렷해진다. "사람이 도를 넓힐 수 있지, 도가 사람을 넓힐 수 있는 것은 아니다"[47]라는 공자의 말도 비인격적인 원리로서의 천의 모습을 드러내는 것이라고 할 수 있다. 공자는 또한 귀신이나 운명에 대한 논의를 의도적으로 회피했다.[48]보다 더 중요한 것은 인사人事라고 보았기 때문이다. 앞서 말한 중국적 인문주의의 길을 공자는 천의 비인격화로 더 확고히 했던 것이다. 명命과 의義의 분리, 혹은 진인사대천명盡人事待天命의 태도는 우리가 알 수 없는 천명에 대해서는 담담히 받아들이고, 그 대신 우리가 통제할 수 있는 도덕의 영역에 관심을 기울이고자 하는 공자의 태도에서 기인했다. 그러나 그는 흔히 말하는 세속주의자가 아니고, 초월적 영역인 천天에 대해서도 상당히 의미를 두었다. 예컨대 공자는 '50세에 천명天命을 알았다'[49]고 했고, '천명을 알지 못하면 군자가 될 수 없다'[50]고 했는데, 여기서 천명天命을 안다(지천명知天命)는 것은 자신에게 맡겨진 소임을 다 한다는 것은 물론이고, 또 자기가 할 수 없는 것에 대해서는 그대로 받아들 수 있게 되었다는 것이다. 이것은 공자의 인문주의가 우연적인 것이나 운명적인 것을 배제함으로써만 성립되는 것이 아니고, 그것을 적극적으로 포용하

47 人能弘道, 非道弘人 (『논어』「위령」).

48 子不語怪, 力, 亂, 神 (공자는 괴이함, 용력, 어지러움, 귀신을 말하지 않았다) (『논어』「술이」); 子罕言利, 與命, 與仁 (공자는 이익, 천명, 인함에 대해 거의 말하지 않았다) (『논어』「자한」).

49 『논어』「위정」.

50 『논어』「요왈」.

는 것임을 보여준다. 공자가 귀신에 대해서는 경이원지敬而遠之(공경하지만 멀리한다)[51]해야 한다고 주장하는 것도 그의 초월세계에 대한 경외감을 드러내 주는 것이다. 이처럼 초월세계에 대한 경외감을 지니고 있는 공자의 통찰은 순수히 세속적인 것이 아니고, 종교적인 것이었다고 해야 하지 않을까? 이것이 아마도 핑가렛이 공자사상을 일괄하면서 쓴 책의 이름으로 『공자: 성스러운 속인』(*Confucius: The Secular as Sacred*)이라고 했던 이유가 아닐까 한다.

대체로 천天은 동아시아 전통에서 세 가지 의미가 있다. 첫 번째는 인간이 어떻게 할 수 없는 초월적 요소를 가리키고, 두 번째는 인륜 도덕성을 의미하고, 세 번째는 보편성, 공공성을 의미한다. 첫 번째는 종교적 의미의 천이고, 두 번째가 윤리적 의미의 천이라면, 세 번째는 보편성의 논리적 영역을 가리킨다. 먼저 첫 번째 의미의 초월적 존재의 의미로서의 천에 대해 살펴보면, 천天은 앞서 말한 대로, 원래 은나라 시기에는 만물의 주재자의 성격을 띠었고, 이에 따라 이러한 주재자를 따르면 길吉하고, 이에 어긋나면 흉凶하다라고 하는 관념이 생겼다. 이것은 결국 점占으로써 주재자 즉, 천의 뜻을 알려고 했던 것이라 할 수 있다. 흔히 천명이라는 개념이 초월적 의미를 지닌 이러한 '하늘의 뜻'을 잘 보여주고 있다. 그런데, 앞서 말했듯이 이러한 인간이 어떻게 할 수 없는 초월적 의미의 천이 은殷·주周교체기에 상식이나 도덕성의 의미를 띠고 나타난다. 천의 뜻은 더 이상 점을 통해서 드러나는 것이 아니고, 지도자의 덕의 행사를 통해서, 혹은 그러한 덕의 영향을 받은 민심을 통해서 드러난다고 믿은 점에서 천은 초월성에서 내재적 성격의

51 『논어』「옹야」.

도덕적인 것으로 변화되어 버렸다고 할 수 있다. 도덕성으로서의 천을 가장 선양한 이들이 바로 유가의 창시자라 할 수 있는 공자와 맹자이다. 마지막으로, 천의 의미 중의 하나는 보편성인데, 유가를 비판하면서 등장한 묵가나 도가의 천 개념에 이것이 잘 반영되어 있다. 순자도 '천은 요임금을 위해 존재하지도, 걸을 위해 없어지지도 않는다'라고 하며 이러한 묵가와 도가의 보편적 의미의 천개념에 공감을 표한다. 이런 보편성은 물론 첫 번째 의미의 초월성과 중첩된다. 우리가 어쩔 수 없는, 통제할 수 없는 천이란 바로 이런 초월성, 혹은 이런 보편성의 의미를 가진다. 흥미로운 것은 묵가나 도가는 물론이고 유가를 포함한 다른 사상가들에게서도 보이면서 동아시아 사상의 특징을 잘 보여주는 천인합일天人合一이란 표현은 위의 세 가지 의미를 고려해 볼 때, 매우 다양하게 읽힐 수 있다는 점이다.

천인합일이란 표현은 천명론이 나올 때만 해도 가치를 드러낸다기보다는 사실을 나타내는 표현처럼 생각되었으리라. 아니 사실은 그 때에도 천인합일은 천과 인이 합일하는 것이 바람직하다는 의미였었을 것이나, 그 때에는 가치와 사실의 간극이 크지 않아 그것을 사실로 착각했었으리라. 그런데, 세상이 복잡해지고, 보다 이해가 첨예해지면서, 덕의 유무와 상관없이 일의 성패가 갈리는 현상이 두드러지게 되었다. 이에 따라, 하늘이 유덕한 자에게 천명을 내린다는 주초周初이래의 소박한 생각은 점차 그 효용성을 잃어가고 있었다. 천명이 덕과 관련이 있다는 것은 우리의 소박한 희망사항이라는 것이 밝혀진 것이다. 처음부터 천명은 이왕이면 덕과 관련이 있었으면 좋겠다는 것이지, 실제로 관련이 있다는 것은 아님을 깨닫게 되었던 것이다. 공자의 시기에 오면 더욱더 이런 인식이 광범위하게 퍼져있음을 알 수 있다. 공자는 이런 무심한 천명과 덕의 실질적 관계에 대해, 새로운 정립을 요구받은 사람이다. 공자의 정명론이나 천인합일론은 주周의 명분체계와 현실의 간극을 메우기 위한 시도이고, 이는 덕과 천명의 관계 나아가 덕과 행복[52]의 관계를 재정립하려는 노력을 통해 이루어진다.

그런데 인간이 노력으로 도달할 수 있는 덕德의 상태란 무엇인가? 미국의 저명한 동양학자 니비슨(David S. Nivison)은 갑골문이나 명문銘文에 나타난 덕의 용례를 분석하여, 덕을 정의하였다. 그가 보기에 갑골문에서 보이는 덕이란 무력적 힘이 있으면서도 무력행사를 하지 않거나 또는 제사의 희생의식과 같이 자신을 희생하는 사람이 갖게 되는 영향력이다. 즉, 덕이란 '상대에게 무언가를 해 줌으로써, 상대로 하여금 나에게 무언가 빚진 상태의 느낌이 들게 하고, 그래서 고마워하고, 그래서 나에게 무언가 기꺼이 해주려는 마음을 일으키는 나의 능력'이라고 했다. '또한 힘이 있지만 그 힘을 직접적으로 사용하지 않음으로써 갖게 되는 영향력'이라고 했다. 한마디로, 덕은 힘이 있으면서도 그 힘을 폭력적으로 사용하지 않고, 좀 더 인간적이고, 비폭력적인 방식으로 사용하는 것을 가리킨다. 유교 전통에서 덕이 규칙-완화적인 특징을 가지는 것은 바로 이런 맥락에서이다.[53] 즉, 덕이 폭악과 대비되는 것은 이 때문이다. 따라서 이러한 덕의 개념은 인간의 행복이 무엇인가

52 천명론은 덕이 있는 자가 천자가 된다 혹은 되어야 한다의 주장인데, 여기서 천자는 가장 복 된 상태라고 볼 수 있으므로, 천명론은 덕과 행복의 일치를 주장하는 주장으로 볼 수 있다.

53 David S. Nivison, *The Ways of Confucianism*, Open Court, 1996, p. 75. (이후 Nivison, *The Ways*로 약칭).

라는 질문을 대답하는 과정에서, 인간의 기능이나 탁월성을 문제 삼았던 고대 그리스의 virtue(탁월성) 개념과는 그 시발점에서 많이 다른 것이 사실이다.[54] 특별히 고대 그리스의 탁월성 혹은 덕의 개념은 인간의 영혼의 상태와 밀접한 관련을 지녔는데, 고대 중국에는 이런 의미의 덕의 개념이 없었다. 그럼에도 동아시아의 행동에 기반을 둔 덕의 개념은 시간이 지나면서 점차 영혼과 유사한 개인의 내면적인 능력을 가리키게 된다. 즉 은덕, 공덕과 같이 사위事爲, 즉 세勢나 위位와 연관된 행동이나 일로부터의 덕의 관념으로부터, 개인의 내면적인 능력인 명명덕明明德의 덕으로의 전이轉移가 이루어졌다. 공자의 군자, 성인 개념이 이런 내면으로의 덕 개념의 전이를 잘 보여준다. 『좌전』에는 삼불후三不朽 설이 있는데, 이에 따르면 세 가지 썩지 않는 것으로 입덕立德, 입공立功, 입언立言이 있다고 했다.[55] 그 주소注疏에 보면 "입덕立德은 제도를 만들어 모범이 될 만한 법도를 드리우고, 널리 베풀어 뭇 백성을 구제하는 것이다. 성덕이 상대商代에 세워지자 백성들이 그 혜택을 입음은 무궁하였다. 입공立功은 횡액과 재난을 막음이니 그 사공事功은 시의에 맞게 백성을 구제한다. 입언立言은 말이 그 요체를 얻고 이치가 가히 전할 만한 것이다.... 그 몸은 이미 사라져도 그 말은 오히려 남아 있다"라고 하였다. 이렇게 삼후설에 있어서도 입덕에서의 덕의 개념이 행동이나 일과 보다 밀접하게 연결되어 있음을 알 수 있다.

54 Jiyuan Yu, *The Ethics of Confucius and Aristotle*, New York: Routledge, 2007, 24–32.

55 『左傳 · 襄公24년』.

제2장

공자(BCE 551–479): 인仁과 윤리적 덕

제2장

공자(BCE 551–479): 인仁과 윤리적 덕

1. 공자와 윤리적 덕의 개념

공자는 단순히 선진철학, 혹은 제자백가의 시대를 연 철학자로서가 아니라, 동아시아 문화의 초석을 놓은 스승으로 알려진 인물이다. 그의 공헌은 특히 덕이라는 개념의 확립에 있다. 그는 한동안 천하를 돌아다니면서 자신의 도를 펼칠 기회를 모색했으나 만년에 이런 노력을 포기하고 제자들을 기르는 일에 전념했다고 전해진다. 그렇다면 그가 구현하려던, 그리고 그가 제자들에게 전한 도道(그의 비전 혹은 그의 통찰력)이란 무엇인가? 그것은 한마디로 덕德이 있는 인간이 통치자가 되어야 한다는 것이었다. 이것을 우리는 덕치德治의 개념이라고 할 수 있다. 이러한 덕치의 개념은 물론 앞서 주나라 초기의 천명론天命論에도 반영되어 있는 것으로 공자 이전에도 보이는 것이지만, 그 덕의 성격을 신神보다는 인간의 삶과 관련해서 다양하게 구체화하고, 또 그것들의 의의를 총체적이고 보편적인 차원으로 끌어 올린 것은 공자의 공헌이라 할 수 있다. 즉 덕을 공손, 용기, 충실성, 청렴함, 지혜로움 등등으로 구체화 및 다양화시켰고, 동시에 그러한 다양한 덕을 인仁이라는 덕으로 통합하였으며, 또한 덕이란 단지 귀족이나 특정 사람에게만 가능한 성질이 아니라, 누구나 노력에 의해서 가능한 보편적 품성의 덕임을 분명히 하였다. 이런 보편적 품성의 덕을 갖춘 이상적 인격자를 공자는 인자仁者, 군자君子, 성인聖人 등으로 묘사했다. 바로 공자가 강조한 이 보편적 품성의 덕을 윤리적 덕이라 한다.

공자에게서도 덕은 그 이전의 덕 개념이 그러했던 것처럼, 우리 영혼이나 마음의 어떤 상태라기보다는, 의례儀禮와 같은 구체적 의식 혹은 행동과 연관이 있는 것이었다. 즉 심리학적 개념이 아니라, 관계적이고 공적인 성격을 띤 것이었다. 하지만 공자의 덕이 완전히 공공적이고, 외면적인 성격만 갖는 것은 아니다. 특히 인仁과 예禮의 관계를 놓고 볼 때, 더욱 그러하다. 예는 분명히 사회적 제도로서의 의식(禮)을 가리키지만, 인은 그 의식을 참되게 만드는 것이기에 공공적, 외면적이면서도 개별적이고 내면적인 덕의 측면을 가지고 있다.[56]

덕의 개념이 비폭력적, 비강제적인 점은 그것과 관계가 있는 예禮가 엄격한 규칙의 준수를 강조하는 형刑과는 달리 규칙 적용에 대해 관대함, 유연함을 갖고 있다는 것을 통해서도 확인할 수 있다. 따라서 덕이 있는 사람이 다스린다는 덕치德治는 예를 통해 다스리는 예치禮治와

56 원시유가 전통 안에서의 도덕적 덕과 시민적/공공적 덕의 구분에 대해서는 김성문(Sungmoon Kim)의 "Before and after Ritual: Two Accounts of *Li* as Virtue in Early Confucianism" *Sophia* (2012) 51: 195-210 참조.

그 외연에 있어서 같다고 할 수 있다. 물론 공자가 말하는 예禮는 주례周禮를 가리켰다. 공자는 하夏, 은殷, 주周 삼대의 시대 중에서 비교적 역사적 자료가 남아있는 주나라의 번영에 매우 고무된 사람이다. 주대의 개혁을 완성했던 주공을 존경하여, 늘 꿈에서라도 보려 했다고 전해진다. 공자가 그렇게도 본받으려고 했던 주나라나 주대의 제도인 주례는 종법제와 봉건제를 핵심으로 한 것이고, 공자는 이러한 서주시대西周時代의 통치방식을 토대로 예치와 덕치의 이상을 제시하게 되었던 것이다. 그의 이러한 생각은『논어』「위정」편에 잘 나타나 있다.

> 강압적인 행정 규칙으로 인도하고 가혹한 형벌로 가지런히 하면 백성들은 처벌만 면하려하고, 수치심이 없게 되지만, 윤리적 덕목으로 인도하고 의례儀禮로서 가지런히 하면 수치감이 있게 되고 바르게 된다.[57]

여기서 강압적인 행정 규칙(政)이나 가혹한 형벌(刑)이 거의 차이가 없는 것과 마찬가지로, 윤리적 덕목(德)과 의례(禮)는 크게 다르지 않다. 공자는 플라톤이나 아리스토텔레스가 엄격한 법을 사용해서 윤리적 질서를 이룰 수 있다고 본 것과는 달리,[58] 법이 아닌 윤리적 덕이나 의례를 통해 질서를 이루려고 하였다. 법은 가능한 한 억제되어야 하는 것이고, 덕이나 예가 법보다 근본적이고, 효과가 있다고 보았다. 그렇다고 공자가 법이 완전히 무용하다고 본 것은 아닌 것 같다. 적어도 덕이나 예에 의해 잘 이끌려지지 않는 사람에게는 법이 꼭 필요하다고 보

57 子曰:「道之以政, 齊之以刑, 民免而無恥; 道之以德, 齊之以禮, 有恥且格(『논어』「위정」).

58 Aristotle, *Nichomackean Ethics*, recited from Kupperman, *Learning From Asian Philosophy*, New York: Oxford Universty Press, 1999, 39.

았던 것 같다.[59] 그런데, 예치가 바로 주례를 따르는 것이라면, 공자의 비전은 그저 주례와 같은 복고적 관습을 다시 복원해야 한다는 것에 머무는 것일 뿐인가? 공자가 술이불작述而不作(전해온 것을 기술할 뿐이지 새로 창작하지 않는다)의 태도를 견지했고, 스스로를 옛것을 좋아한 사람(好古)이라고 자칭했던 것을 보면[60] 이러한 해석이 전혀 그른 것은 아니다. 하지만, 좀 더 적극적으로 공자를 해석하자면, 공자의 사상은 단순한 옛 관습의 복원이 아니라, 관습의 어떤 본질을 제시함으로써 관습을 옹호했다고 보는 것이 보다 타당할 것이다.[61] 다시 말해 어떤 특수한 것을 추구한 것이 아니고, 일반적인 것을 추구했다고 볼 수 있다. 그렇지 않았다면 그 수많은 예를 가르치는 사람들 중에서 어떻게 공자만이 역사에 살아남았을 것인가? 그렇다면, 공자에게 있어서 관습의 본질, 즉 예치와 덕치의 본질은 무엇인가? 즉 구체적으로 덕치의 덕이 가리키는 것이 무엇인가? 그것은 바로 '인간적임, 자비로움, 조화로움, 자연스러움'이라고 볼 수 있는 인仁이다. 여기서 우리가 바로 공자의 공헌이란 다름 아닌 덕치와 예치의 이념을 인仁과 예禮라는 구체적 개념을 통해 해명하려 하였다는 것에 있었음을 알 수 있다. 공자 이전에도 있었던 덕의 개념을 인간의 삶과 관련하여 총체적이고, 보편적으로 승화

59 명말청초의 대유大儒인 고염무는 법의 목적이 단순히 질서확보가 아니라, "사람의 마음을 바르게 하고, 풍속을 두텁게 하는데 있다"고 주장하여 법의 교육적 기능을 말한다. 이것은 아리스토텔레스의 생각과 유사한 것이다. 모종삼, 『정도여치도政道與治道』 188 참조.

60 『논어』「술이」.

61 아래에서 보듯이 공자는 의례儀禮 자체보다는 의례의 본질을 추구했다. 물론 구체적 의례 자체를 포기한 것은 아니다. 구체적 의례의 행동은 의례의 본질을 확인하기 전이나 확인한 후나 차이가 없을 것이다. 구체적 의례의 본질은 그 구체적 의례가 성취하려는 목표이다.

시킨 것이다. 좀 더 설명하자면, 공자는 기존에 있던 덕德과 예禮의 본질적 특성을 인仁으로 묘사했다. 정치는 바로 이런 이상적인 인의 덕을 지닌 인간에 의해 제대로 이루어진다고 보았던 것이다.

2. 인仁과 예禮

인仁이라는 덕목은 공자 이전에도 있었다. 하지만 그것은 귀족의 '잘생김, 늠름함, 강함, 귀함'을 가리키는 지극히 개별적 덕목이었다.[62] 하지만 공자에게 인은 이런 개별적 덕목을 넘어서는 측면, 즉 최상의 덕목을 가리켰다. 공자는 사랑함(愛), 공손함(恭), 공경스러움(敬), 충성스러움(忠), 맑음(淸), 곧음(直), 용감함(勇), 관대함(寬) 등등의 군자가 갖춰야 할 개별적 덕목들을 많이 말했지만, 또한 이 모든 덕을 포함하는 덕 일반으로 인을 이야기 했다. 인자仁者를 유덕자有德者라 부를 수 있을 것이다. 서구의 몇몇 학자들이 인을 대문자를 사용해서 "Goodness"로 번역하는 것은 이 때문이다.[63] 따라서 개별적 덕목들로는 덕 일반인 인을 충분히 묘사할 수 없다고 보았다. 인한 사람은 위의 개별적 덕성들을 모두 가지지만, 위의 개별적 덕성들을 일부 가졌다고 인한 사람은 아니기 때문이다. 이런 생각을 나타내는 구절들이 바로 "인자仁者는 용

62 Graham, *Disputers*, 19.

63 Bryan W. Van Norden, *Virtue Ethics and Consequentialism in Early Chinese Philosophy*, New YorK: Cambridge University Press, 2007, 118. (이후 Van Norden, *Virtue Ethics*로 약칭).

기가 있지만, 용자勇者는 반드시 인자한 것은 아니다."[64] 등이다. 이처럼 정의된 최상의 덕의 상태인 인과 다른 개별적 덕德들(禮를 포함한) 간의 관계는 전체와 부분의 관계처럼 때로는 차이를 나타내기도 하지만 때로는 동일시되기도 한다. 인仁은 전체로서 용勇을 그 부분으로 가진다. 인이 되기 위해서는 용 이외에 다른 미덕을 필요로 한다는 것이다. 그렇지만 우리는 또 때때로(진정한) 용은 바로 인이라고 말할 수 있다. 다양한 덕목은 인을 나타내는 다양한 측면을 가리키는 것으로 본다면 용을 인이라고 주장할 수 있다는 것이다. 부분으로써 전체를 가리킬 수도 있다. 여기서 유가의 개별적 미덕들이 상호 일종의 단일성(unity)의 관계를 유지하고 있다고할 수 있을 것이다.

공자는 최상의 덕인 인에 대해 묻는 제자들마다 각각 다른 대답을 했다. 심지어 같은 제자라도 다른 답변을 하였다. 이런 상황은 제자들에게 많은 혼란을 주었음에 틀림 없었던 것 같다. 그래서 제자들은 공자가 자신들에게 숨기는 것이 있다고 생각했었고, 공자는 그에 대해 자신은 아무 것도 숨기는 게 없다고 변명하기조차 하였다. 나는 여기에서 공자의 말을 그대로 받아들여 그가 아무런 숨김도 없었으며, 그럼에도 인이 공자의 제자들에게 잘 이해되지 않은 이유를 설명하려 한다. 그것은 좀 더 체계적으로 공자의 인에 대한 언명들을 이해해 보는 방식으로 이루어질 수 있을 것이다. 『논어』에서 인이 무엇이냐라는 질문에 대해 우리는 세 가지 정도로 공자의 답변을 정리할 수 있다. 첫째 극기복례克己復禮, 둘째 애인愛人, 셋째 충서忠恕이다. 이 세 가지 것들은 공통적으로 타인과의 관계를 강조하는 것으로 여기서 인의 의미의 단서를 찾

64 『논어』「헌문」.

아볼 수 있다.

먼저 인仁을 극기복례라고 해석할 수 있는 이유를 말해보자. 그것은 공자의 제자 중에서 가장 뛰어난 제자였던 안연이 인이 무엇이냐고 물었을 때 공자가 한 답변에서 살펴볼 수 있다. 근기가 가장 뛰어난 제자의 물음에 대한 답변인 만큼, 이것이 보다 포괄적이고, 보다 심층적인 인에 대한 설명일 것이라 추측되기 때문이다. 공자는 인이 무엇이냐는 안연의 질문에 대해, 인이란 극기복례克己復禮 즉 '자신을 극복하여 예禮로 돌아간다'는 것이라고 대답했다. 예로 돌아간다는 것은 대체로 예를 실천한다는 이야기로 풀이된다. 좀 더 자세한 내용을 묻는 안연에게 공자는 '예가 아니면 보지도, 듣지도, 행하지도 말라'고 했다. 전체적으로 인이란 극기복례라는 구절에서 극기란 자신의 이기심을 극복한다는 것이고, 복례란 예를 실천한다는 것이니, 인이란 결국 자신의 이기심을 극복하면서 예를 실천하라는 이야기이다. 좀 더 자세히 말하자면, 극기란 자기중심적으로 즉 자신의 이익을 우선적으로 고려하는 태도를 버리는 것이니, 한마디로 '다른 사람에 대한 배려의 태도'라고 할 수 있다. 복례란 앞서 말했듯이 '예로 돌아간다'는 의미이니 '예를 실천하는 것'이다. 이러한 극기복례가 인의 덕목의 의미라는 것이다. 이러한 해석은 예 그 자체가 일을 강압적으로가 아니라 부드럽게 처리한다는 의미를 지니고 있다는 점에서 더욱 설득력이 있다. 인을 구현하기 위해 해야 되는 구체적 세목으로 '예가 아니면 보지도, 듣지도, 행하지도 말라'라고 한 것이 흥미롭다. 이것은 어찌 보면 구체적인 예를 행하는 것 이외에 따로 인이란 것이 있을 수 없다는 것이다. 그러나 구체적인 예가 바로 인은 아니다. 공자가 복례와 더불어 극기를 강조하는 것에서 알 수 있듯이 그저 예를 기계적으로 따르는 것이 인이라 보지 않았던 것이다. 인이란 것은 예를 실천함으로써 이루어지고, 구체적 행위 패턴인 예를 떠날 수 없지만(사실 이런 점에서 공자에게도 수단과 목적은 다른 것이 아니지만), 최종적으로는 단순히 예를 실천함으로써 이루어지는 것이 아니고, 그 예를 다른 사람을 배려하는 마음을 가지고 실천함으로써 완성되는 것이다. 이렇게 보았을 때, 극기의 마음 혹은 태도가 예를 예답게 완성시키는 것이다. 구체적 예가 추구하는 목표가 바로 타인의 배려에 있다는 것이 인의 의미라는 것이다.

공자는 이런 알맹이가 없는 의례, 의식은 껍데기뿐인 의식으로 그저 관습적이고, 기계적인 행동에 불과하다고 보았다. 그런 기계적인 행동은 의례를 수행하고 있지만, 아직 타인의 배려를 위한 도구로써의 의례의 의미는 깨닫지 못한 상태라고 할 수 있다. 반면에 인이 내재되어 있는 의례와 의식, 즉 타인의 배려를 목적으로 하는 의례와 의식은 그 의례와 의식이 주체의 적절한 내재적 상태에 의해 뒷받침된다고 할 수 있다. 여기서 적절한 내재적 상태란 '적절하게 동기부여가 된 행위의 상태'라고 말 할 수 있는데, 이것은 그저 '어떤 특정 시기 특정 장소에서 발생하는 구체적 의식의 상태'를 가리킨다기보다는 오히려 '그런 구체적 의식 상태와 연결되는 객관적 상황'[65]을 가리킨다고 할 수 있다. 인은 단순히 우환의 감정이 없는 의식 상태라기보다는,[66] '우환의 감정이 일어나지 않게 하는 상황'을 가리킨다. 주관적 의식 상태와 객관적 상

65 유가의 정情에 대한 분석에 대해서는 Seok Bongrae, *Embodided Moral Psychology and Confucian Philosophy*, New York: Lexington Books, chap, 4 참조.

66 子曰 :「知者不惑, 仁者不憂, 勇者不懼 (『논어』「자한」).

황은 다르다. 때로 행복한 상황에서도 불안한 감정을 느낄 수 있다. 감정은 순간적이고, 상황 의존적인데, 상황은 좀 더 독립적이고, 항구적 상태이다. 마치 운동을 하고 있으면, 나는(육체적) 고통을 느끼고 있으면서도 동시에(자기실현의) 행복을 느끼는 것에 비견될 수 있을 것이다. 자기실현의 행복의 느낌은 늘 달콤한 것이 아니고, 때로는 고통의 느낌과 긴밀하게 연결되어 있다. 그것은 순간적 감정이 아니다. 마찬가지로 인도 순간적인 의식이나 감정일 수 없다. 행위자의 '어떤 지속적이고 안정적인 상황'이다. 예와 인의 관계에 대해 공자 자신은 이렇게 말을 하였다:

> 사람이 인하지 못하면, 의식(禮)은 왜 필요한가? 사람이 인하지 못하면 음악(樂)은 왜 필요한가?[67]

위에서 말하는 의식(禮)나 음악(樂)은 어디까지나 겉으로 보이는 의식이나 음악의 표현이다. 위의 구절은 우리가 인하지 않고서도 겉치레와 같은 의식과 음악을 행할 수 있음을 말하고 있다. 그런데, 인이 수반되지 않는 음악과 의식은 피상적이라 할 수 있다. 인은 이렇게 보자면 의식과 음악이 제 역할을 하게 만드는 것이다. 이 지점에서 예의 근본이 무엇이냐는 임방의 질문을 왜 공자가 높이 평가했는지 알 수가 있다.

> 임방林放이 예禮의 근본을 물으니 공자가 말하기를, "훌륭하도다. 그 물음이여, 예禮(의식)는 사치보다는 검소해야 하고, 상喪(상례)은 형식을 갖추기보다는 차라리 슬퍼해야 함이니라.[68]

67 子曰:「人而不仁, 如禮何？人而不仁, 如樂何？」(『논어』「팔일」).

68 林放問 禮之本 子曰 大哉問 禮與其奢也 寧儉 喪與其易也 寧戚 (『논어』「팔일」).

위의 인용문은 공자가 인을 의식에 있어서의 검소함이나, 상례에 있어서의 슬픔이라고 보았음을 말해준다. 통상적으로는 최근에 이르기까지 인과 예의 관계를 단순히 마음과 외적 표현형식으로 보았다. 핑가렛(Herbert Fingarette)은 이러한 통상적 해석에 반대하여, 이 인의 마음은 서양의 좁은 마음개념 즉 개인의 사적 의식 상태를 가리키는 것이 아니라, 어떤 구체적 행위를 할 수 있는 성향(disposition) 혹은 능력이라고 보아야 한다고 주장하였다. 우리는 마땅히 내적 마음상태보다는 행위성향이나 행위능력을 통해서 인의 덕을 이해해야 한다는 것이다. 핑가렛의 인 해석을 행동주의적 해석이라고 평가하는 이유이다.[69]

또한 이것은 앞서 동아시아의 덕 개념을 희생의 행위를 통해서 이해한 니비슨의 해석과 유사한 것이다. 사실 이러한 해석들은 마음에 대한 최근의 외재적 접근과 궤를 같이 하는 것으로, 동서의 사유 전통에서 흔히 발견할 수 있는 마음개념의 이해에 더 잘 들어맞는 것이라 할 수 있다. '의식의 순간적 상태'를 가리키는 서구의 좁은 마음개념이 오히려 일반적이지 않은 마음의 이해라 볼 수 있는 점에서 핑가렛과 니비슨의 마음에 대한 행동주의적 혹은 외재적 해석은 상당히 설득력이 있다고 할 수 있다.

공자에 있어서 예는 그 지향점으로 인仁만이 아니고, 화和(조화, 자연스러움)와 낙樂(즐거움)도 함께 말해진다.

> 유자가 말한다: 예를 쓰는 것에는 조화가 귀하다. 선왕의 도는 이것을 아름답게 여겨 작은 일과 큰일이 이로부터 나온다. 행하지 못할 것이 있으니 조화를 알아서 조화롭게 되는데 있어서, 예로써

69 Fingarette, *Confucius*, 37−56.

조절하지 않으면 이 또한 행할 수 없다.[70]

자공이 말한다: 가난하되 아첨함이 없으며, 부유하되 교만함이 없으면 어떻습니까? 공자께서 말씀하시기를 "괜찮으나 가난하면서도 즐거워하며, 부유하면서도 예를 좋아하는 것보다는 못하다.[71]

이러한 사실은 예의 본질로 지적된 인仁이란 화和와 낙樂과도 의미가 상통하다는 점을 암시한다. 한마디로 인이란 다른 사람과의 조화[72]나 다른 사람과의 함께함에서 오는 즐거움과 통하는 상태이다. 이것은 덕이나 인이 인간관계에서, 사회관계에서 성립되고 발휘된다는 사실을 잘 드러내준다. 앞서 인이 자기를 극복하여 예를 실천하는 것(혹은 타인에게로 나아가는 것)이라고 한 부분과 일맥상통한다 하겠다.

두 번째 인仁이 애인愛人이라고 말해지는 이유를 생각해보자. 인仁이 타인과의 관계에서 성립되는 덕이라는 사실은 인仁의 정의로 애인愛人[73]이 많이 언급되었다는 점에서도 지지된다. 애인은 기본적으로 사

---

70 有子曰: 「禮之用, 和為貴. 先王之道斯為美, 小大由之. 有所不行, 知和而和, 不以禮節之, 亦不可行也 (『논어』「학이」).

71 子貢曰: 「貧而無諂, 富而無驕, 何如?」子曰: 「可也. 未若貧而樂, 富而好禮者也.」(『논어』「학이」).

72 화和를 '조화'(harmony)만이 아니라, '자연스러움'(naturalness)으로 번역하는 쿠퍼만(Joel J. Kupperman)은 조화든 자연스러움이든, 그 의미는 '바탕(質)과 무늬(文)의 균형'뿐 아니라 '행위자와 그의 행위 사이의 올바른 관계'라고 본다. 즉 조화나 자연스러움이란 '행위가 본성으로부터 나오기에 행위함에 있어서의 편안해함'을 의미한다. cf. Joel J. Kupperman, *Learning from Asian Philosophy*, New York: Oxford University Press, 1999, 22.

73 그레이엄은 통상적으로 자애(benevolence)로 번역되는 인仁을 '다른 사람의 복지를 위한 비이기적 관심(an unselfish concern for the welfare of others)'이라고 정의하고, 이것이 예禮와 분리되는 것은 맹자이후라고 말한다. cf. Graham, *Disputers*, 18–19. 이러한 인의 정의는 후에 다루게 될 묵가의 애愛(사랑)의 정의와 매우 유사하다. 묵가가 자신들의 윤리행위를 애리愛利 혹은 겸상애교상리兼相愛交相利

람을 사랑한다는 것이다. 또한 애인愛人에서의 인人은 단순히 사람만이 아니고, 타인을 의미하기도 하기에, 애인은 '타인을 사랑한다'는 의미도 가지고 있다. 그래서 애인도 처음부터 지향하는 바가 바로 극기, 즉 자기가 중심이 아니라 어디까지나 타인에 대한 배려, 타인에 대한 존중이기에 우리는 극기복례 이외에 애인을 인의 또 다른 정의로 말할 수 있는 것이다.

마지막으로 인仁이 타인에 대한 배려의 태도와 연결이 되어 있다는 점은『논어』에 등장하는 충서忠恕의 개념에서도 제안된다. 흔히들 일이관지一以貫之의 도로 충서를 말하는데, 이것이 구체적으로 나타난 것은『논어』4장 15절이다. 거기서 공자는 증삼, 즉 증자라고 불리는 인물에게 "나의 도는 하나로 일관되어 있다."(一以貫之)라는 이야기를 한다. 물론 거기에 대한 더 이상의 설명이 없이 공자가 나가자, 주위에 있던 많은 문인들이 증자에게 "무엇을 얘기하는 것입니까?"라고 물었고, 증자는 이에 대해 "부자의 도는 충서일 뿐이다."라고 말했다고 한다. 이런 일화로 인해 많은 사람들은 자연스럽게 공자의 도는 인仁이라고 할 수 있으니, 공자의 일이관지인 충서가 바로 인을 가리키는 것이라고 연역해내었다. 그런데 사실 이 구절은 조금 진위의 논쟁이 있다. 왜냐하면 증자라는 사람이 공자 당시 제자들 중에서 그렇게 영향력 있는 사람도 아니었고 또 제일 막내였기 때문이다. 제일 막내인 사람이 그 일화

라고 하는 것에 주의를 기울일 필요가 있다. 따라서 공자의 인의 정의로 종종 쓰이는 애인愛人이 묵자의 겸애와 맹자의 측은지심으로 분화되었다고 보는 것이 정확할 것이다. 밴 노던은 공자의 인仁을 좁은 의미와 넓은 의미로 나뉘고, 좁은 의미의 인은 애인에서 드러나는 자애라고 함으로써 애인과 자애를 동일시한다. Van Norden, *Virtue Ethics* 117.

에 나온 것처럼 다른 제자들 앞에서 공자의 뜻을 얘기하고 다른 사람들이 귀를 기울이고 수긍하는 정황은 좀 납득하기가 쉽지 않다. 오히려 많은 사람들은 증자만이 유일하게 그 일화에서 "증자"로 칭해진다는 사실에서 그 구절은 후대 증자의 제자들에 의해 첨부된 구절일 뿐이라고 믿고 있다. 하지만 그 구절이 역사적 사실을 나타내는 것이건 혹은 그렇지 않건, 그 구절은 의미가 있다. 그것은 이 구절만이 아니고, 『논어』의 다른 구절에서도 공자의 사상의 핵심을 충서로 볼 수 있는 구절들이 보인다는 점이다. 예컨대, 『논어』 15장 24절에서는 자공이 공자에게 하나의 좌우명을 달라고 하니까, 공자가 서恕, 즉 "자신이 원하지 않는 것을 다른 사람에게 베풀지 말라는 것을 너의 좌우명으로 삼아라."라고 한다. 그 밖에 『논어』 12장 2절에 보면 중궁이 "인仁이 무엇입니까?" 이렇게 묻는데, 여기서도 공자가 여러 덕목을 얘기하는 와중에 또 서恕를 이야기한다. 그러니까 비록 앞의 구절, 즉 『논어』 4장 15절에서의 증자와 공자의 대화가 좀 진위가 의심스럽다고 하더라도 공자의 사상을 충서 혹은 서와 연결시키는게 커다란 무리는 아니라고 할 수 있다. 또 이때까지 서에 대한 것들은 주로 부정적인 표현들이었다. 자기가 원하지 않는 것을 다른 사람에게 베풀지 말라는 건 부정적인 표현이다. 그런데 『논어』 6장 28절에는 "자신이 서려고 하면 다른 사람을 세우고, 자신이 도달하려고 하면 다른 사람을 도달하게 하라."라는 식의 긍정적인 표현으로 서가 등장한다. 그리고 분명히 이에 대해, "이것도 인의 한 방법이다."라고 공자가 이야기하고 있다. 이처럼 여러 곳에서 공자가 자신의 핵심 사상인 인과 충서 혹은 서를 연결시키고 있기 때문에 우리는 충서를 인의 주요한 의미를 밝히는 개념으로 이해를 해도 되겠다.

게다가 나는 인仁을 충忠과 서恕와 연결시키면서 단순히 충과 서가 이전의 학자들이 이해하듯이 단순히 '자신에게 충실함'과 '황금률'[74]로 각각 이해하는 것보다는 사실은 이것이 극기 혹은 애인의 자세와 태도 즉 이타적 태도라고 이해하는 것이 더 좋다고 본다. 전자의 방식은 자신을 기준으로 두고 그것을 확대하는 것을 충서라고 해석하는 방식인 반면 후자의 방식은 자신과 상대의 공존 관계를 바탕으로 충서를 해석하는 것이다. 즉 충서는 극기나 애인처럼 사람들 사이의 존경 혹은 사람들 상호 간의 좋은 믿음으로 볼 수가 있고, 이렇게 해석하는 것이 인과 관련지어볼 때에도 더 타당한 해석임을 알 수 있다.

> 자공이 말하였다: 만약 백성에게 널리 베풀어서 다수의 사람을 구제한다면 어떻습니까? 인하다고 할 수 있습니까? 공자가 말하였다: 어찌 인仁에만 머물겠습니까? 그런 사람은 반드시 성聖일 것입니다. 요순도 그것을 어려워하였습니다. 무릇 인자仁者는 자신이 서려고 하면 다른 사람을 세우고, 자신이 실현되기를 원하면 다른 사람을 실현시킵니다. 가까운 곳에서 비유를 들 수 있는 것이 인의 방법이라 할 수 있습니다.[75]

유가의 도를 '내성외왕內聖外王'의 도라고 하는 이유도 아마 앞에서 본 인의 해석처럼 인仁 혹은 성聖이 타인을 향한 관심과 연관이 있기 때문일 것이다. 인이나 성은 이런 의미에서 타인의 선善 내지 덕德을 완성시키는 덕이라 할 수 있다. 결론적으로 나는 공자의 주된 관심이 복례

74 주자는 『논어』 4장 15절의 집주集註에서 "자신을 충실히 하는 것이 충忠이고, 자신을 미루어서 다른 사람에게 미치는 게 서恕" (盡己之謂忠 推己之謂恕)라고 하였다.

75 子貢曰: 「如有博施於民而能濟衆, 何如?可謂仁乎?」子曰: 「何事於仁, 必也聖乎! 堯舜其猶病諸! 夫仁者, 己欲立而立人, 己欲達而達人. 能近取譬, 可謂仁之方也已. (『논어』 「옹야」).

즉 예를 실천하는 것에 있다고 생각한다. 그러나 단순히 예를 실천하는 것에서 공자 사상의 핵심이 있는 것이 아니라, 그 실천을 어떤 자세나 태도로 하는 것이 중요하다고 생각한다. 그 자세나 태도가 바로 다른 사람에 대한 배려인데, 이것은 먼저 자신을 확립하고 그것을 다른 사람에게 확충하는 그런 것이 아니라, 처음부터 다른 사람을 배려하고 다른 사람을 존경하는 그런 태도나 자세로 예를 실천해야 하는 가능한 것이라고 생각한다. 나는 이것이 공자 사상의 핵심이고 공자의 인의 덕의 본질이라고 생각한다.

3. 덕의 획득

공자의 도가 '윤리적 덕이 있는 자가 정치를 하는 것'이라면, 공자에게는 스스로 윤리적 덕을 획득하는 것이나 타인에게 윤리적 덕을 획득하게 하는 것이 중요한 관심사였다. 덕의 획득 방법에 있어서, 우리는 공자가 가진 학學과 사思의 관념을 생각해 볼 수 있다. 학이나 사의 목적 대상이 바로 덕이라고 생각되기 때문이다. 『논어』「학이」편에 보면 "배우되 생각하지 않으면 남는 게 없고, 생각하나 배우지 않으면 위태롭다"(학이불사즉망學而不思則罔, 사이불학즉태思而不學則殆)라는 말이 있다. 전자의 구절은 배움이 끝이 아니라, 그 배운 것을 차분히 생각하여 자득自得하는 것이 있어야 함을 말하고 있고, 후자의 구절은 오직 배움이 없이 지나치게 생각하여, 자신의 주관에만 따르고 다른 가능성을 생각하지 못하는 것은 위험한 것이라고 말하고 있다. 배움과 생각함 이

두 가지가 다 중요하지만 공자는 굳이 한 가지를 택하자면 배우는 것이 생각하는 것보다 더 긴요하다고 말하고 있다.

> 공자께서 말씀하셨다. "내 일찍이 종일토록 밥을 먹지 않고, 밤새도록 잠을 자지 않고서 생각하였으나, 유익함이 없었다. 배우는 것만 같지 못하였다."[76]

아마도 그는 배우고 배우다 보면 자연스럽게 우리의 생각을 자극하고, 그리하여 자득하게 되지 않을까 낙관하고 있는 듯하다.

이 학學과 사思의 덕의 수양방법은 앞서 언급했던 인과 예의 관계를 통해 구체적으로 이해할 수 있다. 학은 바로 예禮를 배우는 것이고, 예를 배우는 그 궁국적 목표는 인의 상태 즉 극기나 타인에 대한 배려의 태도를 가지는 것이다. 예를 행하면서 극기의 태도를 가지기 위해서는 단순히 학만으로는 가능하지 않고, 사가 필요한 것인데, 이런 의미에서 사는 바로 예를 배우는 가운데, 극기의 태도나 정서를 가지기 위한 집중의 순간이라고 할 수 있다. 공자는 종종 인이라는 것은 평생을 배워도 다 할 수 없는 것이라고 말하다가도, 또 어떤 곳에서는 인은 원하기만 하면 언제든지 성취할 수 있는 것처럼 묘사한다. 평생을 배워도 힘들다는 것은 학의 측면이고, 원하기만 하면 언제든지 성취될 수 있다는 것은 사의 측면이다. 인하기 위해서는 예를 배워야 하지만, 예를 안다고 바로 인의 상태에 들어가는 것은 아니다. 그것은 절실함 내지 간절히 의욕을 해야 가능한 것이다. 이 후자의 상태가 바로 사라고 할 수 있다. 공자의 말을 빌면 인의 상태는 어쩌면 일생을 통해 노력을 해도

---

76 子曰: 「吾嘗終日不食, 終夜不寢, 以思, 無益, 不如學也.『논어』「위령공」.

성취할 수 있을까 의심할 정도로 어려운 것이면서도, 어떤 측면에서는 단지 그런 인의 상태를 의욕하는 것만으로도 성취될 정도로 쉽다고 한다. 인仁의 이런 두 가지 측면은 인의 상태를 설명하는 3인칭 관점(third man's account)과 1인칭 관점(first man's account)의 차이라고 설명할 수도 있을 것이다.[77] 3인칭의 객관적인 관점에서 보자면 인의 획득은 오랜 시간이 걸리는 일이지만, 1인칭의 주관적 관점에서 보자면 인의 획득은 순식간의 일이다. 불교에서 말하는 점수와 돈오의 차이라고도 할 수 있을 것이다. 육체적 덕을 나타내는 근육을 만드는 과정에서도 이 원리가 드러날 수 있는데, 근육은 하루아침에 만들어지는 것이 아닌 동시에 (시간이 걸리는 일인 동시에), 매 순간 매 순간이 바로 근육이 이루어지는 순간이기도 하다. 조금만 방심하면 매 순간 매 순간이 근육이 무너지는 순간이기도 하다. 공자 철학에서의 학의 측면은 순자가 계승하고, 사의 측면의 맹자가 계승했다고 할 수 있다. 유교 전통에서의 맹자의 위치 때문에 우리는 종종 유교를 신비주의, 직관주의 등으로 이해한다. 하지만 유교의 핵심은 철저하게 배움이 덕 획득의 시작이요 끝임을 강조하고 있다. 육체적 덕과 마찬가지로 윤리적 덕도 한번 완성되면 다시는 무너지지 않는 그런 것이 아니라, 잠시라도 방심하면 무너지게 되어있다. 이 덕의 상태를 유지시키는 것은 그저 끊임없는 우리의 배움(學)과 집중(思)의 노력에 있다.[78]

---

77 핑가렛도 예와 인의 관계를 이런 식으로 설명한다. cf. Fingarette, *Confucius*, 42.

78 "공자는 안회는 3개월 동안 그 마음이 인에 어긋나지 않았고, 나머지는 하루 혹은 한 달만 그러했을 뿐이다라고 말하였다" (子曰: 「回也, 其心三月不違仁, 其餘則日月至焉而已矣) (『논어』「옹야」). 나는 이 구절을 은유적으로 받아들이지 않고, 문자 그대로 받아들여, 인仁의 덕은 인 행위의 지속성에 의해 정해진다고 해석한다.

공자는 자신이 남보다 뛰어난 것은 바로 배움에 있다고 했다. 자신의 인격적 성취도 바로 배움에 있다고 했고, 미덕이 미덕이 될 수 있는 것도 바로 이 배움 때문에 그렇다고 했다. 여러 제자 중에서도 뛰어난 수제자 안회만을 '배움을 좋아한 사람'이라고 평했다.

> 공자가 말하기를 .... 인仁을 좋아하지만 배움(學)을 좋아하지 않으면 그 허물은 어리석음이 되고, 지혜를 좋아하지만 배움을 좋아하지 않으면 그 허물은 흐려짐이고, 믿음을 좋아하지만 배움을 좋아하지 않으면 그 허물은 도적질함이고, 곧음을 좋아하지만 배움을 좋아하지 않으면 그 허물은 꼬여짐이고, 용기를 좋아하지만 배움을 좋아하지 않으면 그 허물은 어지러움이다. 강직함을 좋아하는 데, 배움을 좋아하지 않으면 그 허물은 미침이다.[79]

공자는 단순히 덕만 가지고는 자신을 넘어서는 사람들이 많지만, 그러나 호학好學의 측면만은 그 누구에게도 뒤지지 않는다고 함으로써, 간접적으로 배움의 중요성을 강조했다. 배움은 위의 인용문이 가리키듯이 우리로 하여금 안주하지 않게 만드는 효력이 있다. 어떻게 보자면, 공자가 문제 삼는 것은 어떤 덕목을 절대적으로, 혹은 맹목적으로 따르는 것이다. 공자의 덕을 중용으로 파악한 『맹자』와 『중용』을 포함한 후대의 평가는 이 점에서 그 정당성을 가진다.

이 배움의 내용은 앞서 예禮라고 했지만 그것은 단순하게 말한 것이고, 좀 더 자세하게 말하면 다양하게 열거할 수 있을 것이다. 그것은 아마 공자가 가르쳤던 내용 즉 육예六藝나 육경六經(예禮·악樂·사射·어御

---

79 子曰:「由也, 女聞六言六蔽矣乎?」對曰:「未也.」「居! 吾語女. 好仁不好學, 其蔽也愚; 好知不好學, 其蔽也蕩; 好信不好學, 其蔽也賊; 好直不好學, 其蔽也絞; 好勇不好學, 其蔽也亂; 好剛不好學, 其蔽也狂.」(『논어』「양화」).

·서書·수數)이라고 할 수 있는데, 이것은 뒤에 붙여진 이야기였을 것이고, 우리가 『논어』에서 확인할 수 있는 것은 예禮, 서書, 시詩, 악樂에 대한 것들이다. 지금으로 말하면 문학, 역사, 윤리, 음악에 대한 교양 교육이다. 공자의 사고는 예, 음악, 전설이나 역사 속의 인물들, 문헌들의 배움을 통한 덕스런 삶의 이상을 향한 것이었다. 공자의 배움은 위의 여러 배움의 내용들의 항목들(細目)보다는 그것들의 기본정신을 겨냥하고 있다. 따라서 구체적 항목들에 대한 암기가 배움이라기보다는 진리에 대한 열려있는 마음 그리하여 언제든지 자신의 오류를 교정하려는 태도가 바로 배움이라고 할 수 있다. 이 점에서 학學은 바로 사思와 연결이 되는 것이다. 배움, 학學의 이러한 성격때문에 윤리적 덕은 또한 이런 점에서 일종의 지성적 덕이라 할 수 있는 것이다. 배움의 구체적 내용은 얼마든지 물어서 알 수 있는 것이다. 교사로서의 공자의 가르침은 철저히 조력자로서의 역할을 따른다. 배움은 스스로 하는 것이다. 가르침은 그러한 주체적 배움이 이루어지도록 도와주는 것일 뿐이다.

옳음이 구체적 상황에서의 적절함이니, 『논어』에서 공자가 옳음을 가르치는 것도 다 구체적 내용을 지닌 것이다. 『논어』를 보면, 제자들과 공자 간의 대화는 주로 역사적 사건, 역사적 인물에 대한 평가이거나 시詩에 대한 평가, 음악과 의식의 중요성 이런 것이다. 중국이 통일된 이후에 유교의 경전을 보더라도 『시경』, 『서경』, 『예기』, 『악경』, 『춘추』과 같이 문학, 역사, 예악과 같은 인문, 예술에 관한 것들이고 보니 예술 인문 교육이 공자 가르침의 정규 커리큘럼이 아닐까 생각한다.

이런 커리큘럼이 상징적으로 보여주는 것은 공자의 윤리적 덕에 대한 교육이 추상적인 것에 대한 교육이 아니라, 구체적인 것에 대한 교육이라는 것이다. 공자를 위시한 동아시아철학자들이 논리나 논증이 아니라 유비, 예화, 은유와 같은 철학적 방법을 사용하였다는 것도 이 점을 지적하는 것이다.

나는 추상적인 것과 구체적인 것의 교육의 차이를 다음과 같이 예를 들어 설명하려 한다. 예컨대, 칸트는 '모든 인간을 목적으로 대하라'라는 도덕 정언명법을 제시했는데, 오랫동안 이 정언명법이 우리에게 구체적 지침을 주지 않는 형식적인 것이라고 비판받았다. 이런 칸트 정언명법의 형식주의에 대해 아도르노(Theodor Ludwig Wiesengrund Adorno)의 대안은 '너희의 사유와 행위를 아우슈비츠가 반복되지 않도록, 어떠한 유사한 일도 발생하지 않도록 수립하라'였다. 사실 이 아도르노의 대안적 정언명령도 실제의 상황에서 어떤 지침을 줄 수 있는지 확실치 않지만, 적어도 칸트의 정언명령보다는 실제 상황의 문제 해결의 도상에 한 걸음 나아간 것이라고 볼 수 있다. 즉 '아우슈비츠의 학살'에 대해 우리가 가지는 연상, 동감 등등의 보편적인 정의(justice)의 정서를 충분히 이용한다면, 칸트의 '준칙의 보편화 가능성'이나 '인간을 수단으로 대하지 말고 목적으로 대하라'는 추상적 정언명령보다 우리의 적절한 판단이나 행동을 유도하기에 훨씬 풍부한 자원을 제공할 수 있기 때문이다. 공자의 인문 예술교육의 가치도 바로 이런 구체적 가르침의 내용이 갖는 순기능에서 찾아야 할 것이다.

왜 이러한 구체적 인문, 예술 교육을 통한 덕의 배양이 중요한 것인가? 그것은 사람의 삶에 기본적인 것은 흔히 생각하듯이 우리가 지향하는 지식, 기술, 재물, 권력 등이라기보다는 정신적, 육체적 건강이기 때문이다. 우리는 사회적으로 잘 나가는 사람들이 육체적, 정신적 건강을 잃고서 좌절하는 것을 많이 보아왔다. 여기서 특별히 정신적 건강은 공자가 말한 덕을 성취하는 것으로 이루어진다. 공자가 보기에 군자의 덕의 학은 '어려움에도 오래 버티고, 즐거움도 감당할 수 있게 하는 학'[80]이기 때문이다. 공자가 가르치려고 한 덕은 어떤 사물에 대한 개념적 이해가 아니라, 구체적 상황을 처리하는 능력이었다. 당연히 구체적 사안에 대한 토론을 통해 제자들에게 이런 능력을 길러주려고 했던 것이다.

그런데, 공자는 덕을 어떻게 가르쳤을까? 아니 제자들의 배움을 어떻게 도와줬을까? 흔히 말하듯이 공자는 대중 강연보다는 일대일의 교육방식을 선호했다. 덕에 대한 일반적 논의보다는 일종의 개별적 접근방식을 택했고, 구체적 문제에 대한 치유적 방식을 선호했다.

> 알려고 하지 않는 사람에게 열어주지 않는다. 말하려고 하지 않는 사람에게 말해주지 않는다. 내가 한 모서리를 들었을 때, 다른 세 모서리로 반응하지 않으면 다시 가르치지 않았다.[81]

또한 사람에 따라, 장소에 따라 다른 처방을 내렸다. 다시 말해서, 공자가 덕에 대해서 이야기 할 때는 덕의 일반적 특성을 대중에게 이야기 한 것이 아니라, 바로 그 특정 사람이 부족한 덕에 대해서만 이야기하고, 그 해결책을 제시했다는 사실이다.

> 자로가 묻기를 들으면 바로 행합니까? 공자가 대답하기를 부형이 있는데, 어찌 듣고 바로 행할 수 있겠는가? 염유가 묻기를 들으면 바로 행합니까 하니 공자가 말하기를 들으면 바로 행하라. 공서

80 不仁者不可以久處約, 不可以長處樂 (『논어』「이인」).

81 子曰:「不憤不啟, 不悱不發, 擧一隅不以三隅反, 則不復也.」(『논어』「술이」).

> 화가 물었다. 자로가 들으면 바로 행하냐고 물을 때는 부형이 있다고 했는데, 염유가 같은 질문을 했을 때 들으면 바로 행하라고 했습니다. 저는 혼동이 됩니다. 그 이유가 무엇입니까? 공자가 말하기를 염유는 매우 조심성이 있는 사람이니, 나는 앞으로 가기를 원했고, 자로는 성급한 사람이니 후퇴시킨 것이다.[82]

배움(學)이 얼마나 중요한 지를 나는 교육의 현장에서 느낄 수 있었다. 입학했을 때는 정말 기본기가 되어 있지 않아서 많이 걱정했던 학생이 정말 내가 모르는 사이에 일취월장한 사실을 발견하는 경우가 간혹 있다. 들어보니, 정말 주위사람들이 '쟤, 저렇게 공부하다 죽는 거 아냐'라고 걱정했을 정도로 노력했다고 한다. 알게 모르게 스승으로부터 인정을 받지 못해 얼마나 괴로워했을지, 그리고 그것을 자극으로 삼아 얼마나 노력했을지 그 학생의 성취를 보고 짐작한다.

배우지 않으면 늙는다. 그것은 내가 만났던 한 미국 철학자로부터 절실히 깨달았다. 캠브리지 철학사전의 편찬자로 유명한 아우디(Robert Audi)교수 이야기다. 정말 거의 70에 가까운 노철학자의 쌩쌩한 모습을 보면서, 여전히 정력이 넘치고, 지적인 카리스마가 보이는 그 분을 보면서, 쉬지 않고 노력하는 사람이 만들어내는 에너지가 어떤 것인지를 알게 되었다. 어디선가 듣기로는 늙는다는 것은 기억할 것을 만들지 못하는 것이라 하는데, 공자의 배움이란 바로 뭔가 기억할 것을 끊임없이 만드는 것, 그리하여 노쇠하지 않게 되는 것을 말하는 것이라고 보고 싶다.

82 子路問:「聞斯行諸?」子曰:「有父兄在, 如之何其聞斯行之?」冉有問:「聞斯行諸?」子曰:「聞斯行之.」公西華曰:「由也問聞斯行諸, 子曰『有父兄在』; 求也問聞斯行諸, 子曰『聞斯行之』. 赤也惑, 敢問.」子曰:「求也退, 故進之; 由也兼人, 故退之.」(『논어』「선진」).

제3장

묵자(BCE 480-390):

겸애兼愛와 지성적 덕

제3장

묵자(BCE 480−390): 겸애兼愛와 지성적 덕

1. 묵자의 지성적 덕

먼저 묵자墨子와 묵가墨家에 대해 간단히 살펴보자. 묵가는 공자 사후에 출현하여 공자에게 사숙한 것으로 알려진 묵자(묵적墨翟)를 창시자로 하는 철학 학파로 제자백가 중에서도 유가와 같이 지도자를 중심으로 한 집단을 이루었다. 그 집단은 학파인 동시에 군사적 집단이자, 일종의 공인工人 집단이었다. 또한 그들은 중국 역사상 최초로 유가 사상을 비판하였다. 그들의 사상은 현행본 『묵자』에 전해진다. 여기서는 『묵자』 40장~45장, 즉 소위 후기묵가의 저작이라고 믿어지는 『묵경』의 사상을 포함해서 다루기 때문에 묵자가 아닌 묵가의 지성적 덕을 다룬다고 하는 것이 더 적절하지만, 다른 장과의 형평성을 위해 묵자와 묵가를 구별하지 않겠다.

묵자도 공자와 마찬가지로 이상적 인간 즉 인인仁人에 의한 통치를 주장하지만, 묵자의 인인은 윤리적 존재라기보다는 '공동체의 이익 증진을 목표로 정치적, 사회적 현상의 진단과 그에 대한 처방을 행하는 지성적 존재'이다. 즉 인仁이라는 용어를 동일하게 사용하지만 묵가의 인자仁者는 윤리적 덕성이 아니라, '지성적 덕성을 계발한 자'[83]인 것이다. 유가의 윤리적 지도자와 묵가의 지성적 지도자의 차이는 아마도 그들이 각각 가진 덕의 능력을 인간의 내면적 동기나 성향과 같은 것과 연결시키느냐 아니면 외부 환경과의 관계에 주의를 기울이냐에 있다고 할 수 있다. 전자가 감성적인 덕이라면 후자는 지성적인 덕인 것이다. 또한 묵가의 지성적 존재는 흔히 이야기되는 덕德보다는 능能에 치중한 인간형이라고 할 수 있다. 『논어』에 보면 공자가 추구하는 인물이 특별한 기술이나 재능을 가진 사람이 아니라는 말들이 있는데,[84] 이와 반대로 묵가가 추구하는 인물은 바로 그 특별한 기술이나 재능을 가진 사람에 비유되는 지도자이다. 좀 더 정확하게 말하면, 묵가의 이상적 인물은 정치에 있어서의 실무적 능력을 갖춘 인물이라고 할 수 있다. 이를 묵자는 현량지사賢良之士라고 표현하는 데, 현량지사란 "덕행이 두텁고, 말에 능통하며, 도술에 박식한 자"[85]이다. 이런 맥락에서 묵가는 자연스럽게 정치적 능력을 지닌 인인을 기술자로 비유하는 것이다. 흥미

83 묵가의 이상적 인격자가 군자君子보다는 인자仁者로 묘사되는 점에 주목할 필요가 있다. 이는 묵가가 원래 하층민 출신들로 이루어져서 군자, 소인과 같이 신분을 연상시키는 표현을 사용하지 않았다는 사실로도 설명가능하다. 『묵자』에서 "군자君子"라는 표현은 주로 "세속지군자世俗之君子"처럼 비난의 의미로 사용되었다.

84 예컨대, "군자는 그릇이 아니다" 「위정」이나 "군자는 다능多能할 필요가 없다" 「자한」 등이다.

85 厚乎德行, 辯乎言談, 博乎道術者乎 (『묵자』「상현상」)

로운 것은 장자에게서도 이처럼 이상적 인간을 기술자로 비유하는 구절들이 보이는데, 장자의 기술자 혹은 장인이 자신의 기술이 타인에게 전달 불가능한 성격의 것이라고 보는 반면, 묵가의 기술자는 자신의 기술을 계량 가능하고 전수 가능한 객관적인 것으로 생각한다는 점에서 차이가 있다. 묵가의 덕을 객관적 기술의 개념으로 설명하는 것은 묵가가 가진 기준(법法)의 관념을 통해서도 이해해 볼 수 있다. 기준이란 장인들의 공구와 같은 것으로 묵가는 장인들의 일이 공구를 통해 이루어지듯이, 나라를 다스리는 일도 이런 공구와 같은 기준(法)을 통해 이루어져야 한다고 보았다. 묵가가 인간의 능력에 관여하는 공적인 기준(法)의 역할을 강조하는 것은 다음과 같은 구절에서 볼 수 있다.

> 기술자 공인이건 기술자가 아닌 공인이건 모두 이 다섯 가지 공구를 기준으로 삼는다. 기술자는 이 기준에 딱 맞추어서 할 수 있지만, 기술자가 아닌 사람은 이것에 맞출 수 없다. 그렇지만 그저 그런 기준이 없이 일에 종사하는 사람보다는 여전히 낫다. 그러므로 여러 공인은 일에 종사할 때, 모두 헤아릴 수 있는 기준을 가진다[86]

그러나 뒤에 출현한 순자가 "다스리는 법은 없지만 다스리는 사람은 있다"(무치법無治法, 유치인有治人)라고 명확히 지적하듯이 도구나 기준만으로 다스릴 수는 없다. 마치 공인이 없이, 공구만으로 물건이 만들어지지 않듯이 말이다. 즉 그 공구를 사용해서 물건을 만들 숙련된 기술자가 필요하다. 묵가 역시 이를 간과하지 않는다. 앞서 보았듯, 그들은 도구인 기준(法)뿐 아니라, 그 도구를 능숙하게 다룰 기술자인 인

86 無巧工、不巧工, 皆以此五者為法 巧者能中之, 不巧者雖不能中, 放依以從事, 猶逾己. 故百工從事, 皆有法所度. (『묵자』「법의」).

자仁者 역시 강조한다. 이처럼 묵가에게 덕이란 단순히 인간에게만 한정된 것이 아니고, 인간 바깥의 도구를 포함하는 개념이다. 물론 묵가의 도구가 반드시 구체적 사물일 필요는 없다. 그것은 개념의 정의定義와 같은 추상적 원리일 수 있다. 어쩌면 추상적 원리와 같은 정의이어야지 묵가가 생각한 국가나 천하를 다스림에 있어서 필요한 도구의 요구와 더 잘 부합할 것이다.

객관적 기준이나 도구를 말하면서 묵가가 객관적이고 초월적 '옳음'(義)의 개념을 도입하는 것은 자연스러워 보인다. 사실 공자도 옳음을 이야기 하지만 그것은 객관적인 것, 초월적인 것이 아니고, 주로 우연적 관습이나 혈연에 기반한 우리의 주관적 감성에 의해서 정해지는 것이었다.

> 개술이라는 나라에서는 맏아들을 낳으면 갈라 먹으면서, (이는 다음 태어날) 동생에게 좋은 일이라고 말하고, 할아버지가 죽으면 할머니를 져다 버리면서, 귀신의 처하고는 같이 살 수 없다고 말한다.... 또 염인국에서는 부모가 죽으면 살을 발라버리고 뼈만 묻어야 효자라고 하고, ... 의거국에서는 부모가 죽으면 장작을 모아 화장을 하는데 연기가 오르는 것을 하늘나라에 오른다라고 말하고 그렇게 해야만 효자라고 한다. 이것으로 위에서 정치를 행하고 아래서는 풍속을 삼아, 그치지 않고 행하며, 유지하고 버리지 않는다. 이것이 어찌 진실로 인의의 도리이겠는가? 이른바 습관을 적절하다 생각하고 습속을 옳은 것으로 여기는 것이다.[87]

87 有輆沐之國者 其長子生 則解而食之 謂之宜弟 其大父死 負其大母而棄之 曰鬼妻不可與居處... 有炎人國者 其親戚死朽其肉而棄之 然後埋其骨 乃成為孝子... 有儀渠之國者 其親戚死 聚柴薪而焚之 燻上 謂之登遐 然後成為孝子 此上以為政 下以為俗 為而不已 操而不擇 則此豈實仁義之道哉 此所謂便其習而義其俗者也 (『묵자』「절장하」).

묵가에게서는 옳음이란 습관과 같이 오랫동안 해 왔기에 우리에게 익숙한 것이 아니다. 이런 의미에서 옳음은 편의적인 것이 아니다. 옳음은 바로 옳음의 외재적 기준을 통해 정해져야 한다. 묵가는 이를 삼표三表 혹은 삼법三法이라고 하였다.

> 말을 함에 판단기준이 없으면, 마치 질그릇 만드는 돌림대 위에 해가 뜨고 지는 방향을 표시해 놓는 것과 같다. 그러므로 옳고 그르고, 이롭고 해로운 것을 밝게 가려낼 수가 없는 것이다. 따라서 말에는 반드시 세 가지 기준이 있어야한다. 즉 근본(本), 근거(原), 실용성(用)이 그것이다. 무엇에 근본을 둘 것인가? 옛날 성왕들의 사적에 근본을 두어야 한다. 무엇에 근거하여 추구할 것인가? 백성들의 귀와 눈으로 들은 사실에 근거하여 추구하여야 한다. 무엇으로 실용적인가를 판가름할 것인가? 실제 형벌을 펴서 나라와 인민들에게 이로운가를 살펴보아야 한다. 이것을 말에 있어서 세 가지 기준이라고 말한다.[88]

위의 구절에서 묵자가 말하는 핵심은 기준이란 고정적이어야 기준의 역할을 한다는 것이다. 예컨대, 돌아가는 돌림판 위에 일종의 해시계를 세워서는 시각을 제대로 알 수가 없다는 것이다. 묵자는 옳음의 객관적 기준으로 '역사적 전거'를 뜻하는 본本, '상식 혹은 일반인의 경험'을 뜻하는 원原, '실용성'을 뜻하는 용用이라는 삼표 혹은 삼법을 말한다. 세 가지 기준이 다 중요하지만 그 중에서도 가장 중요한 것은 '실용성'(用)이라 할 수 있다. 왜냐하면 '역사적 전거'(本)와 '보통 사람들의

---

88 言而毋儀 譬猶運鈞之上而立朝夕者也 是非利害之辨不可得而明知也 故言必有三表 何謂三表 子墨子言曰 有本之者 有原之者 有用之者 於何本之 上本之於古者聖王之事 於何原之 下原察百姓耳目之實 於何用之 廢以爲刑政 觀其中國家百姓人民之利 此所謂言有三表也 (『墨子』「非命」).

경험'(原)은 상반된 주장을 지지하는 데에 똑같이 동원될 수 있기 때문이다. 예컨대, 묵가의 겸애兼愛와 유가의 인仁은 충돌되는 주장일 수 있지만 각각 나름의 역사적 전거와 보통 사람들의 경험을 동원하여 지지될 수 있다. 물론 이러한 사실이 '역사적 전거'(本)와 '보통 사람들의 경험'(原)이 전혀 기준으로 작동할 수 없음을 보여주는 것은 아니다. 상대에게도 받아들여질 수 있는 적절한 역사적 전거(本)와 보통 사람들의 경험(原)은 그 자체가 많은 설득력을 가지고 있기 때문이다.

묵자가 옳음의 기준인 실용성(用)을 강조한 것과 함께, 묵자는 옳음을 또한 이익과 연결지어 설명했다. 유가가 '옳음은 상황에서의 마땅함이다'[89]라고 했다면, 묵자는 '옳음은 이익이다'[90]라고 했다. 옳음은 이익이다라는 주장은 유가식으로도 해석할 수 있다. 말하자면, 옳은 일을 하다 보면 주위에서 좋은 평판을 얻고, 이것이 궁극적으로 물질적 이익을 얻는 데에까지 이른다는 주장이다. 하지만 묵자의 '옳음은 이익이다'라는 주장은 좀 더 강한 주장이다. 이것은 이익을 빼놓고는 옳음을 이해할 수 없다는 주장이기 때문이다. 즉 이익이 옳음의 필요조건이라는 것이다. 아니 종종 필요충분조건이라고 할 수도 있을 정도로 묵자에게 옳음과 이익은 함께 간다. 『묵자』 전 편에서 옳음을 추구하는데 있어서, 끊임없이 손익계산을 하는 묵가의 태도나 입장을 우리는 흔히 볼 수 있다. 이렇게 옳음의 추구에 있어서 유가와 묵가가 차이가 있음을 인정해야, 우리는 왜 『맹자』의 첫장에서 맹자가 "왕께서는 왜 하필 이익을 말하십니까"(하필왈리何必曰利)라고 말하는 이유를 알 수 있다. 그것은 다

89 義者宜也 (『중용』 20장).

90 義利也 (『묵자』「경상」).

분히 묵가를 의식한 표현으로, 유가와 묵가는 공통적으로 사익이 아닌 공익을 강조하면서도, 옳음을 추구함에 있어서의 손익계산의 방식에 대해서는 다른 태도를 보였던 것이다.

묵자의 '옳음은 이익이다'라는 말의 좀 더 명확한 해명을 위해 먼저 묵자에게서 이익이란 무엇을 뜻하는지 살펴보겠다. 묵가는 이익, 그 중에서도 묵가가 특별히 중시하는 공익으로 세 가지를 든다. 첫째, 재화를 증식시키는 것. 둘째, 인구를 늘리는 것. 셋째 형정刑政이 잘 다스려지는 것이다.[91] 재화의 증대와 인구의 증가가 무엇인지는 분명하지만 형정의 잘 다스림은 무엇을 말하는가? 사실 『묵자』에는 이에 대한 자세한 설명이 없다. 흥미롭게도 공자는 형정刑政과 덕례德禮를 대비시킨다.

> 공자께서 말씀하셨다. 정政으로 이끌고, 형刑으로 가지런히 하면 백성들은 형벌을 피할 수는 있지만, 부끄러움이 없다. 덕德으로 이끌고, 예禮로 가지런히 하면, 부끄러움이 있고, 바르게 함이 있다.[92]

흔히들 정政은 정령, 형刑은 형벌을 가리킨다고 한다. 공자가 보기에 정령과 형벌은 결코 덕德이나 예禮와 같은 규범일 수가 없다. 덕례가 자발적 규범이라면 형정은 타율적 규범이 될 것이다. 혹은 행위 구성적 규범이냐 행위 규제적 규범이냐의 차이일 것이다. 덕례가 인간됨의 변형을 지향한다면, 형정은 행위의 교정만을 지향한다. 덕례가 수양의 틀이라면, 형정은 수양의 틀이 아니다. 공자가 말하는 형정이 묵자

91 古者王公大人, 為政國家者, 皆欲國家之富, 人民之眾, 刑政之治 (『묵자』「비명」).

92 子曰:「道之以政, 齊之以刑, 民免而無恥; 道之以德, 齊之以禮, 有恥且格 (『논어』「위정」).

의 형정과 같은 것인지는 확인할 수가 없다. 다만 그런 것이라고 가정한다면, 묵자가 형정을 강조한 이유는 유가의 덕과 예가 지나치게 감정과 관습에 의지하기 때문에 올바름의 객관적 기준으로 삼기 힘들었다고 믿었기 때문일 것이다. 형정은 덕과 예와는 다르게 감정이나 관습에 의존하지 않고, 지도자의 판단, 그리고 공동체의 이성적 판단에 의해 새롭게 제정될 수 있어 보인다. 그것은 또한 구체적인 것이다.

사실 공자가 강조한 군자의 학은 쓸모나 이익보다는 옳음을 강조한다고 한다. 『논어』「이인」편에서 공자는 "군자는 옳음에 밝고, 소인은 이익에 밝다"(子曰:「君子喻於義, 小人喻於利)라고 하여 이를 분명히 하였다. 이러한 공자의 말은 종종 공자는 이익이나 쾌락을 거부하는 금욕주의 철학자라는 인상을 준다. 그러나 물질적 이익이나 개인적 쾌락을 거부하는 금욕주의는 공자의 사상이 아니다. 공자는 근시안적인 사익의 추구는 배격하지만 다른 사람과의 정당한 관계에서 얻게 되는 부산물로서의 이익은 그것이 설사 물질적 이익이라도 이것을 거부하지는 않았다. 오히려 공자가 추구하는 군자의 학은 세속적 행복을 부인하기는커녕 세속적 행복을 추구하는 것이었다. 당연히 그 세속적 행복을 구성하는 물질적 풍족의 가치를 부인하지 않는다. 다만 공자가 보통 사람들과 다른 것은 물질적 풍족이 정당한 방식으로 얻어진 것이어야 한다고 주장하는 점이다. "부귀는 모든 사람이 바라는 것이지만 정당한 방식으로 얻어지지 않은 것이라면 나는 거기에 머물지 않겠다" "빈천도 모든 사람이 싫어하는 것이지만 그것이 정당하게 갖게 된 것이라면 그것을 거부하지 않겠다"[93]고 공자는 말하였다. 이익과 옳음이 충돌될 때에는

93 富與貴是人之所欲也, 不以其道得之, 不處也; 貧與賤是人之所惡也, 不以其道得

옳음을 택해야 한다고 하였지만, 이것이 언제나 이익을 거부하는 것은 아니라는 것이다.

이와는 대조적으로 묵자의 옳음은 단순히 성인의 직관으로 가능한 것이 아니라, 철저한 손익계산에서 가능한 것이다. 어떤 행동이나 사안도 이익과 손해가 병존하는 법인데, 따라서 그 행동이나 사안을 처리하기 위해서는 철저한 손익계산의 대차대조표를 통해 계산을 해야한다는 것이다. 단순히 이익이냐 옳음이냐의 선택에서가 아니라, 옳음을 구하기 위한 방식의 차이에서 공자와 묵자가 갈라진다고 생각한다. 옳음을 정하는 데 있어서의 손익계산의 태도는 다음과 같은 후기묵가가 쓴 구절에서 잘 보여진다.

> 도둑을 만나서 손가락을 잘라 목숨을 보존한 것은 이익이다. 그가 도둑을 만난 것은 손해이다. (목숨을 보존하기 위해) 손가락이나 팔을 자르는 것은 손해 중에서 더 작은 것을 선택하는 것이다.[94]

삼표三表의 추상적이고 객관적 기준, 그 중에서도 실용성의 강조와 손익계산의 방식에 의해 도출된 묵가의 10가지 옳은 주장은 겸애兼愛(비차별적 보살핌), 비명非命(운명을 거부함), 비악非樂(음악을 비판함), 절용節用(비용을 아낌), 절장節葬(장례를 검소하게 함), 비공非攻(공격적 전쟁을 비판함), 천지天志(하늘의 뜻), 상동尙同(위에로 일치함), 명귀明鬼(귀신을 밝힘), 상현尙賢(현명한 사람을 높임)이었다. 이 10가지 옳은 주장 중에서 공자의 윤리적 덕인 인仁과 비교하여 묵가의 지성적 덕의 성격을 잘 보

之, 不去也 (『논어』「이인」).

94 遇盜人, 而斷指以免身, 利也; 其遇盜人害也. 斷指與斷腕, 利於天下相若, 無擇也 (『묵자』「대취」).

여줄 수 있는 묵가의 겸애兼愛의 덕을 살펴보겠다.

2. 겸애의 지성적 덕

묵가의 겸애兼愛는 유가의 인仁처럼 치국에 도움이 되는 개인의 윤리적 덕성이라기보다는 직접적인 정치적 처방책이었다.[95] 즉 정치적 방안이자, 윤리적 준칙이었다. 일반적으로 묵가에 있어서 가장 포괄적이며, 최상위의 정치적 · 도덕적 원리는 겸애의 원리보다는 공리성의 원리(利)[96]로 알려져 왔다. 이는 묵가의 옳음의 기준인 삼표三表 중에서 가장 중요한 기준이 실용성(用)에서도 알 수 있고, 묵가가 옳음을 이익으로 정리한 것에서도 알 수 있었다. 사실 『묵자』「겸애」편에서도 겸애의 원리는 세상에 더 많은 이익을 주기 때문에 옳은 것으로 말해진다. 하지만 묵가의 윤리이론은 단순하지가 않은데, 공리성 못지않게 또한 천지天志(하늘의 뜻)가 강조되고 있기 때문이다. 겸애가 옳은 이유는 이익을 주기 때문이기도 하지만, 또한 그것이 하늘의 뜻이기 때문이기도 하다. 이처럼 겸애는 공리성의 원리나 천지의 원리에 따라 채택된 윤리적 준칙 혹은 정치적 방안들 중의 하나처럼 여겨졌다. 이에 따라 공리와

---

95 『묵자』에서 시도된 다른 정치적 처방으로는 다양한 도덕적 관점을 하나로 통일하는 상동尙同의 방식과 운명론을 거부하는 비명非命의 방식을 들 수 있다.

96 묵가에 있어서 이利는 물자, 인구, 그리고 '안정적 통치'(치治)를 가리킨다. 이 중에서 '안정적 통치'가 이의 하나로 열거된 사실은 이들의 이론을 단순히 공리주의로 보기 힘들게 한다. 질서는 바로 인륜적 의무가 잘 지켜지는 사회이기도 하기에 서구의 번역자들은 이를 profit이라기 보다는 utility, benefit 등으로 번역하기를 선호한다.

천지 중에서 과연 무엇이 최상의 원리인지에 대해 학자들 간에 많은 논의가 있어왔다.[97] 하지만 내가 보기에 겸애는 공리나 천지와 같은 최상의 윤리원리에 의해 채택된 하위의 윤리적 준칙들이나 정치적 방안들 중의 하나가 아니다. 다시 말해 겸애는 묵가에게 있어 인仁, 의義, 효孝와 같은 다른 미덕들과는 다른 위상을 가지고 있다.

겸애는 천天이 가지는 겸兼의 보편성(impartiality)과 애愛의 공리성(utility)의 측면[98]을 그 자체 함유하기에, 공리성, 천지와 함께 묵가의 윤리이론을 상징하는 원리로 특별한 지위를 갖는다고 볼 수 있다.[99] 저명한 중국학자 그레이엄(A. C. Graham)이 겸애를 '도덕의 통합원리'(the unifying principle of principle)라고 말한 것은 이런 이유에서이다. 다시 말해, 공리성의 원리는 '모든 사람'(兼)을 이익을 주는 대상으로 삼는 주장인데, 이것은 오히려 겸애의 원리에 의해 공리성의 원리가 이끌어진 것으로도 볼 수 있다. 또한 천지의 원리도 그 의미는 모든 것을 밝혀주고, 모든 것을 있게 하고, 모든 것을 이롭게 하는 것[100]을 함축하기에, 천지의 원리도 겸애의 원리에 의해 제한되는 측면을 가지고 있다. 즉 겸애는 천지나 공리성에 의해 도출되는 측면도 있지만, 또한 천지나 공리성을 이끌어내는 측면도 가지고 있다. 이 때문에 겸애는 겉으로 보기에는

97 즉, 묵가의 윤리이론을 '공리주의公利主義'로 볼 것이냐, '신명론神命論'으로 볼 것이냐의 논란이 있어왔다.

98 뒤에서 지적하겠지만, 좁은 의미의 애愛와 이利는 같은 개념을 의미하는 것은 아니다. 그렇지만 일반적으로 '사랑함'을 뜻하는 애가 '이로움을 줌'이라는 이로 치환되어서 쓰이는 점이 객관성을 강조하는 묵가 사상의 특성을 보여준다. 사적 감정이 공적 행위나 행위의 결과로 치환되는 것이다.

99 Graham, *Disputers* 41.

100 *以其兼而明之,... 以其兼而有之,... 以其兼而食焉*. (『묵자』,「천지상」).

묵가의 10개의 주장들 중의 하나일 뿐이지만 또한 그것을 제외한 나머지 것들을 아우르는, 즉 그로부터 나머지 주장들을 도출할 수 있는 상위 원칙의 특성을 지닌다. 이런 점에서 겸애는 일종의 묵가사상의 상징이라고 할 수 있다. 마치 유가의 인仁이 유가의 대표적 덕목인 오상五常(인의예지신仁義禮智信) 중의 하나이지만, 이 모든 것을 포괄하는 것처럼 그러하다. 여기서는 이런 점에 착안해서 인과 겸애의 비교를 통해 묵가의 겸애, 나아가 묵가의 덕이 무엇인지를 드러내려 한다.

겸애兼愛와 인仁은 공통성이 많다. 특별히 둘 다 애인愛人(사람을 사랑함 혹은 타인을 사랑함)으로 정의되는 점이 그러하다. 이런 점에서 겸애는 아마 공자의 애인의 개념에서 왔을 것이다. 즉 자기애自己愛가 아니라, '타인에 대한 애愛'가 인이라고 한 공자의 사상이 겸애사상을 이끌어내는 데 모종의 긍정적 역할을 했다고 할 수 있다. 이러한 동질성에도 불구하고, 후에 유가의 인은 차등적 사랑인 반면, 묵가의 겸애는 평등적 사랑, 박애, 무차별애 등등으로 대비되어 왔다. 또한 묵가의 이런 박애나 평등적 사랑은 이타적 사랑을 의미하는 것으로 받아들여졌다. 이처럼 겸애를 무조건적, 이타적인 '감성적인 보편적 사랑'으로 본 나머지 겸애와 이익을 연결시키는 데에 약간의 거부감이 있어 왔고, 따라서 묵가의 겸애를 이론적 차원이 아니라 역사적 발전과정 속에서 이해하려는 시도가 생겨났다. 겸애 개념에 대한 역사적 접근은 겸애라는 개념이 여러 충돌되는 측면들을 가지고 있다는 생각을 가진 사람들에 의해 지지되었다. 일반적으로 겸애라는 개념의 발전과정을 설명하는 두 가지 설이 있다. 첫째는 초기의 '상호 이익을 줌'의 호혜적 관점에서 점차 '이타적, 무조건적 사랑'으로 이행했다는 설(Carine Defoort)[101]이 있고, 둘째는 초기의 순수하고 이타적이던 묵가사상이 세상의 타락상과 더불어 점차 이기적이고, 권위적인 방향으로 진행되어 갔다는 설(도변탁渡邊卓)[102]이 있다.[103] 어느 설이건 겸애에는 이기성의 측면과 순수이타성의 측면이 충돌되고 있음을 말한다. 나는 이처럼 겸애를 이타적, 무조건적 사랑과 호혜적, 이익 추구적 태도가 충돌적으로 함유되어 있다는 해석을 받아들이지 않고, 겸애는 처음부터 끝까지 철저히 계산적인, 그러면서도 보편적 관심이었다고 생각한다.

이타적 사랑과 이익 추구의 두 가지 측면이 상충적이지 않다는 점은 겸애兼愛가 묵가의 대표적 주장인 '겸상애兼相愛 교상리交相利'(두루 서로 사랑하고, 상호 간에 서로 이익을 주라)의 줄임말이었다는 것에서 어느 정도 예견된다. '겸상애교상리'의 표현에서 '서로 사랑함'과 '서로 이익을 줌'이 동시에 거론된다. 즉 묵가가 강조하는 사랑은 처음부터 이익 즉 공익이었고, 이런 점에서 묵가의 겸애는 처음부터 철저하게 공익을 추구하는 태도였다. 여하간 사랑의 행위를 함에 있어서 이익을 고려하는 묵가의 겸애는 적어도 우리가 생각하는 '감성적인 보편적 사랑' 즉 박애(기독교적 박애)가 아님을 보여준다. 이것이 내가 겸애를 지성적 덕으로 보는 이유이다.

겸애는 무차별의 사랑(love without distinction)으로도 이해될 수 있

---

101 戴卡琳,「『墨子·兼愛』上, 中, 下篇是關於兼愛嗎? – "愛"範圍的不斷擴大」, 墨子2011年國際研討會論文集, 中國·包頭, 2011.08. 60–72.

102 渡邊卓,『古代中國思想の研究』東京: 創文社, 1977.

103 이렇게 정반대의 해석들이 가능한 이유는 현존『묵자』의 상·중·하 편명들이 그 작성연대를 보여주는 것은 아니기 때문이다.

고, 통합적 보살핌(inclusive care, or concern)으로 이해될 수도 있다. 무차별의 사랑이란 모든 사람을 똑같이 사랑해야 한다는 주장이고,[104] 통합적 보살핌은 사랑의 대상의 범위를 보편적으로 해야 한다는 것이다. 통합적 보살핌은 한마디로 사랑의 범위에서는 보편적이지만 사랑의 정도에서는 차별을 인정하는 것이다.

먼저 묵자의 겸애를 무차별의 사랑으로 볼 수 있는 이유는 우선적으로 그 당시는 물론이고, 역사상 적지 않은 사람들이 이렇게 이해했고,[105] 또 그에 따라 겸애의 실행가능성에 대해 의심을 품었다는 점들을 말할 수 있다. 또한 묵가는 비판자들의 그런 이해나 의심에 대해 별다른 이견이나 보충의견을 제기하지 않았는데, 바로 이 점도 겸애를 무차별애로 해석하는 주된 이유들이다. 사실 이 무차별의 사랑으로 겸애를 이해하는 관점이 뚜렷하게 묵가와 유가의 입장 차이를 보여준다. 이러한 무차별의 사랑으로서의 겸애는 결코 우리의 감성이나 상식선에서는 이해하기 쉽지 않지만,[106] 이성의 관점에서는 이해하지 못할 것이 아니다. 이 점에서 묵가와 유가의 차이를 묵가는 이성의 관점으로 도덕을, 유가는 감성의 관점으로 도덕을 본 것이다라는 해석이 가능하다.

104 이것은 마치 천이 천하의 모든 사물을 똑같이 비추는 것에 비유할 수 있다.

105 "저는 겸애를 할 수 없습니다. 저는 저 먼 월나라 사람들보다 이웃 추나라 사람들을 더 사랑합니다. 추나라 사람들보다 노나라 사람들을 더 사랑합니다. 노나라 사람들보다도 내 고향사람들을 더 사랑합니다. 고향사람들보다도 내 집안사람들을 더 사랑합니다. 내 집안사람들보다도 내 부모를 더 사랑합니다. 내 부모들보다도 내 자신을 더 사랑합니다. 그것은 모두 내게 더욱 가깝기 때문입니다" (我不能兼愛. 我愛鄒人於越人, 愛魯人於鄒人, 愛我鄉人於魯人, 愛我家人於鄉人, 愛我親於我家人, 愛我身於吾親, 以為近我也. (『묵자』,「경주」).

106 어떻게 제한된 자원과 한계를 지닌 인간이 모든 대상을 동일하게 사랑할 수가 있겠는가?

이성의 관점으로 도덕을 보았다는 것은 단순히 도덕적 행위를 정당화의 관점에서 보았다는 것을 의미하는 것만은 아니다. 우리는 얼마든지 도덕적 행위의 동기부여가 감정이 아닌 이성에 의해서도 가능하다고 볼 수도 있기 때문이다. 유가는 타인을 사랑하는 도덕적 행위는 오직 가족에 대한 특별한 감정을 통해 유비적으로 가능하다고 하는데, 이와는 달리 묵가는 사람에 대한 사랑(혹은 타인에 대한 사랑)이 처음부터 얼마든지 이성적으로 가능하고,[107] 나아가 이런 전체에 대한 이성적 사랑을 통해 결국 가족에 대한 사랑이 가능하다고 할 수 있다. 묵가는 감정에 기반한 행위와 인의의 올바름에 기반한 행위를 날카롭게 대비시킨다.

> 기쁨, 노여움, 즐거움, 슬픔, 사랑, 미워함(등의 감정)을 버리고 인의仁義를 사용해야한다. 손, 발, 입, 코, 귀가 의義에 따라 일을 할 때 반드시 성인이 된다.[108]

반면에 겸애를 통합적 보살핌(inclusive care)으로 보려는 이유는 좀 더 현실적 이유에서이다. 겸애에 대한 실행가능성에 의심을 제기하는 비판자들에 대해 묵가는 겸애가 가능하다는 것을 여러 예로 보여주지만, 그러나 그들이 실제로 겸애의 예로 든 역사적 사례들은 무차별의 사랑이라기보다는 통합적 보살핌이다. 묵가가 제시하는 사례들은 우임금의 치수, 문왕의 인정仁政, 무왕의 정의로운 정벌, 탕임금의 희생, 나

107 물론 이 입장은 인류애나 이타적 사랑은 처음부터 감성적인 것이 아니라는 것을 가정한다.

108 必去喜, 去怒, 去樂, 去悲, 去愛, 而用仁義. 手足口鼻耳從事於義, 必為聖人 (『묵자』,「貴義」)

아가 문왕과 무왕의 공정한 상벌체계 집행이다.[109] 그런데, 바로 이 예들은 무차별적 사랑의 예들이 아니고, 타인에 대한 통합적 보살핌의 예들로 더 적당한 것들이다. 다시 말해, 묵가는 겸애를 '만백성들의 몸을 내 몸처럼' 여기든지 혹은 '만백성들의 몸을 먼저 생각하고 나중에 자기 몸을 생각'하는 것이라고 말하면서도, 그 겸애의 구체적 실행의 예로는 단지 '굶주리는 자는 먹여주고, 헐벗은 자는 입혀주고, 병든 사람들은 부양해 주고, 사람이 죽으면 잘 장사지내 주는' 일들을 언급하고 있다.[110] 물론 이 정도 일들만으로는 묵가의 주장이 무차별애가 아님을 반증하지는 못한다. 묵가는 타인에게는 물론이고 자신에게도 이 정도의 대접을 원함으로써 얼마든지 무차별애의 이상을 실현하려 하였다고 할 수 있기 때문이다. 묵가의 절용, 절장의 주장이 바로 자신들에게도 박한 대접을 하라는 주장이니, 타인에게 저 정도의 관심을 가지라는 것이 자신과 타인을 똑같이 대하라는 무차별애의 주장과 서로 모순된다고 할 수도 없다.[111]

하지만 묵가는 정말 무차별애 즉 사회의 모든 차별적 대우를 거부하려는 것일까? 그렇지는 않다. 먼저, 묵가가 부모에 대한 특별한 차별적 사랑인 것 같은 효孝를 특별히 거부하는 것은 아님을 지적할 수 있다.[112] 물론 효만이 아니라 충忠(충성)이나 우友(우정)과 같은 특정한 관계에 있는 사람들에게 특별한 대우를 요구하는 미덕들도 묵가는 옹호하

109 『묵자』「겸애중」,「겸애하」 참조.

110 『묵자』「겸애중」,「겸애하」 참조. 이 정도의 선정은 맹자의 왕도정치에서도 얼마든지 수용할 수 있다.

111 이 사실은 민정훈에 의해 지적되었다.

112 Dan Robins, "Mohist Care," *Philosophy East and West*, 62/1, 2012. (이하 Robins, *Mohist*로 약칭).

는데, 이런 것들은 그 성격상 차별애라고 할 수 있다. 묵가는 또한 사회 안에서 지위에 따른 차별적 대우(倫列)를 부인하는 것 같지도 않은데, 이점도 무차별애와 잘 매치되지 않는다.

그러나 겸애가 무차별애가 아니라, 단지 통합적 보살핌이라면 유가와 묵가의 차이는 무엇인가?[113] 유가와 묵가가 현실에서 행하는 행동에서 그들 간의 차이는 거의 없을 것이다. 부모에 대한 효를 강조하고, 또 그 효를 넘어서서 타인에 대한 사랑을 강조하는 점에서 유가와 묵가 간에 차이는 없을 것이기 때문이다. 따라서 우리가 굳이 유가와 묵가 간에 차이를 낸다면 그것은 현실의 행동에서가 아니라, 아마도 현실에서 벌어지는 행위를 어떻게 바라볼 것인지의 관점에서 가능할 것이다. 다시 말해, 부모에 대한 효와 타인에 대한 사랑이 무엇인지, 그것들 사이의 관계를 어떻게 바라보느냐, 또 효를 어떻게 실현할 것인가 등등의 관점에서 두 학파들 사이에 차이가 날 것이다. 유가의 경우는 앞서 말했듯이 아마도 자신의 부모에 대한 효의 감정을 기반으로 이것을 확충하는 데에서 타인에 대한 사랑을 할 수 있을 것이라고 할 것이다. 묵가의 경우는 먼저 무차별애의 이성적 태도가 공리를 위해 필요하다고 말할 것이고, 그것은 얼마든지 실현가능하다고 할 것이고, 효는 이러한 무차별애를 수행해나가는 데 커다란 방해가 되지 않는 것 혹은 그것을 촉진하는 데 더 도움이 될 것으로 자리매김할 것이다. 한마디로 묵가는 효가 없어도 무차별애의 태도는 얼마든지 가능하다고 주장할 것이다.

113 예컨대 유가 전통에서 인이 지향하는 '타인에 대한 사랑'(애인愛人)이 겸애의 의미와 같은 '以愛己之心愛人則盡仁'(자신을 사랑하는 마음으로 타인을 사랑하면 인을 완전히 발휘한 것이다)의 형태로 확인되는 것도 유가의 인과 묵가의 겸애의 유사성을 확인시켜 준다. cf. 장재, 『정몽』,『묵자』,「겸애상」.

이렇게 이해한다면 앞서 말한 두 가지 겸애에 대한 해석은 전혀 충돌되지 않는다. 즉 무차별애로서의 겸애와 통합적 보살핌으로서의 겸애는 둘 다 받아들일 수 있다. 묵가는 이념적으로는 무차별적 사랑을 지향한 것이지만, 실제상에서는 통합적 보살핌을 받아들인 것이라고 정리할 수 있기 때문이다. 이런 입장의 장점은 유가의 인仁의 입장과 묵가의 겸애兼愛의 입장을 분명히 차이 낼 수 있다는 것이다. 또한 그러면서도 묵가의 겸애를 유가의 인과는 다르면서도, 하나의 설득력 있는 이론으로 만들 수 있다. 이런 관점에서 바라보았을 때, 묵가에 있어서 부모에 대한 차별적 대우 즉 효는 묵가가 지향한 무차별 사랑을 실행함에 있어서 편의 차원에서 받아들여진 것이다. 즉 그 자체적으로 절대적으로 가치 있는 것은 아니다. 이념적으로 묵가가 무차별애를 지향하더라도 실제에 있어서는 시공간의 차이와 같은 현실적 한계 때문에, 그 실행의 차원에서 우선순위가 있고, 또 그 사랑의 정도에 있어서도 차별이 불가피하였기에 효가 우연히 강조되었을 뿐이다. 묵가의 입장으로는 만약 현재와 같은 핵가정 사회에서는 이웃에 대한 사랑이 효를 대체하는 미덕으로 등장할 수도 있는 것이다. 반면 유가는 감성적 관점에서 차별적 대우의 정당성을 확보하였고, 따라서 처음부터는 결코 무차별의 길로 나아가려 하지 않았다고 볼 수 있다. 단지 그들은 차별적 사랑으로 시작했지만 그 사랑의 범위를 자신의 가족에만 국한하지 않았고, 따라서 점차적으로 보편적 사랑을 포용했던 것이다. 이처럼 유가는 타인에 대한 사랑을 가능하게 하는 원동력도 자신의 가족에 대한 사랑임을 천명했던 것이다.[114] 이러한 유가의 입장에 대해, 유가의 사랑이란

114 물론 이것은 처음부터 타인에 대한 무차별적 관심이라고 할 수 있는 사단의 경

가족 간의 혹은 친족 간의 친밀감에 매몰될 수밖에 없다고 묵가는 비판했다. 묵가가 보기에 다른 사람을 사랑하는 것은 유가가 생각하는 것처럼 단순히 부모를 사랑하는 것을 미뤄서 할 수 있는 것이 아닌 것이다. 그것은 이성적 관점에서 처음부터 다른 사람을 평등하게 바라보아서 사랑해야 실행 가능한 것이다. 묵가는 이런 무차별적 사랑의 의도나 태도를 끝까지 포기하지 않았다. 그것은 아마도 이런 무차별적인 도덕적 지향성이 있어야지, 감정에 의해 근거 없는 차별로 빠질 위험성에서 우리가 벗어날 수 있을 것이라고 생각했던 것일 듯싶다. 다시 말해 무차별의 이상을 포기한, 차별적 대우의 허용은 궁극적으로 비도덕적인 차별애로 나아갈 수밖에 없다고 생각한 것이다. 무차별의 이상이 없는 차별적 대우의 허용은 그 차별의 정도를 통제하기가 쉽지 않기에, 손쉽게 차별애의 길로 간다고 생각했을 것이다.[115] 물론 유가의 입장에서는 묵가의 무차별의 이성적 관점이 너무나 인간의 실질적 감성을 무시한 추상적인 것이어서 현실에 구현되기는 어렵다고 보았을 것이다.

이런 무차별애와 보편적 통합을 아우르는 겸애의 해석은 바로 『맹자』 「등문공상」편에 나오는 후기묵가인 이지夷之의 일화에서 그 단서를 찾을 수 있다. 이지는 그곳에서 효와 무차별적 사랑의 관계에 대해 말하는데, 이것은 묵자 「겸애」편에서 다른 사람의 부모에 대한 보살핌이 효와 충돌이 되지 않는다라고 한 부분을 더욱 발전시킨 입장인 것처

우에는 적용되지 않는다. 이에 대해서는 맹자를 설명할 때, 자세히 말할 것이다.

115 로이(Hui-Chieh Loy)가 묵가는 세상의 악의 원인으로 단순히 '보살핌의 상호 결여'(mutual lack of care)만이 아니고 '보살핌의 상호 차이'(mutual disparity of care)를 제시하였다고 한 것은 묵가에게 무차별애의 이념이 필요함을 보여주는 것이다. Hui-Chieh Loy, "On the Argument for Jian'ai," Dao: *A Journal of Comparative Philosophy,* 12 (4), 2013, 493.

럼 보인다. 여기서 후기묵가인 이지는 무차별애를 강조하였고, 이 무차별애를 실행하기 위해서(편의적으로) 효를 실시하는 것이라고 주장하였다. 이것은 공자 이래로 유가 전통에서 효는 부모로부터 받은 은혜로부터 자연스럽게 나오는 것이라는 주장과 날카롭게 충돌하는 지점이다.

사실 묵가의 겸애가 오랫동안 무차별애 혹은 무차등애라고 선동적으로 해석된 결과, 그것은 종종 묵가사상을 위계적 차이를 거부하는 완벽한 사회적 평등을 옹호하는 사상으로 읽히게 만들었다. 겸애의 개념은 종종 공격적 전쟁을 반대하는'비공非攻'의 주장과 더불어 묵가를 무폭력주의자, 평화주의자의 이미지로 해석하게도 하였다. 이러한 해석은 묵자나 묵가가 천민출신이라는 것과 맞물려 묵자를 예수로, 겸애를 기독교적 의미의 이타적 사랑인 박애로 과도하게 해석하게 하였다. 또한 묵가가 천민출신으로 기득권세력의 사치를 비판했다는 점은 묵가사상을 기존의 보수적 사회질서를 뒤엎는 진보적이고 혁명적인 사상으로 둔갑시키기도 하였다.

그러나 묵가는 봉건 사회의 위계적 사회질서를 거부하기는커녕 오히려 더 철저하게 중앙집권적인 위계적 사회를 만들려고 하였고, 또한 기존 사회의 각종 차별적 예의 제도를 옹호한 보수주의자였으며, 때로 정당한 전쟁이라면 공격적으로 행하는 것도 반대하지 않았던 집단이었다. 게다가 겸애兼愛의 애愛도 앞서 말했듯이 기독교에서 말하는 이타적 사랑이라기에는 계산적이고, 또한 의지적인 면이 있는 것[116]이 사실

116 그레이엄은 묵가의 애愛를 '사람들을 이롭게 하고 그들을 해롭게 하기를 싫어하는 냉정한 의지'(Graham, *Disputers*, 41), 혹은 '사람들을 위한 동기에서, 사람들을 이롭게 하려하고, 사람들을 해롭게 하려하지 않는 것'(Graham, *Disputers*, 145)이라고 정의한다. 이 글에서는 이런 그레이엄의 주장을 따라, 묵가의 애를 '사랑'

이다. 묵가는 한마디로 흔히 말하는 따뜻한 감성을 강조하는 철학자 집단이 아니었다. 그들이 친족을 사랑하라고 하는 이유는 친족에게 느낄 수 있는 특별한 감정에 기반을 두어서가 아니라 어디까지나 그것이 모두에게 이익이 되는 의무들 중의 하나로 판단되었기 때문이다. 물론 이러한 이성적 판단이 묵가는 혈연에 대한 감정이 전혀 없었던 이상한 존재임을 말하는 것은 아니다. 그들은 다만 감정이 도덕적 행위의 토대가 되어서는 안된다고 보았던 것 뿐이다. 한마디로 묵가의 이질성은 기존 사회질서를 거부하는 혁신성에 있었던 것이 아니고, 인간의 감성을 도덕적 행위의 근거로는 보지 않았음에 있었다.[117]

묵가의 겸애가 단순히 무차별애가 아니고, 또한 겸애의 무차별적 의미는 오직 의도(혹은 이념이나 이성)에서만 찾아질 수 있다는 점은 겸애가 단순히 '겸애兼愛'나 '겸상애兼相愛'의 표현이 아니고 앞서 말했듯이 '겸상애兼相愛 교상리交相利'라고 표현되어졌음을 통해서도 알 수 있다. 먼저 묵가에서 애愛(사랑)와 이利(이로움)의 관계를 해명하는 것이 중요할 것 같다.

애愛와 이利는 기본적으로 묵가에서 '의도'(志)와 '실제 성취'(功)에 각각 대응되는 것 같다. 물론 묵가의 입장은 앞서 말한 대로, 의도와 실제 성취가 같이 병행되어야 한다고 생각한다.[118] 애와 이가 묶여 애리愛利라고 할 정도로 묵가는 사랑하는 것과 이익을 주는 것 사이에 상호

(love) 보다는 '관심'(concern)이나 '보살핌'(care)의 의미로 쓸 것이다.

117 묵가의 윤리가 감정을 소홀히 했다는 것은 감정에 의해 도덕적 관습을 정당화하지 않았다는 메타적 차원의 주장이다.

118 유가의 입장을 명목주의, 묵가의 입장을 실질주의라고 할 수 있는 것은 바로 이점 때문이다. 묵가가 보기에 유가에 있어서는 의도와 실제 성취 간의 간극이 크다.

호응의 관계가 있어야 한다고 생각했다. 물론 사랑을 하면서 실제로 이익을 가져오지는 못하거나, 나아가 자신의 의도와는 달리 해를 끼치는 경우가 있을 수 있지만, 그리고 사랑의 미덕은 상대를 이롭게 하는 '의도'(志)와 '능력'(能)만 있으면 성립하는 것이라고 생각했지만, 묵가는 당위적 혹은 규범적 차원에서 애와 이의 상보성을 강하게 주장했던 것이다. 『묵경』에서 '어떤 사람을 사랑하는 것은 그를 이롭게 해 줄 것에 대해 생각하는 것이지 그와는 다른 사람을 이롭게 해 줄 것에 생각하는 것이 아니다'[119] 라고 하는 표현은 설사 결과적으로 어떤 사람을 이롭게 하지 못한다 하더라도 그를 이롭게 하기 위해 여러 가지 고려를 하였다면 그를 사랑한다고 말할 수 있음을 보여준다.[120]

애는 이처럼 기본적으로 의도나 능력에 머무는 개념인 반면, 이는 실질적 혜택을 말한다. '겸상애 교상리'의 표현은 바로 애와 이의 이 관계를 잘 보인다. 이 점에서, '겸상애 교상리'는 '(의도에 있어서) 아울러서 서로 사랑하고, (실제에 있어서) 교류하면서 서로 이익을 줌'[121]으로 번역할 수 있다. '아울러서 서로 사랑함'은 의도의 영역이고, '교류하면서 서로 이익을 줌'은 실제의 행위를 가리킨다. 겸애의 의미가 무차별적 사랑을 의미할 수 있지만 그것은 오직 의도나 능력의 측면에서 그러하고, 사실은 실질적으로 교류하는 특정 상대에게만 차등적으로 이익을 줄 수밖에 없는 즉, 차별적일 수밖에 없음을 선언하는 표현이라고 해석할 수 있다. 한 마디로 말해 겸애는 겸상애로 대변되는 무차별성(의도와 능

119 愛獲之愛人也, 生於慮獲之利, 非慮臧之利也. (『묵자』「대취」).

120 '옳음'과 '효'와 같은 묵가의 윤리적 미덕들은 전부 의도와 능력으로 정의되지, 그 성취에 의해 정의되지 않는다. '사랑' 혹은 '관심'도 이렇게 볼 수 있다.

121 Robins, *Mohist*, 64.

력상)과 교상리로 대변되는 차별성(실제 행위상)의 두 측면을 다 포함하는 개념임을 묵가가 제시했다고 할 수 있다. 실제 행위상에 있어서 유가와 묵가의 덕스런 행위는 겉으로 보기에 크게 다르지 않아 보인다. 실제의 행위는 친소 관계에 따라 차별적인 것으로 될 가능성이 크기 때문이다. 즉, 차별적인 제도인 중국사회의 인륜과 예의 구체적 제도를 옹호하는 것은 유가나 묵가에서 차이가 없을 것이다. 이 점에서 묵가가 겸애의 원리를 통해 차별의 제도나 관행에 맞섰다는 것은 사실이 아니다. 묵가는 사실 이런 차별의 제도가 겸애의 원리와 상충된다고 보기는커녕 그런 차별의 제도가 겸애의 원리에 의해 더 강화되고, 또한 차별의 제도를 통해 겸애의 원리가 비로소 구현된다고 보았다. 전자의 측면에 따르면, 부모에 대한 효는 겸애의 원리를 통해 더욱 더 사회적으로 조장이 되는데, 바로 겸애의 사회 분위기 속에서 자신의 부모가 다른 이들로부터 보호받기 때문이다. 후자의 측면은 부모에 대한 자신의 후장厚葬과 묵가의 교설인 겸애가 충돌되는 것이 아님을 보이려고 한, 묵가인 이지夷之에 의해 다음과 같이 표현되었다: "사랑은 무차별적이지만, 그 베풂은 부모로부터 시작한다."(애무차등愛無差等, 시유친시施由親始)[122]

이지에게서는 부모에 대한 특별한 대우, 즉 이 경우는 자신의 부모에 대한 후장이 '무차별적 사랑'을 구현하기 위해서 행해진다고 할 수 있다. 이지에게서는 '무차별적 사랑'이 논리적으로 먼저 생각되었고, 바로 이 무차별적 사랑을 구현하기 위해서 부모에 대한 특별한 보살핌인 후장의 행위가 선택되었다고 할 수 있다. 왜 부모에 대한 보살핌이 다

122 『맹자』,「등문공상」.

른 이에 대한 보살핌을 앞서는가? 그것은 앞서 말한 대로, 구체적 시간과 공간에 있어서 특정한 사람들과 교류할 수밖에 없는 각 개인의 처지에서 비롯된 어쩔 수 없는 편의성 때문이 아니겠는가?[123] 인간은 공간적, 시간적으로 제한을 받는 존재이므로 그들이 가까이 있는 사람에게, 그들이 교류하는 사람들에게 먼저 이익을 주는 것이 불가피하다고 느꼈을 것이다. 이것이 바로 '교상리'(교류하면서 서로 이롭게 함)가 '겸상애'(아울러 서로 사랑함)와 개념적으로 다른 점이다. 물론 이 둘은 겸애의 개념에서 통합되고 있다. 이렇게 통합된 겸애의 개념은 '무차별적 사랑'의 이념과 '통합적 보살핌'의 현실이 합쳐진 개념이다. 차별적 베풂의 실행이라는 실제 행동의 측면을 생각했을 때, 겸애의 의미는 실제상에서는 무차별적 사랑에 머물 수 없게 된다는 것이다.[124]

무차별애로서의 겸애의 의미는 의도에서만 성립될 수 있다는 사실과 함께, 의도가 겸애의 실행에서 중요한 역할을 하는 부분은 후기묵가의 저작이라고 볼 수 있는 『묵경』[125]에 보인다. 묵가에게는 시간과 공간 속에서 제약된 각각의 개인이 어떻게 모든 사람을 사랑할 수 있을까의 의문이 자연스럽게 일어났고, 이 의문에 대한 답을 후기묵가는 '의도'

123 사실 엄밀히 말해서 『묵자』 내에서 효는 다른 것에 의해 정당화 되는 미덕이 아니다. 그 자체가 '다스려짐'(치治)을 구성하는 요소이다. 효가 편의성 때문에 묵가에게 중요한 의무가 되었다는 주장은 좀 더 논의되어야 할 하나의 가설이다.

124 백영선은 사적인 자리에서 묵가의 입장이 '차별적 베풂의 실행'에 머물 수 없고, 결국 '무차별적 실행'을 지향하고 있는 것은 아닌가하고 지적하였다. 틀림없이 의도의 차원에서 보자면, '차별적 실행'은 무차별을 지향한다. 그러나 '의도에 있어서의 무차별에 대한 지향'이 '(현실에 있어서의) 무차별적 실행'의 지향을 의미하지는 않는다고 생각한다.

125 현행본 『묵자』 40장~45장인 「경상」, 「경하」, 「경설상」, 「경설하」, 「대취」, 「소취」편을 가리킨다.

나 '언어적 표현의 의미'를 탐구하는 가운데에서 해결하였다. 묵가는 설사 우리가 그 사랑의 대상의 수가 얼마인지 몰라도, 어디 있는지 몰라도, '그 대상을 위하여 이익을 주려고 하는' 의도가 확인된다면, 얼마든지 모든 사람에 대한 사랑이 가능한 것이라고 한다. 무차별애로서의 겸애는 이런 차원에서 실행 가능한 것임을 강조하고 있다.

> (경) 천하 사람의 수를 모르는 데도 사랑이 다할 수 있음을 안다. 그 이유는 질문에 있다.
>
> (경설) 일일이 그 수를 알지 못한다. 어찌 백성을 사랑함이 그것을 다하는 것이 됨을 알겠는가? 사람을 다 묻는다면 그 묻는 것을 다 사랑한다. 만약 그 수를 모르고도 사랑이 그것을 다하는 것을 아는 것은 어렵지 않다.[126]

> (경) 그들이 있는 곳을 모르지만 사랑하는 데 해가 되지 않는다. 그 이유는 자식을 잃은 사람에 있다.[127]

같은 연장선상에서 설사 한 사람을 사랑하더라도 그것이 모든 사람을 사랑하는 애인愛人의 의미로 받아들여 질 수 있다. 또는 반대로 어떤 사람을 죽이더라도 그것이 살인殺人은 아닌 경우가 있을 수 있다.

> 장인야臧人也 애장애인야愛臧愛人也 ((노예) 장은 사람이다. 장을 사랑하는 것은 사람을 사랑하는 것이다)
>
> 도인인야盜人人也 살도인비살인야殺盜人非殺人也 (도둑은 사람이다. 도둑을 죽이는 것은 사람을 죽이는 것이 아니다)[128]

---

126 不知其數而知其盡也, 說在明者. 『묵자』,「경설하」: 不二智其數, 惡智愛民之盡文也? 或者遺乎其問也? 盡問人則盡愛其所問, 若不智其數而智愛之盡文也, 無難..(『묵자』「경하」).

127 不知其所處, 不害愛之, 說在喪子者. (『묵자』「경하」).

128 『묵자』「소취」.

위의 구절에서 장臧은 노예를 가리키는데, 우리는 이 노예를 사랑하는 것에서 모든 사람을 사랑하고 있음[129]을 말할 수 있다. 장은 인간에게 도움이 되는 노예인데, 이 노예를 사랑하는 것에서 우리는 이 노예를 사랑하는 사람이 모든 사람을 사랑하고 있다는 점을 알 수 있다.[130] 반면에 도둑도 노예처럼 사람이지만, 도둑은 사람을 해치는 존재이므로, 이 도둑을 처형하는 것은 그 의도가 일반적으로(무고한) 사람을 해치는 것이 아니므로, (무고한) 사람을 죽이는 것이 아니라고 말할 수도 있다. 『묵경』에서 보이는 위의 역설적 주장들은 의도나 태도의 영역에서, 그리고 언어적 표현의 의미를 확인함으로써, 겸애에 드러난 무차별성의 의미를 이해하려는 묵가의 일관된 입장을 잘 보여주고 있다.

그런데, 묵가의 겸애가 단순히 '통합적 보살핌'이 아니라 '무차별애'라고 간주된 것은 바로 앞서 언급한 이지의 주장 "사랑은 무차별적이지만, 그 베풂은 부모로부터 시작한다"에 대한 맹자의 대답에서 연유하는 것 같다. 맹자는 바로 "이지는 정말로 형의 아이를 사랑하는 것이 이웃집 아이를 사랑하는 것과 같다고 생각하는가"[131]라고 반문하고, 이지의 입장을 이본二本의 입장[132]이라고 하였다. 사실 이지의 말은 사랑은

129 여기서 '사람을 사랑함' (애인愛人)이 꼭 무차별애를 가리킨다고 할 수는 없지만, 그 사랑은 무차별적 요소를 가진다고 할 수 있다.

130 그레이엄은 이것을 묵가는 비천한 노예에게서 인간성을 보았기 때문에 노예를 사랑하는 것이 사람을 사랑하는 것이 되는 것이라고 했는데, 묵가가 과연 비천한 인간에게서 '목적으로서의 인간성'을 발견했는지는 의문이다. '장을 다른 사람처럼 사랑하라'는 것이 '장을 인간으로서 사랑하라'는 것은 아니다.

131 夫夷子, 信以為人之親其兄之子為若親其鄰之赤子乎. (『맹자』「등문공상」).

132 그레이엄은 본本을 '행위의 원리'라고 보고, 맹자가 이지를 이본二本이라고 한 이유는 '모든 사람에 대한 동등한 관심'과 '자신의 친지에 대한 특별한 보살핌'의 두 가지 상충된 원리를 가지고 있기 때문이라고 하였다. cf. Graham, *Disputers*, 43.

그 의도에서는 무차별적이지만, 그 베풂에 있어서 차별적으로 된다라는 것이었는데, 맹자는 대뜸 이지의 입장을 '이웃집 아이를 형의 아이처럼 사랑하라'라는 무차별애의 주장으로 받아들이고 있다. 그런데, 이지가 실제로 자신의 부모에 대한 후장을 했고, 나아가 "사랑의 베풂은 부모로부터 시작한다"고 한 것이 유가가 긍정하는, 차별적 사랑인 친친의 행위나 태도와 유사해보이는데, 왜 맹자가 이지의 입장을 무차별애로 몰아가는지 얼핏 이해가 가지 않을 수 있다. 게다가 무차별애의 예로 든 '약보적자若保赤子'(백성을 어린 아이처럼 여기라)라는 이지의 말도 이지의 '무차등애'라는 표현이 단순히 '무차별애'와 같은 것일 수 없는 점을 보여준다. 어려움에 빠진 백성이나 어린 아이에 대한 보살핌은 유가의 입장에서도 얼마든지 선호하는 표현이기 때문이다.

이처럼 친친과 측은지심이라는 인仁의 두 가지 단서를 이지가 다 보였는데도, 맹자가 이지에게 화를 낸 이유는 아마도 이지의 말이 무차별애와 측은지심의 차이를 뚜렷이 보이지 못했고, 또한 도덕적 행위에 있어서 차별적 감정이 가지는 기능을 드러내지 못했다고 보았기 때문일 것이다. 맹자가 이지에 대해 이본二本이라고 평가한 이유도 이 때문일 것이고, 이어서 맹자가 매장에 대한 이야기를 꺼낸 것도 이 때문일 것이다. 먼저 맹자는 무차별애가 있을 수 없다고 생각하고, 그 예로 형의 아이에 대한 사랑과 이웃집 아이에 대한 사랑이 같을 수 없음을 든다. 그리고 나서, 무차별적인 사랑의 예로 이지가 언급한 『서경』의 '약보적자若保赤子'나 자신이 측은지심의 예로 제시한 '유자입정孺子入井'이란 결코 '모든 사람에게 동일한 정도의 사랑을 베풂'의 의미가 될 수 없음을 보인다. 즉, "약보적자若保赤子"와 "유자입정孺子入井"은 단지 어려움에 처한 약자나 부정의한 상황을 접했을 때, 우리가 자연적으로 가지게 되는 감정을 나타내는 표현들이었지, 결코 우리의 자연적 감정의 정도가 친소를 가리지 않는다는 의미를 나타내는 표현들이 아니었다고 주장한다. 다시 말해, 유자입정에서 보이는 측은지심이 친소親疏를 가리지 않는 보편적 관심인 것은 사실이지만, 이것은 결코 무차별애가 아니었다는 것이다. 맹자의 입장에서는 이웃집 아이가 빠졌을 때의 측은지심보다는 형의 아이가 빠졌을 때 느끼는 측은지심의 정도가 더 심할 것이다. 측은지심의 보편적 감정이란 설사 모르는 집 아이가 어려움에 처할 때에도, 우리는 그를 외면하지 않는다는 것이지, 그 아이에 대한 나의 측은지심이나 내 집 아이에 대한 나의 측은지심의 정도가 같음을 의미한 것은 아니다. 맹자에게는 아무리 우리가 측은지심의 감정을 확장해서 온전한 인의 미덕으로 발전해도, 그것이 무차별적인 것이 되지 않는다. 이처럼 인仁은 타인에게도 적용된다는 의미에서, 즉 적용의 범위에서 보편적이지만, 그 적용의 강도는 확장의 외연이 늘어남에 따라 달라질 수밖에 없게 된다. 인이 이렇게 차등적인 보편적 관심이기에, 그것은 친족에 대한 사랑인 친친과 충돌되는 것이 아니었다. 아니 사실 맹자는 그것이 친친에 기반을 둔 것이라고 믿었다. 비록 그 기반의 성격을 자세히 밝히지는 않았지만.

사실 맹자가 강조하는 감정의 차등성은 아마 이지에게도 받아들여질 수 있는 것이었다. 그것은 부인할 수 없는 사실이기 때문이다. 상식적으로 볼 때, 이지가 묵가의 당시 도덕적 관습이고 의무인 절장을 행하지 않고, 후장을 행한 것은 아마도 그의 자연적 감정에서 나왔을 가능성도 커 보인다. 묵가의 행위의 동기부여로 삼은 묵가의 도덕적 의무

감 혹은 묵가의 이성의 요구에서는 당연히 절장이 강조되었을 것이기 때문이다. 이지의 후장의 행동은 부모에 대한 차등적 사랑의 감정을 개입시켜야 이해 가능한 행동이었을 것이다.[133] 맹자가 이지를 이본이라고 한 것도 이지의 후장이 자연적 감정에 기반한 것임을 인지하였기 때문일 것이다. 맹자가 본 이지의 문제점은 이지가 감정에 의해 후장을 옹호하려 하지 않았기 때문이다. 즉 이지에 대한 맹자의 비판은 이지의 입장이 사실에 기반해 있지 않다는 것이었다. 다시 말해서, '이지는 정말로 형의 아이에 대한 사랑이 이웃집 아이에 대한 사랑과 같다고 생각하는가'라는 물음을 통해, 맹자는 이지의 입장이 우리의 자연적 감정에 기반하고 있지 않음을 지적하고 있다. 맹자의 입장은 도덕은 그 정당성과 추동력에 비추어 보았을 때, 인간의 감정과 같은 사실에 기반해서 세워야 한다고 보았다. 맹자는 이를 매장의 도덕적 관습에 대한 사유실험(thought experiment)[134]을 통해 보이려 하였다. 그에게 있어서, 매장이라는 도덕적 관습은 그것이 자신의 부모의 시신에 대한 것이었기에 필연적으로 이루어진 것이라고 말한다. 이 말은 아마도 전혀 모르는 사람의 시신이 길거리에 방치되었더라면, 어쩌면 매장이라는 도덕적 풍습이 생겨나지 않았을 것임을 함축한다. 매장의 정당화는 바로 자신의 부모의 시신을 보았을 때, 즉각적으로 이뤄진 반응에 기반해서 생겨났다.

133 니비슨(David S. Nivison)과 김도일은 감정을 중시하는 이지의 입장이 후기 묵가의 것이고, 전기 묵가는 다분히 감정을 무시하는 의지주의적인 것이었다고 하는데, 나는 『묵자』,「겸애」편에서의 묵가의 입장도 감정을 무시하지 않았다고 생각한다. 김도일, 「맹자의 감정 모형- 측은지심은 왜 겸애와 다른가?」『동아문화』, 제41집, 2003, 88-89쪽, Nivison, The Ways, 133.

134 사유실험은 종종 역사적 사실을 찾으려는 것이 아니고, 이론적 정당화를 위해서 행해진다.

길거리에 버려진 부모의 시신이 짐승이나 벌레에 의해 손상되는 모습을 도저히 참을 수 없어서 부모의 시신을 매장하기 시작했다는 것이다.

> 그 이마에 땀이 맺히고, (그 시신을) 흘겨보고 제대로 쳐다보지 못했다. 무릇 이렇게 땀이 난 것은, 남들에게 보여주기 위해 난 것이 아니요, 마음 안의 감정이 얼굴에 드러난 것이다. 그는 집으로 돌아가서 들것을 가져와서 그 시신을 매장했다. 매장하는 것이 진실로 맞다면 효자와 인인이 그 부모를 매장하는 것은 역시 그 도리가 있는 것이다.[135]

사실 이러한 이야기는 매장이라는 도덕적 관습이 어떻게 출현했는지에 관한 역사적 사실을 말한다기보다는, 매장의 도덕적 관습이 어떤 토대와 동기부여를 가지고 생겨났는지에 대한, 즉 도덕적 관습의 정당화와 동기부여의 문제를 다룬 것이다. 맹자의 매장에 대한 이야기는 자연적 감정이 도덕적 관습의 정당화와 동기부여에 관여한다는 점을 드러낸다. 이런 부모에 대한 친친의 감정을 다른 사람의 부모나 형제의 시신에게로 확대시킨 것이 매장이라는 도덕적 관습의 토대일 것이다.[136] 도덕적 관습의 근원에 우리의 자연적 감정이 있다는 것은 유가의 도덕적 정당화 혹은 동기부여가 감정을 통해서 이루어진다는 사실을 보여준다.

물론 감정만으로 도덕적 관습이 정당화되거나 동기부여 되지는 않

135 其顙有泚, 睨而不視. 夫泚也, 非為人泚, 中心達於面目. 蓋歸反虆梩而掩之. 掩之誠是也, 則孝子仁人之掩其親, 亦必有道矣. (『맹자』, 「등문공상」)

136 사회적 자선의 도덕적 관습도 당연히 자신의 혈족에 대한 보살핌을 확장해서 나온 것이라고 할 것이다. 그러나 측은지심은 친친의 확장이 아니라, 처음부터 보편적이었던 것이 아닌가? 따라서 측은지심이나 그 발현이 친친으로부터 나왔다는 유가의 입장은 여전히 논란이 될 수 있다.

는다. 친친의 감정이 온전한 도덕으로 발전하기 위해서는 입장을 바꿔서 보는 서恕의 이성적 원리나 실천적 이성이라고 할 수 있는 권權의 원리를 인정해야 한다. 종합적으로 말해, 유가가 차별애를 옹호했다는 것은 감정이 도덕의 근원에 있다는 것이다. 이런 맹자의 관점에서 보자면 묵가의 무차별애의 이상은 인간의 자연적 감정과 같은 실정을 도외시한 명목상의 것이므로, 결코 도덕적 관습의 근거가 될 수 없다. 그것은 아마도 어떤 추동력도 가지지 못하는 것으로 맹자에게 비춰졌을 것이다. 그런데 이지가 그것을 앞세우고, 나아가 그것에 입각해 자신의 후장의 행동을 옹호하려고 하였으므로 맹자는 불같이 화를 낸 것이다. 맹자는 묵가의 보편적 관심이 아무리 그럴듯해 보여도, 그 자체로 특정한 도덕행위를 정당화하거나 도덕행위를 추동하지는 못한다고 생각했던 것이다.

이제까지 살펴보았듯이, 유가의 인仁은 인간의 자연스러운 감정에 입각해서 점차 그 사랑의 외연을 넓혀가기를 바라고, 묵가의 겸애兼愛는 냉정한 의지를 통해 확보한 모든 사람들에 대한 보편적 관심을 실제상에서 구현할 것을 바란다. 유가의 인에도 친친의 차별적 감정과 사단의 보편적 관심 및 이성의 확장능력이 있고, 묵가의 겸애에도 겸상애의 보편적 보살핌과 교상리의 차별적 구현방안이 있으므로 묵가의 겸애나 유가의 인에는 무차별적 요소와 차별적 요소가 공존하고 있다. 따라서 인과 겸애는 각각 결코 보편적 보살핌이 없는 차별애나 차별적 행위를 허용하지 않는 무차별애와 동일시 될 수 없다. 그럼에도 역사상에서, 이처럼 묵가의 겸애가 무차별애로, 유가의 인이 차별애로 간주되어 오고, 서로 첨예하게 대립되어 온 까닭은 무엇일까? 그들은 정말로 있지도 않은 허상을 공격하는 '허수아비 공격의 오류'(straw man fallacy)를 범했던 것일까? 또 나아가 어쩌면 묵가의 겸애는 의도나 태도에서만 무차별적 사랑을 강조한 것이었는데, 왜 묵가의 겸애에 대한 비판들은 한결같이 겸애의 실행불가능성, 적용불가능성 등을 말하였을까? 또 묵가도 왜 애써서 겸애가 단순히 의도나 태도에서만 무차별이 아니고, 무차별애로서의 겸애가 실제에 있어서도 실행가능하고, 적용 가능한 것처럼 보이게 하려고 노력하였을까? 그들은 왜 이런 수세적 상황을 자초했던 것일까?

사실 이러한 의문들은 일반적으로는 이해하기 곤란하지만, 동아시아 사유의 맥락에서는 한편으로는 이해되는 측면이 있다. 그것은 바로 동아시아의 이론이 표현의 참 거짓보다는 '그 행위적 함축'(behavioral implications)을 추구하였다[137]는 먼로(Donald J. Munro)의 통찰을 받아들이는 가운데에서 이해 가능하다. 다른 동아시아 철학자들과 마찬가지로, 묵가와 유가도 언어적 표현의 적절성은 그 행위적 함축에서 찾아졌다. 언어는 일종의 교설과 동일한 것으로 취급되어졌다. 다른 언어는 다른 교설, 나아가 다른 행위의 함축을 가진다는 것이 그들의 판단이었다. 따라서 이것과 이것이 아님, 혹은 사실과 사실이 아님을 나타내는 시是와 비非의 표현이 한편으로는 윤리적 옳음과 윤리적 그름으로 여겨졌다는 것은 바로 이런 정황에서 이해가능하다. 나와 동일하지 않으면 다른 것이다라는 태도는 일종의 극단적 흑백논리처럼 보이지만, 행위의 영역에 있어서는 행하든지 아니면 행하지 않든지의 양자택일 상황

137 Donald J. Munro, *The Concept of Man in Early China*, Stanford Univ Press, 1969, xxix.

밖에 없으므로, 이런 방식의 거친 구분을 감수했을 것이다. 이처럼 묵가의 겸애와 유가의 인이 서로에게 무차별애와 차별애로 여겨졌던 것은 언어가 행위에 대해 직접적 함축을 가진다고 믿어지는 상황에서는 어느 정도 이해 가능하다. 의미의 세밀한 부분까지 지적하려는 종합적이고, 이론적 태도는 결국 실제상에서의 행위의 포기를 의미한다고 보았기에, 유가나 묵가는 양가兩價의 거친 흑백논리를 구사하였던 것이다.

또한 우리가 앞서 보았듯이 묵가의 겸애와 유가의 인의 차이를 구체적 도덕적 관습과 행위의 차원이 아니라, 그 근거를 묻는 차원에서 찾아야 하는 것이 사실이라면, 그런 차원에서는 겸애를 무차별애로, 인을 차별애로 표현하는 것도 어느 정도 가능할 것 같다. 다시 말해 무차별애가 도덕적 행위의 근거로 이성의 공평무사성(impartiality)을, 차별애가 감정의 편애성(partiality)를 나타내는 것이라고 본다면, 우리는 겸애와 인을 각각 무차별애와 차별애로 편의적으로 사용할 수 있을 것이다. 웡(David B. Wong)이 간파하듯이 겸애와 인의 관계는 현대 윤리학에서의 보편적인 정의(justice)와 개별적인 충성(loyalty)의 관계만큼이나 중요한 긴장관계를 함축하고 있기 때문이다.[138]

138 David B. Wong, "Universalism Versus Love With Distinctions: An Ancient Debate Revived," *Journal of Chinese Philosophy*, 16(1989) 251–272.

제4장

양주楊朱: 위아爲我와 지성적 덕

제4장

양주楊朱: 위아爲我와 지성적 덕

흔히 위아주의를 내세워 묵자와 더불어 크게 영향을 떨쳤다고 말해지는 양주는 아마도 BCE 4세기 중반에 살았던 은둔주의 사상가로, 많은 학자들에 의해 도가道家의 선구로 해석된다. 도가의 정치적 주장은 천하보다 자신의 몸을 더 앞세우는 사람에게 나라를 맡겨야 한다[139]는 것이라고 할 수 있는데, 자신의 몸을 무엇보다도 앞세우는 양주를 도가적 사상의 선구로 그려내는 것은 자연스러운 일이라고 할 수 있다.

그러나 내가 보기에 양주는 도가의 사상가는 아니다. 도가의 사상가들은 앞으로 다루겠지만 지성도, 윤리도 아닌 영역의 덕을 추구한 것으로 볼 수 있다. 그 덕이란 때로는 육체적 덕, 혹은 영적인 덕이나 심미적 덕으로 일컬어진다. 그것은 유가처럼 윤리적 덕도 아니고, 묵가처럼 지성적 덕도 아니기 때문이다. 양주는 철저히 개인주의적 관점에

139 『노자』에 보이는 주장이다.

서 세상을 바라보는 점에서는 도가와 유사하다. 유가나 묵가가 보편적이고 일반적인 성격을 갖는 윤리와 사회적 규범을 옹호하는 차원에서 자신들의 사상을 전개한다면 양주와 도가의 사람들은 철저히 개인적이고, 육체적이고, 심미적인 관심에 머물러 있다고 할 수 있다. 양주와 도가의 사람들은 도덕적 이유로 은거를 하는 백이, 숙제와 같은 사람과는 다른 부류의 은둔주의의 인물이다. 양주와 도가는 도덕적 가치가 가진 부정적 측면에 주목한 사람들이기 때문이다. 이 점에서 양주와 도가는 도덕적 가치가 아닌 덕을 추구한 것으로 생각해 볼 수 있다.

하지만 양주와 도가가 추구한 덕이 같은 것인지는 의심스럽다. 지향점은 같을지 몰라도 그것을 성취하는 방법은 다르다. 양주와 도가의 지향점은 도덕적 가치나 사회적 가치가 아니라 개인의 생명이다. 그들은 개인의 생명이 사회적 명분에 의해 희생되는 것에 동의하지 않았다. 개인의 생명은 무엇보다도 우선적으로 추구되었다. 그렇지만 도가가 손익계산보다는 자발성에 입각해서 개인의 생명을 옹호하지만, 양주학파는 도가와는 달리 철저히 손익계산에 따라 우리의 생명을 옹호한다. 이러한 손익계산의 방식은 오히려 묵가를 연상하게 한다. 이 점에서 양주는 묵가와 마찬가지로 지성적 덕을 제시한 사람으로 볼 수 있다. 물론 우리는 묵가와 양주를 같이 놓고 볼 수 없다. 묵가와 양주학파의 수단은 비슷하다고 할 수 있지만, 목표나 기준은 다르기 때문이다. 묵자가 강조하는 것은 공익인데 반해, 양주가 강조하는 것은 개인(자신, 몸)의 건강과 생명이다. 그렇다면 무엇을 기준으로 양주의 덕의 성격을 정하느냐에 있어서 우리는 두 가지 선택지를 갖는다. 목표로 삼는 가치를 기준으로 양주의 덕을 미학적 덕이라고 할 수도 있고, 그 목표를 성취하는 방법을 기준으로 양주의 덕을 지성적 덕이라고 할 수 있다. 여기서는 가치보다는 그 방법에 따라 양주의 덕을 지성적 덕이라고 보겠다. 사실 양주가 생명의 확보라는 자신의 목표를 추구하는 방법이 이익계산이라면 양주에게는 생명 못지 않게 이익이 목표라고 볼 수 있기 때문이다. 다시 말해 생명이 더 이익을 주기에 소중한 것이라면, 이익의 확보가 최상의 목표라고 볼 수 있기 때문이다.

양주의 생명은 자신의 생명만이 아니고, 다른 사람의 생명까지 포함한다. 다시 말해, 양주의 계산은 자신의 생명만이 아니고 자신과 타인의 생명을 지키기 위한 것이다. 그는 유가나 묵가처럼 '무엇이 천하에 도움이 되는가?'라고 묻지 않고, '무엇이(나에게, 개인에게) 이로운가?'라고 물었다. 여기서 나는 외물과 구별되는 나 즉 생명을 가리키기에, 양주의 사상은 한마디로 이기주의보다는 생명주의로 볼 수 있다. 그의 저작으로 알려진 저서는 현존하지 않으나, 그의 사상으로 볼 수 있는 부분이 『장자』에 있고, 그를 평가하는 다른 저작들, 예컨대 『맹자』, 『여씨춘추』, 『회남자』, 『열자』 등에 나타난 언급을 통해 간접적으로 그의 사상을 알 수가 있다.

여러 문헌 중에서 『맹자』는 양주의 해석에 결정적 역할을 해 왔다. 이에 따르면 양주는 묵자와 함께 대표적으로 유가를 공격한 극단적인 이단 사상가이다.

> 성왕이 나오지 아니하여, 제후가 방자하며, 초야의 선비들이 제멋대로 의논하며, 양주 · 묵적의 말이 천하에 가득하여, 천하의 말이 양주에게 돌아가지 않으면 묵적에게 돌아간다. 양주는 자신만을 위하니, 이는 군주가 없는 것이고, 묵자는 겸애를 하니, 이는 아

> 버지가 없는 것이다. 아버지가 없고, 군주가 없으면 이는 금수이다. 공명의가 말하기를 '임금의 푸줏간에 살진 고기가 있고, 마구간에 살찐 말이 있는데도 백성들에게 굶주린 기색이 있으며, 들에는 굶어 죽은 시체가 있다면 이는 짐승을 내몰아 사람을 잡아먹게 하는 것이다'라고 하였다. 양주 · 묵적의 도가 종식되지 않으면 공자의 도가 드러나지 않을 것이니 이는 부정한 학설이 백성을 속여 인의仁義의 정도를 꽉 막는 것이다. 인의가 꽉 막히면 짐승을 내몰아 사람을 잡아먹게 하다가(결국) 사람들이 장차 서로 잡아먹게 될 것이다. 내가 이를 두려워하여 선왕의 도를 보호하여 양주와 묵적을 막으며 부정한 말을 추방하여 부정한 학설이 나오지 못하게 하는 것이다. 부정한 학설은 그 마음에서 나와 그 일에 해를 끼치며, 일에서 나와 정사에 해를 끼치니, 성인이 다시 나오셔도 내 말을 바꾸지 않으실 것이다.[140]

위와 같은 맹자의 평가처럼, 묵자가 극단적인 이타적 행위를 주장했다면, 양주는 극단적인 이기주의를 주장한 사상가로 오랫동안 알려졌다. 묵자가 인륜을 무시한 사상가라면, 양주는 사회생활을 무시한 사상가였다. 맹자는 양주가 천하를 위하는 일이라도 자기 털 하나를 안 뽑으려 할 정도로 이기적인 인물이며,[141] 이런 점에서 일종의 무군無君의 사상을 전파한 사람이라고 비난하였다. 공동체의식이 없는 이기주의자 혹은 아나키스트라고 본 것이다. 흥미로운 것은 양주의 이기주의

140 聖王不作, 諸侯放恣, 處士橫議, 楊朱、墨翟之言盈天下. 天下之言, 不歸楊, 則歸墨. 楊氏為我, 是無君也; 墨氏兼愛, 是無父也. 無父無君, 是禽獸也. 公明儀曰: 『庖有肥肉, 廄有肥馬, 民有飢色, 野有餓莩, 此率獸而食人也.』 楊墨之道不息, 孔子之道不著, 是邪說誣民, 充塞仁義也. 仁義充塞, 則率獸食人, 人將相食. 吾為此懼, 閑先聖之道, 距楊墨, 放淫辭, 邪說者不得作. 作於其心, 害於其事; 作於其事, 害於其政. 聖人復起, 不易吾言矣. (『맹자』, 「등문공하」).

141 孟子曰: 「楊子取為我, 拔一毛而利天下, 不為也 (『맹자』「진심상」).

를 무부無父(즉, 부자간의 인륜을 부정하는)로 해석하지는 않는다는 것이다. 아마도 양주의 이기주의는 가족 간의 혈연관계는 존중한다고 보았기 때문이리라. 만약 우리가 양주를 부자간의 인륜을 부정하는 극단적 이기주의자로 본다면, 『묵자』의 「겸애」편에서 비판하는 별애의 사상가들은 유가가 아니라, 양주학파의 사람들일 가능성도 있다. 물론 양주학파가 묵가가 그려낸 별애주의자들처럼 자신을 위하기 위해 타인을 해치는 것을 옹호한 것은 아니기에 이러한 추정도 근거는 없는 것이다.

최근에 와서 양주의 사상에 대해 맹자의 과도한 이기주의적 해석과는 다른 해석이 주목받고 있다. 양주의 이기주의 철학은 저급한 이기주의가 아니라, 나름대로 의의가 있는 일종의 생명주의 철학이다라는 것이 이 해석의 핵심이다. 예컨대, 그들은 천하를 위해 자신의 몸에 있는 털 하나도 뽑지 않겠다는 이야기가 『열자』「양주」에서 다음과 같이 소개됨에 주목한다.

> 금골리(묵자의 제자)가 양주에게 물었다. '당신의 몸에서 한 오라기의 털을 뽑아 온 세상을 건질 수 있다면 하겠는가?' '온 세상은 결코 한 오라기의 털로 구할 수 있는 것이 아니다' '만일 구할 수 있다면 하겠는가?' 양주는 대답하지 않았다. ... 맹손양(양주의 추종자)이 말했다. '당신은 선생님의 마음을 충분히 읽지 못했다. 내가 그것을 말하겠다. 피부를 약간 떼어내 일만의 황금을 얻을 수 있다면 하겠는가?' '하겠다' '한 마디 몸의 관절을 잘라서 하나의 국가를 얻을 수 있다면 하겠는가?' 금골리는 한동안 침묵했다. 맹손양이 말했다. '한 오라기 털은 피부보다 미미하고 피부는 한 마디 관절보다 미미하다는 것은 분명하다. 그러나 한 오라기의 털이 모여 피부를 이루고, 피부가 모여 관절을 만든다. 한 오라기 털은 분명 만 가지 신체 부분들 중의 하나이니, 어떻게 이것을 가볍게 여길 수 있겠는

가?'[142]

위에서 말하듯이 양주의 생각은 비록 한 오라기의 털이 사소한 것 같지만 그것은 더 없이 중요한 우리 생명과 육체를 구성하는 것인 반면, 온 세상은 기껏해야 그런 생명과 육체를 구하기 위한 수단 중에서 큰 것일 뿐이다. 그래서 둘을 교환하는 데, 단번에 동의하지 않았던 것이다. 물론 이러한 양주의 생각에 다음과 같이 반론을 펼 수도 있을 것이다: 생명과 천하를 비교했을 때, 생명이 천하보다 중하다는 것은 동의할 수 있지만, 한 오라기의 털은 아무리 그것이 생명을 구성하는 것이라고 해도, 천하와 비교할 수 있는 것은 아니지 않은가라고. 하지만 주의할 것은『맹자』에서와는 달리『열자』에서는 세상을 구하는 데 한 오라기의 털도 희생하지 않겠다고 하지 않고, 다만 세상은 그런 식으로 구해질 수 없다는 것이고, 생명은 무엇보다 소중한 것임을 강조하는 가운데 한 오라기의 털이 언급되었다는 것이다. 결코 한 오라기의 털이 천하보다 귀중함을 말하기 위해서 위의 대화가 말해진 것이 아니라는 것이다. 이러한 양주의 생명사상의 핵심주장은 대체로『회남자』를 통해 전해지는 "전성보진全性保眞, 불이물누형不以物累形"(본래 타고난 것을 온전히 하고, 참된 나를 보전하고, 내가 아닌 외물外物을 가지고 신체를 상하게 하지 말라)이라는 표현으로 제안된다. 여기서 '본래 타고난 것'(성性 혹은

142 禽子問楊朱曰:「去子體之一毛, 以濟一世, 汝為之乎?」楊子曰:「世固非一毛之所濟.」禽子曰:「假濟, 為之乎?」楊子弗應. 禽子出, 語孟孫陽. 孟孫陽曰:「子不達夫子之心, 吾請言之. 有侵若肌膚獲萬金者, 若為之乎?」曰:「為之.」孟孫陽曰:「有斷若一節得一國. 子為之乎?」禽子默然有閒. 孟孫陽曰:「一毛微於肌膚, 肌膚微於一節, 省矣. 然則積一毛以成肌膚, 積肌膚以成一節. 一毛固一體萬分中之一物, 柰何輕之乎?」(『열사』「양주」).

생生), '참된 나'(진眞), '신체'(형形)는 '하늘'(천天)로부터 부여 받은 것으로, '외물'(물物)과 대비되는 것이다.

> 물物의 성性(본래 타고난 것)은 맑으나 흙이 이것을 더럽게 만든다. 따라서 물은 맑아질 수 없다. 인간의 성性은 천수를 다하는 것이나, 물物(외물)은 이것을 어지럽힌다. 따라서 인간은 천수를 누릴 수 없다. 물物이란 인간의 성을 보양하는 것이지, 성性이 물을 보양하는 것은 아니다. 오늘날 세상 사람들 중 미혹된 사람 가운데, 많은 이가 성으로 물을 보양하는데, 이것은 일의 경중을 분간하지 못하는 것이다. 경중을 분간하지 못하니 중대한 것을 가볍게 여기고 가벼운 것을 중대하게 여긴다.... 이런 까닭에 성인은 소리, 색깔, 맛을 대하는 데 있어서, 성에 이로우면 선택하고, 해로우면 버린다. 이것이 성을 온전하게 하는 방법이다.[143]

양주의 성性의 개념은 그 당시의 일반적인 '성' 개념을 잘 보여주고 있다. 그것은 '방해받지 않는다면, 적절한 조건하에서, 실현될 수 있는 상태'이다. 뒤에서 살펴보겠지만, 맹자의 성 개념도 이에 따른 것이라고 할 수 있다.

> 진眞(참된 나, 진정함)이란 지극히 본질적이고, 지극히 성실한 것이다. 본질적이고 성실하지 않는 것은 사람을 움직일 수 없다. 따라서 억지의 울음은 비록 슬프더라도 남을 슬프게 할 수 없고, 억지의 분노는 비록 무섭더라도 위엄이 없고, 억지의 사랑은 비록 미소를 짓더라도 화답을 얻을 수 없다. 진정한 슬픔은 소리를 내지 않아도 슬프고, 진정한 분노는 폭발하지 않아도 위엄이 있으며, 진정한

143 夫水之性清, 土者抇之, 故不得清. 人之性壽, 物者抇之, 故不得壽. 物也者, 所以養性也, 非所以性養也. 今世之人, 惑者多以性養物, 則不知輕重也. 不知輕重, 則重者為輕, 輕者為重矣... 是故聖人之於聲色滋味也, 利於性則取之, 害於性則舍之, 此全性之道也 (『여씨춘추』「본생」).

사랑은 웃지 않아도 화답을 얻는다... 예禮(의례)는 세속이 만들어낸 것이다. 진은 하늘로부터 받은 것이며 자연적인 것이며 바뀔 수 없는 것이다. 따라서 성인은 하늘을 본받고 진을 귀하게 여기며 세속에 구애되지 않는다. 우매한 사람은 이와는 반대로 한다. 하늘을 본받지 못하고 사람들로 인해 속상해 하며, 진을 귀하게 여길 줄 모른 채 머뭇대며 세속에 의해 변질된다. 따라서 만족하지 못한다.[144]

같이 살았던 사람의 동생을 죽이는 것과 같이 살았던 사람의 아들을 죽이는 것을 나는 차마 하지 못한다. 너희들은 모두 부지런히 살아라. 나의 신하가 되는 것과 오랑캐의 신하가 되는 것에 무슨 차이가 있는가? 또한 나는 기르는 수단을 가지고 기르는 것을 해치지 말라는 말을 들었다.[145]

신身은 행위가 목표로 하는 것이고, 천하天下는 그것을 이루기 위한 수단이다. 무엇이 목표인지를 충분히 인지하면 경중이 가려진다. 이제 여기에 어떤 사람이 있는데, 모자를 위해 머리를 자르고, 옷을 위해 몸을 죽이면 세상 사람들은 그를 미혹되었다고 여길 것이다. 이것은 무엇 때문인가? 모자는 머리를 꾸미는 수단이고, 옷은 몸을 꾸미는 수단이다. 만약 꾸미는 것을 없애서, 꾸미는 수단을 구하면 목표가 무엇인지를 모르는 것이다. 세상 사람들이 이익을 추구하는 것이 이와 유사하다. 몸을 위태롭게 하고, 생명을 손상시키고, 목을 베고, 머리를 자름으로써 이익을 구한다면 또한 목표를 알지 못하는 것이다.[146]

---

144 真者, 精誠之至也. 不精不誠, 不能動人. 故強哭者雖悲不哀, 強怒者雖嚴不威, 強親者雖笑不和. 真悲無聲而哀, 真怒未發而威, 真親未笑而和 .... 禮者, 世俗之所為也; 真者, 所以受於天也, 自然不可易也. 故聖人法天貴真, 不拘於俗. 愚者反此, 不能法天而恤於人, 不知貴真, 祿祿而受變於俗, 故不足 (『장자』「어부」).

145 與人之兄居而殺其弟, 與人之父處而殺其子, 吾不忍為也. 皆勉處矣, 為吾臣與狄人臣奚以異?且吾聞之: 不以所以養害所養. (『여씨춘추』「심위」).

146 身者所為也, 天下者所以為也, 審所以為而輕重得矣. 今有人於此, 斷首以易冠, 殺身以易衣, 世必惑之. 是何也?冠所以飾首也, 衣所以飾身也, 殺所飾、要所以飾, 則

앞서 말한 것처럼, 양주 학파의 질문은 다른 학파들처럼 '무엇이 이 세상에 가장 이로운가'가 아니고, '진정으로 나에게 이로운 것은 무엇인가'였다. 여기서 나(아我)는 개체인 나가 아니라, 바로 인간의 성性(본래 타고난 것), 진眞(진정함), 형形(신체)이고, 이 나를 기르는 수단이 바로 물物(외물, 사물)이다. 물의 가치는 어디까지나 나에게 도움이 되는 정도에 있다. 그레이엄은 양주의 생각을 자신의 생명도 도덕성과 마찬가지로 天으로부터 온 것이기 때문에 함부로 할 수 없다라는 주장으로 정리하고 이러한 주장에 따른 사상계의 상태를 B. C. 4세기 고대 중국에서의 '형이상학적 위기'(metaphysical crisis)라고 명명한다. 다시 말해 이 시기에 개인의 신체도 도덕과 마찬가지로 천에 의해 주어진 것이기 때문에, 왜 우리가 도덕을 위해 생명을 희생해야 하는가 하는 의심이 들었으며, 따라서 더 이상 유가처럼 천에 의해 도덕성을 정당화하기가 쉽지 않게 되었다는 것이다.

> 겸애, 상현, 우귀, 비명은 묵자가 주장한 것이지만, 양주가 비난했다. '본성을 온전히 하고, 참됨을 보호하며, 사물들에 의해 신체가 속박 받지 않게 한다'(전성보진全性保眞 불이물누형不以物累形)는 양자가 주장한 것이지만, 맹자가 비난했다.[147]

이러한 인용에서 보는 것처럼, 양주, 묵자, 공자(맹자) 사이에는 상호 차이가 있는 것이 사실이다. 간단히 그 차이를 정의(의義), (공공의) 이익(이利), 생명(생生)의 개념을 사용해서 다음과 같이 볼 수 있다:

不知所為矣. 世之走利, 有似於此. 危身傷生、刈頸斷頭以徇利, 則亦不知所為也(『여씨춘추』).

147 兼愛尚賢右鬼非命 墨子之所立也 而楊子非之 全性保真 不以物累形 楊子之所立也 而孟子非之 (『회남자』「범론훈」).

양주학파: 생명〉(공공의) 이익≒정의

묵가: (공공의) 이익≒정의〉생명

유가: 정의〉(공공의) 이익≒생명

(A〉B: A의 가치가 B의 가치보다 크다; A≒B: A의 가치와 B의 가치가 거의 같다)

양주에게 가장 중요한 것은 위아爲我 즉 생명사상이라고 할 수 있다. 그는 묵자의 이익과 공자의 정의를 외물의 추구로 보고 거의 동일시하였다. 인간의 생명은 이러한 외물에 비해 월등한 가치를 가진 것이라고 보았다. 위의 상관표에서 이익과 정의를 같이 보면서도 이익을 앞에 둔 것은 어떤 목표를 두고 손익을 따지는 양주의 태도가 유가보다는 묵가를 더 선호할 것 같기 때문이다. 묵자는 공공의 이익을 가장 앞세웠으므로 이것을 가장 앞에 놓았고, 공공과 개인 중에서 공공에 더 방점을 둔 유가의 정의를 양주의 생명보다 앞에 두었다. 생명은 사익에 가까운 것으로 묵가의 이익이나 정의개념에 비추어 선호되지 않는 것으로 생각했다. 마지막으로 유가의 공자는 틀림없이 도덕적 정의를 가장 우선순위에 두었을 것 같고, 생명이나 이익과 같은 가치는 낮게 평가했을 것 같다. 묵자의 이익이 공익이기에 양주의 생명보다 앞에 두었다.

양주사상의 가장 큰 특징은 그들이 개인의 사적 공간, 사적 영역에 대한 관심을 표현했다는 것이다. 유가와 묵가의 당위의 철학에 맞서 일종의 사실의 철학을 전개했던 것이다. 나아가 그들은 흔히 생각하듯이 단지 사적인 것에 매몰되지 않았고, 공적인 것을 지향했다. 이것은 백성을 구하기 위해서 스스로 멀리 떠난 단보의 예에서 드러나듯이, 그들은 '자신을 아끼는 사람이 정치를 해야한다'고 생각했다. 즉 그들은 사적인 것을 확보함을 통해서 공적인 것이 보전된다고 생각했다는 것이다. 이것은 묵가가 공적인 것을 통해서 사적인 이익도 확보하려 했던 것과 정반대이다. 유가는 공적인 것과 사적인 것의 중간에 있는 가족의 영역에 주목해서 이를 통해서 공적인 것과 사적인 것 두 개를 다 확보할 수 있다고 보았던 것이다.

제5장

맹자 (BCE 372–289): 성선性善과 윤리적 덕

제5장

맹자(BCE 372−289): 성선性善과 윤리적 덕

1. 맹자의 윤리적 덕

맹자는 공자 사후 약 백 년 뒤에 태어난 사람으로, 공자를 사숙私塾하였다. 공자는 앞서 말했듯이 덕치와 예치의 이상을 제시했고, 그러한 정치의 이상은 윤리적 덕을 쌓은 군자에 의해 가능하다고 보았다. 맹자도 역시 공자와 마찬가지로 윤리적 덕을 지닌 사람이 다스려야 한다는 도덕정치를 믿었다는 점에서 공자를 따르고 있다. 그 윤리적 덕도 인륜도덕의 윤리적 덕임은 공자와 같다. 그 인륜도덕이 우리의 자연스런 혈육에 대한 감정에 기반한다고 믿은 것도 공자와 맹자가 공유하는 것이라 할 수 있다. 나아가 혈육에 국한되지 않는 타인에 대한 우리의 도덕적 행위가 마음의 적절한 동기에 의해 뒷받침되어야 한다고 생각한 것도 공자와 맹자가 공유한 것이다. 여하간 도덕적 인간이 다스려야 한다고 믿은 점에서 공자와 맹자는 공히 윤리와 정치의 연결성을 믿었다고 할 수 있다. 그러나 상대적으로 강했던 공자의 예禮에 대한 강조가 맹자에게서는 잘 보이지 않고, 이 점이 맹자 이후에 나타난 순자에게 더욱 두드러져 보이기 때문에, 학자들은 종종 맹자보다는 순자가 공자를 더 잘 계승했다고 한다. 그러나 이런 생각은 최근의 해석이고, 사실상 송대宋代이후 오랜 세월동안 맹자는 공자의 정통 후계자로 인정받아 왔다. 맹자가 공자의 적자로 인정받아 왔다는 것은 오랫동안 맹자의 도덕내재주의, 혹은 도덕자연주의를 통해 공자를 이해해 왔다는 것을 의미한다. 그렇다면 맹자의 도덕내재주의 혹은 도덕자연주의란 무엇인가?

그것은 한마디로 인간의 내면에 도덕의 본성이 하나의 싹으로 있다는 것이다. 혹은 도덕은 인간에게 자연스러운 것이라는 생각이다. 그러므로 도덕내재주의 혹은 도덕자연주의는 바로 성선설性善說을 가리킨다고 할 수 있다. 앞서 말했듯이, 공자의 덕치, 예치와 관련해서 맹자가 제시한 정치는 인정仁政 혹은 왕도정치王道政治라고 할 수 있다. 인정仁政 혹은 왕도정치는 바로 인심仁心을 가진 군자에 의한 정치이다. 인심이란 인간의 도덕적 마음이라고 할 수 있고, 이는 바로 네 가지 덕성으로 완성이 된다. 맹자는 이 네 가지 덕성으로 발전될 가능성이 있는 네 가지 싹 즉 사단이 우리 마음에 내재되어 있다고 주장하였다. 이로부터 우리는 사단의 주장이 앞서 말한 성선설의 주장임을 알 수 있다. 여기서 우리는 인정 혹은 왕도정치와 성선설의 연결고리를 확인할 수 있다. 공자의 덕치나 예치가 덕이나 예와 같은 행동이나 제도와 연관이 있는 통치라면, 맹자의 인정이나 왕도정치는 인간의 내재적 마음과 연관이 있는 통치였다. 다시 말해, 맹자에게서는 통치자의 덕이 내면적 마음의 성질과 연관을 맺게 되었던 것이다. 예禮는 더 이상 의례, 의식의 차원에 있지 않고, '공경지심恭敬之心'(공경하는 마음)의 상태와 연결되었다. 맹자가 공자에 비해 좀 더 철저하게 도덕적 행위에 있어서 그 동기를 강조한 것은 그에게 내면의 상태를 가리키는 심心의 개념이 좀 더 부각되었던 사실에서도 알 수 있다. 예컨대, 어린아이가 물에 빠질 때, 그 아이를 구하고자 하는 동기 즉 그 아이에 대해 느끼는 측은지심이 어린 아이를 구하는 행위에 있어서 얼마나 중요한지를 설명하는 부분이라든지, '마음(心)에서 구하지 못하는 것을 기운(氣)에서 구하지 말라'는 고자의 주장은 받아들이면서도, '우리 언어(言)에서 구하지 못하는 것을 마음(心)에서도 구하지 말라'고 했던 고자의 주장을 반박한 것 등이 맹자에 있어서의 마음의 중요성을 잘 말해주고 있다. 언어(言)가 마음(心)과는 달리 누구에게나 접근 가능한 물적 존재임이 사실이라면 고자나 묵자는 마음보다 언어를 강조함으로써 옳음(義)이 외부에 있음을 인정하였다. 어떤 면에서는 공자와 순자가 객관적 예를 강조하면서 그 예를 내재화하여 도덕적 인간으로 거듭나는 것을 마치 옥을 다듬어 보석을 만드는 과정처럼 생각한 것도 고자와 묵자의 의외설義外說과 호응되는 면이 있다. 반면 맹자는 어디까지나 도덕의 내재성을 강조했고, 또한 도덕은 언어에 의해 완전히 드러나지 않는 점에서 언어에 의해 표현되지 못하는 마음의 상태와 연관되어 있음을 강조하였는데, 우리는 이것을 '(도덕) 규범 내재주의'라고 볼 수 있을 것이다. 물론 맹자가 말한 도덕의 내재성(internality)과 공자나 순자가 말한 예의 내면화(internalization)가 과연 얼마나 차이가 있는 것일지 의심을 해 볼 수 있다. 원래 도덕이 내재해 있었다는 주장이나 도덕은 외재적 가치가 내면화된 것이라는 주장의 차이가 분명하지 않기 때문이다. 맹자가 말하는 도덕의 싹으로서의 사단이라는 것도 처음부터 확인해볼 수 있는 현실태라기보다는 사덕으로 드러난 이후에 즉 구체적인 도덕적 행위로 드러난 이후에 사후적으로 생각한 가능태의 상태라고 볼 수 있기 때문이다. 여하간 이런 논쟁과 상관없이 맹자의 내재주의를 암시하는 심心이라는 단어가 『논어』에서는 2번 밖에 나오지 않지만 『맹자』에는 적어도 30번 이상 출현하고 있다는 것은 맹자 사유의 주요한 특징을 나타낸다고 할 수 있다.[148] 그런데, 『맹자』에서 보이는 규범이 내재화된 '마음'은 일회성의 감상적인 의식상태가 아니다. 그것은 기본적으로 완전한 덕의 상태의 씨앗(단端)이지만 때로는 맹자에 의해 완전한 덕의 상태로도 묘사되기에 좀 더 항구적 구조를 가리키는 개념이다. 따라서, 맹자의 마음(심心) 개념은 성향, 욕구, 감정, 감상, 이성 등등의 우리에게 친숙한 심리 개념들을 통해 심층적으로 해명되어야 한다. 이런 점에서 우리는 심心을 흔히 서구에서 'mind/heart'(마음/가슴)로 번역을 하는 이유를 알 수 있다. 그것은 지성적 측면을 나타내는 mind(마음)만 가지고는 심의 풍부한 함의를 다 담을 수 없었기 때문이다. 심은 이성이라고 볼 수도 있고, 감성이라고 볼 수도 있으며 혹은 의지라고 볼 수도 있다. 맹자와는 달리 지성적 덕을 강조하는 묵가에서 왜 심心이라는 말 대신에 지知라는 용어를 사용하였는지를 짐작하게 해준다. 즉 지가 주로 인지적인 것을 가리킨다면, 심은 인지적인(cognitive) 것은 물론이고 정서적인(affective) 것과 의지적인(conative) 것을 다 포함하는 개념으로 보아야 한

148 약約(수렴)에 기반한 용기의 강조, 고자의 인내의외설仁內義外說에 대한 비판을 포함하여 『맹자』에는 맹자가 外적인 것보다 內적인 것을 강조하는 구절들이 많다.

다.[149]

맹자의 철학은 이처럼 내부로는 유가 전통 안에서 공자와 순자와는 다른 내재주의 유학을 제창하였고, 외부로는 그 당시의 현학顯學이었던 양주와 묵자의 사상에 대한 유가의 반응이라고 할 수 있다. 그는 묵자의 겸애사상에 대해서는 무부無父(아버지가 없음), 양주의 위아사상에 대해서는 무군無君(임금이 없음)의 사상이라고 비판하며, 각각 인륜과 사회를 무시하는 이념이라고 보았다. 묵가의 겸애 즉 무차별애의 사상은 자신의 부모가 가진 특별한 위치를 인정하지 않는 것이라고 보았고, 양주의 자신을 위하는 위아爲我의 사상은 사회적 책무를 저버리는 이기적 사상으로 이해했기 때문이다. 흥미로운 것은 이기적 사상가라는 양주는 물론이고, 이타성을 강조한 묵자에게서도 이익의 추구는 무엇보다도 강조되는 핵심적 가치였다. 그러니 양주와 묵자를 이단으로 공격하는 맹자에게서는 사익私益이건 공익公益이건 간에 이익추구의 풍조가 가져올 결과에 대해 우려함을 볼 수 있다. 맹자는 이익추구가 그 본성상 자기 파괴적이라고 믿었다.

> 맹자가 양혜왕을 보았다. 왕이 말하기를 "선생님께서 천리를 멀다 않으시고 오셨는데, 장차 우리나라를 이롭게 할 것이 있습니까?" 맹자가 대답하여 말하기를 "왕께서는 왜 하필 이익을 말하십니까? 단지 인의仁義만 있을 뿐입니다. 왕이 무엇으로 우리 나라를 이롭게 할까라고 하면 대부는 무엇으로 우리 집안을 이롭게 할까하고, 사서인士庶人은 무엇으로 내 몸을 이롭게 할까라고 말하여 상하가 서로 이익을 추구하면 나라가 위태롭습니다. 만승지국의 나라에서 그 임금을 죽인 자는 반드시 천승지가의 사람이고, 천승지국의

149 미리 이야기하면 마음 개념의 이런 복잡성에 불만을 느낀 사람이 순자였다.

나라에서 그 임금을 죽인 자는 반드시 백승지가의 사람이니 만에서 천을 취하고, 천에서 백을 취하면 많지 않은 것이 아닌데, 만약 의로움을 뒤로 하고 이익을 앞세운다면 (다른 사람의 것을) 빼앗지 않으면 만족하지 않을 것입니다. 인하고서 그 어버이를 버리는 자가 있지 않았고, 의하고서 그 임금을 뒤로 하는 자가 있지 않았습니다. 왕께서는 단지 인의일 뿐이다라고 말해야 하니 하필 이익을 말하십니까?"[150]

묵가는 이익 때문에 효孝를 한다고 할 수도 있는 사람들이었지만,[151] 맹자는 결코 그렇게 주장하지 않았다. 『맹자』 첫 장인 「양혜왕상」 장에서 맹자가 이익추구와 인의仁義의 추구를 대조시킨 것이나, 그 뜻은 존중하지만 이익을 통해 추구한 그 방법은 인정할 수 없다고 한 데에서 이를 잘 알 수 있다. 맹자의 사상이 이익추구에 반대한다고 할 수는 없지만, 손익계산을 통한 이익추구에는 반대한다고 할 수 있다. 묵가나 양주학파는 그들이 각각 중요시하는 도덕성이나 생명이 이익과 밀접하게 연결되어 있다고 생각했기에 무엇이 도덕적인 것인지, 무엇이 생명을 위한 것인지를 정함에 있어서 손익의 계산이 필요하다고 보았다. 그것은 당연히 도덕성의 기원이나 도덕성의 규준 혹은 나아가 이익이 무엇인지에 대한 새로운 문제제기였다. 묵가는 앞서 말한대로 특

150 孟子見梁惠王. 王曰:「叟不遠千里而來, 亦將有以利吾國乎?」孟子對曰:「王何必曰利?亦有仁義而已矣. 王曰『何以利吾國』?大夫曰『何以利吾家』?士庶人曰『何以利吾身』?上下交征利而國危矣. 萬乘之國弑其君者, 必千乘之家; 千乘之國弑其君者, 必百乘之家. 萬取千焉, 千取百焉, 不為不多矣. 苟為後義而先利, 不奪不饜. 未有仁而遺其親者也, 未有義而後其君者也. 王亦曰仁義而已矣, 何必曰利?」(『맹자』「양혜왕상」).

151 사실 이 부분은 다른 해석도 가능하다. 묵가는 이익 때문에 효를 한 것이 아니라, 효 그 차체의 가치 때문에 그것을 긍정한 것이다라고 볼 수도 있다. Cf. Robins, *Mohist.*

히 공익이라는 개념을 통해 옳음(의義)을 정의하였고, 옳음은 단순한 관습이 아니며 따라서 옳음을 정하기 위한 별도의 규준이 필요하다고 보았다. 양주의 위아주의는 묵가와 함께 손익계산을 중시하지만 그들에게는 사회적 규범보다는 개인의 생명이 더 중요한 것이었다. 여하튼 묵가와 양주학파는 도덕성의 기원이나 그 규준 나아가 이익의 정의에 있어서 맹자보다는 철저히 외재적이고, 이익에 긍정적이었다. 맹자의 사상은 바로 이런 비판들에 대한 유가의 반응의 성격을 띠고 있다. 물론 맹자는 양주와 묵자를 비판하였지만, 그들로부터 영향도 받았다. 묵자로부터는 하층민의 먹고 살 문제를 해결해 주어야 한다는 생각 (왕도정치王道政治, 민본주의民本主義)을, 양주로부터는 본능과 같은 육체적 본성의 측면 및 역동적인(혹은 가능태적인)[152] 본성의 개념을 배웠다. 묵자의 실용적 사상은 맹자로 하여금 이익과 도덕의 관계를 다시 한 번 돌아보게 했고, 양주의 생명사상은 맹자로 하여금 성선설을 통해 (육체적 욕구에 대한) 도덕의 우선적 근거를 다시 묻는 길로 나아가게 하였다. 맹자가 도덕을 옹호하면서 약간 공리주의적 태도를 보인 것도 이런 맥락에서 이해할 수 있을 것이다. 이처럼 맹자의 왕도정치와 성선설 혹은 사단설(측은지심惻隱之心, 수오지심羞惡之心, 사양지심辭讓之心, 시비지심是非之心)은 바로 묵가와 양주일파의 사상에 대해 그가 생각해낸 대응개념들이다. 물론 왕도정치에서는 묵가의 이익과 손해의 계산주의가 가져다 줄 끝없는 이익추구의 폐해를 지적했고, 성선설에서는 생명의 유지보다 더 중요한 인간의 본성은 도덕성이라고 강조했다. 맹자는 왕도

152 양주의 본성개념은 '다른 외적 방해가 없으면 실현되는 가능성'으로서의 본성개념이다.

정치를 통해 묵자의 공리주의 사상을 수용하였고, 성선설을 통해 양주가 제기한 형이상학적 위기(즉 본능도 하늘이 준 것이기에 반드시 도덕을 위해 희생될 필요가 없다. 도덕만이 유일한 천명이 아니므로)를 극복하려 하였다. 특별히 성선설은 하늘(天)과 인간(人) 사이의 간극을 훌륭하게 메우는 일을 하였다.[153] 맹자는 공자를 '때에 맞춰 행동하는 성인'(시성時聖)이라고 묘사하였는데, 이는 그 자신이 보는 유학의 핵심이었고, 양주의 수기修己위주 철학과 묵가의 치인治人 위주 철학의 양 극단을 피하려는 그의 시도로 드러났다.

그가 왕도정치와 성선설을 통해 정당화하려고 한 공자 철학의 모습은 무엇인가? 그것은 아마도 윤리적 덕의 개념에 있을 것이다. 공자는 아마도 인간을 보통의 사람(小人), 지식이 있는 사람(知者), 인한 사람(仁者)의 세 가지로 보았던 것 같다. 보통의 사람은 비록 스스로 무엇이 옳은지 알지도, 실천하지도 못하지만, 다른 인한 사람의 영향을 받을 수 있는 사람이고, 지식이 있는 사람은 무엇이 옳은 줄은 알지만 그것을 실천하지 못하는 사람이며, 마지막으로 인한 사람은 무엇이 옳은 줄도 알고, 또 그것을 실천할 수 있는 사람이라고 보았던 것 같다. 공자의 가르침은 주로 두 번째의 지자知者를 겨냥하여 이루어진다. 즉 도덕적 행위를 행하지만 올바른 동기를 갖고 행동하지 못하는 사람들에게 올바른 동기부여를 제공해주는 것이었다.

묵자는 기본적으로 공자의 지자知者를 인정하지 않는다. 즉 무엇이 옳은 줄을 알지만 그 것을 실행할 수 없는 사람이 있음을 인정하지

153 특별히 『맹자』「진심상」장의 다음과 같은 표현을 보라: "마음을 다하고, 본성을 알고, 하늘을 안다" (진심盡心 지성知性 지천知天).

않는다. 알면은 그것을 실행하는 것이지, 그것을 실행하지 못하는 것은 알지 못하기 때문이라고 보았을 것이다. 따라서 겸애는 옳지만 그것의 실행은 불가능하다고 겸애를 반대하는 사람들에게, 겸애를 실행하지 못하는 것은 겸애가 옳음을 알지 못하기 때문이라고 반응하였다. 묵자는 사람들에게 왜 자신들이 하는 행위가 옳은지를 설득하는데 비해,[154] 공자와 맹자는 단순히 설득하는 것이 아니라, 그런 행동을 적절한 감정과 성향을 가지고 하는 사람(덕 있는 사람)이 되게끔 도와주려고 하였다.[155] 묵자는 단순히 그런 행동이 옳은 행동이라고 생각하여 그것을 행하지만, 공자와 맹자는 인의의 동기와 성향을 가지고 그 행동을 하는 것이다. 맹자의 공헌은 이런 주의주의(voluntarism) 내지 주지주의(intellectualism)적인 묵가의 입장이 너무 이상적이어서, 충분히 실제적이지(practical) 않음을 지적하는 데 있었다. 왜냐하면 묵가의 입장은 인간본성을 너무 경시하였기 때문이다. 인간은 알면서도 하지 않을 수 있는 존재임을 간과했다는 것이다. 하지만『맹자』에서 보이는 후기묵가인 이지夷之나 원래의 묵가 혹은 묵자가 반드시 인간본성을 무시했던 것은 아니다. 단지 인간본성이나 인정人情이 묵가가 원하는 의미의 도덕적 행위와 관련성이 없다고 생각했을 뿐이다.

『맹자』에 있는 맹자와 이지와의 대화는 묵가와 유가 간의 미묘한 차이를 드러내준다. 맹자가 자신의 부모에 대해 후장을 한 이지를 이본二本이라고 공격하는 것은 이지가 자신의 부모에 대한 사랑과 타인에

154 니비슨은 묵자의 이러한 태도를 주지주의(intellectualism)보다는 주의주의(voluntarism)로 해석한다.

155 孟子曰:「人之所以異於禽於獸者幾希, 庶民去之, 君子存之. 舜明於庶物, 察於人倫, 由仁義行, 非行仁義也.」(『맹자』「이루하」).

대한 사랑을 적절히 연결시키지 못하고 있기 때문이다. 그런데, 맹자는 과연 '자신의 친족에 대한 사랑'과 '다른 사람에 대한 사랑'을 제대로 연결시키고 있는 것일까? 측은지심惻隱之心은 인仁의 씨앗으로서, 다른 사람의 어린애에게도 적용되는 보편적 관심이고, 이것은 그 자체로도 보편적 사랑이라고 할 수 있지만, 인仁의 또 다른 씨앗인 친친親親은 어떻게 다른 사람에 대한 사랑 즉 보편적 사랑으로 확충될 수 있는가? 아마도 맹자가 취할 수 있는 입장은 측은지심의 보편적 마음도 친소관계에 따라 그 강도가 달라질 수밖에 없을 것이라고 주장하는 것이다. 따라서 인의 진정한 뿌리나 씨앗은 친친의 감정이고, 이러한 친친의 감정이 측은지심에게도 차등을 주게 한다고 할 수 있을 것이다.

왕도정치란 경제적 토대하에서의 도덕정치 혹은 인의仁義의 마음에 기반을 두고 하는 정치(인정仁政)이다. 인의의 마음에 의한 정치가 중요한 이유는 이것은 백성의 마음을 움직일 수 있기 때문이다.[156] 맹자는 이처럼 경제나 군대보다도 백성들의 신뢰를 중요시한 공자를 따라 백성들에게 믿음을 주는 것을 중요시했다. 백성의 믿음을 얻기 위해서는 우선 양생상사養生喪死(삶을 기르고, 죽음을 장사지내는 일)에 유감이 없게 해야 하고, 나아가 예절[157]을 가르쳐야 한다. 맹자는 이것을 '백성을 보살피는 왕도정치'[158]라고 말하였다. 이 점은 적극적으로는 보은報恩, 소극적으로는 무원無怨을 강조했던 공자의 인의 정치와도 맥을 같

156 맹자에게 왕도와 패도의 차이는 전자는 진심으로 백성이 복종하는 것이고, 후자는 힘이 부족해 어쩔 수 없이 복종하는 것이다. 以力服人者, 非心服也, 力不贍也; 以德服人者, 中心悅而誠服也, 如七十子之服孔子也 (『맹자』「공손추상」).

157 부자유친父子有親, 군신유의君臣有義, 부부유별夫婦有別, 장유유서長幼有序, 붕우유신朋友有信의 오륜을 가리킨다.

158 曰:「德何如, 則可以王矣?曰:「保民而王, 莫之能禦也.」(『맹자』「양혜왕상」).

이 하는 점이다. 맹자는 오륜의 예절이나, 사덕의 덕목 중에서도 특히 인仁과 의義 두 가지를 강조했다. 『맹자』에서 사단의 예로 거론되는 유자입정과 모욕을 주면서 밥을 주면 아무리 배고파 죽는다 할지라도 그것을 받아먹지 않는다는 구절이 가리키는 것이 각각 인과 의에 대응되는 측은지심과 수오지심이었다. 인仁은 아마도 공자에 의해 가장 강조된 미덕이었고, 의義는 라이벌 묵자에 의해 강조된 미덕이었기에, 두 가지 미덕이 특별히 맹자에게 각인된 것이 아닐까 추측해 본다. 여하간 맹자는 인의의 마음에 기반을 둔 정치를 왕도정치王道政治, 이익을 염두에 두고, 힘으로써 이를 성취하는 정치를 패도정치覇道政治라고 하였다. 『맹자』「양혜왕 상」 첫 장에서 맹자는 자신의 이념과 양혜왕이 구하고자 하는 것이 맞지 않는다고 말하는데, 여기서 비교되는 것이 바로 인의仁義와 이利이다. 맹자가 이익을 앞세우면 결국 원하는 이익을 얻지 못하고, 오히려 이익과는 상관없는 듯한 인의를 앞세우면 이익을 얻을 수 있다는 것은 무엇을 말하는가? 혹자는 이것이 맹자의 공리주의적 사고를 보여주는 것이라고 해석하지만, 하지만 좀 더 공정한 해석은 이로움을 전적으로 추구하는 사회풍토에 대한 우려의 목소리라고 보면 될 것 같다. 혹은 일종의 덕의 역설 즉 덕스러우려 노력하면 오히려 덕스럽지 않게 되는 상황을 말한 것으로 볼 수도 있겠다. 맹자의 내재주의에서는 자연스러움과 무위의 중요성이 공자나 순자보다 더 강조되고 있다고 할 수 있다. 맹자는 사실 인의를 그것이 옳기에(혹은 이익을 주기에) 행하는 것보다는 인의의 감정에 의해 자동적으로 이끌려진 인의의 행위를 더 높이 쳤다. 그럼에도 또한 정치적 패자가 되기를 원하는 제후들에게 그런 소망을 이루기 위해서도 왕도정치의 행위는 필요하다고 보았다. 이것은 약간의 충돌적 상황인데, 패자가 되기를 원하는 동기를 가지고 하는 왕도정치의 행위가 이기적 마음을 가진 비도덕적 행위와 무엇이 다르냐고 물을 수 있기 때문이다. 아마도 맹자의 생각은 설사 심층의식에 정치적 패자의 마음이 있다고 하더라도, 적어도 실제는 그렇지 않지만, 마치 인의의 마음을 가진 것처럼 인의의 행동을 하다보면 우리가 자연스럽게 이익추구의 마음에서 벗어나게 되고, 그 결과 원래의 심층의식에 숨겨진 의도가 사라지면서, 자연스럽게 인의의 마음에 기인한 인의의 행동만이 남게 된다는 것이다. 이런 논리구조에서 보자면 사실 맹자는 제후들을 속이는 것이 아니다. 오히려 자연스럽게 자신의 구도대로 인의의 왕도정치를 하게 되면 실제로 정치적 패자라는 산물을 얻을 수 있다고 설득하는 것이기 때문이다.

왕도정치는 한마디로 백성의 의식주를 보장해주고 나서, 가르침을 베푸는 정치이다. 무엇보다도 정치인은 백성의 의식주를 보장해 주어야 한다는 데에서 묵가의 영향을 읽을 수도 있을 것 같다. 백성들은 선비와 달리, 일정한 수입이 없으면 불안하기에(무항산無恒産 무항심無恒心) 왕자는 무엇보다도 경제를 일으켜야 한다. 경제를 일으키는 법은 정전제를 실시하고, 농번기에는 전쟁을 일으키지 않아, 백성들이 농사의 때를 어기게 만들지 않고, 지나치지 않은 세금을 걷어 백성들이 생업에 전념할 수 있게 하는 것이다. 백성은 힘을 써서, 마음을 쓰는 상층부의 사람들을 부양하게 된다고 하면서, 맹자는 임금도 백성과 똑같이 일할 것을 주장하는 사람들을 비판하며, 분업을 옹호하기도 한다.[159] 그는 힘을 쓰는 백성과 마음을 쓰는 통치자들 사이의 상하의 위계질서를

159 『맹자』「등문공상」.

인정하면서도 영토(사직社稷)나 군주보다 백성이 더 중요하다는 민본주의적 사고民本主義的 思考를 하고 있다.[160]

맹자의 민본주의는 서구의 민주주의와 어떻게 다를까? 흔히들 민주주의의 핵심이념이라고 할 수 있는 '백성의'(of the people), '백성을 위한'(for the people), '백성에 의한'(by the people)의 이념이 맹자의 민본주의에 있는가? 중국의 저명한 정치철학자 소공권은 맹자에게서는 '백성을 위한'과 '백성의'는 있지만 '백성에 의한'의 이념은 없다고 보았다. 즉, 주권의 목표와 주권의 소재는 백성에게 있다고 생각하였지만, 주권이 백성에 의해 행사되어야 한다는 생각은 하지 못했다는 것이다. 주권이 인민에게 있고, 주권의 목표가 인민의 복지에 있다하더라도 그것이 인민의 힘에 의해 이루어지지 않는다면, 인민은 기본적으로 복종하는 자이므로, 민주주의라고 할 수 없다는 주장이 있어 왔다. 하지만 인민의 평등성이 반드시 민주주의의 본질적 요소인지는 논란의 여지가 있다. 민주주의는 적어도 그 주권이 왕이나 소수의 귀족에 있는 것이 아니고, 그 주권의 목표가 인민의 복지에 있다는 것만으로도 충분히 민주주의라고 할 수 있기 때문이다. 인민의 평등성은 자유주의의 이념일 가능성이 크고, 따라서 맹자의 민본주의가 자유민주주의와는 충돌의 여지가 있지만,[161] 민주주의와 충돌하는 것으로는 생각하기 어렵지 않나 싶다. 틀림없이 맹자의 민본주의에서 백성은 왕이나 귀족에 비해 평등하지 않기에 능동적으로 기존의 정치를 바꿀 수가 없고, 그저 또 다른

---

160 『맹자』「양혜왕하」; 「만장상」.

161 모종삼은 유가와 자유민주주의와 개념이 상호 맞지 않는 부분이 있음을 인정하면서도, 둘 사이에는 간접적 연결의 지점이 있다고 생각한다. 즉 유가와 자유민주주의를 다 수용할 지점이 있다고 주장한다. cf. 모종삼, 『政道與治道』, 1-27.

상층계급의 사람이 백성들의 뜻을 읽고, 이것을 행동으로 옮길 뿐이다. 기존의 위탁자 대신에 새로운 위탁자가 나타나는 것이다. 그러나 서구의 민주주의나 혁명에서도 혁명을 이끄는 세력은 역시 지식인이었던 것을 생각하면 맹자의 민본주의와 서구의 민주주의의 차이도 그리 멀지 않은 것임을 알 수 있다.

맹자의 민본주의가 민주주의와 연계되는 지점은 예컨대 선양禪讓의 개념과, 왕에만 국한되었던 성인의 개념을 현명한 신하로 확대 혹은 변환시켰다는 것에서도 볼 수 있다. 선양은 세습제보다 더 바람직한 권력의 이양형태로 가장 덕이 있는 사람으로 권력이 이양되어야 한다는 것이니 덕치의 이상이라고 할 수 있다. 성인은 왕이 아니라 재상도 가능하다는 맹자의 성인관은 왕이 지위에 있어서는 현명한 신하보다 위이지만, 덕에 있어서는 현명한 신하에게 복종해야 한다고 본다. 이것은 선양의 이상은 존중하면서도 현실적으로 세습제를 받아들일 수 밖에 없었던 맹자가 나름 절대적 왕권에 제한을 두기 위해 제안한 불가피한 입장이었다. 정치와 도덕의 분열을 보여주고, 그러면서도 또한 녹록지 않은 정치적 현실(realpolitik) 앞에서 역설적으로 도덕 정치(moralpolitik)의 이상을 제시한 것이라고 할 수 있다.

2 성선性善과 윤리적 덕

맹자의 성선설은 앞서 말한 대로, 묵가와 양주의 도전으로부터 유가 도딕성을 옹호하기 위해서 제기된 학설이다. 이것은 도덕에 대한 묵가의 외재주의적 접근법과 양주의 새로운 본성개념에 의한 도전으로부터, 맹자가 윤리도덕을 재정당화하기 위해 제시한 것이다. 묵가의 외재주의적 접근방식이란 도덕의 근거가 우리의 마음이 아니라, 우리 바깥에 있다는 것이다. 구체적으로 묵가는 효용성 혹은 공익성을 도덕의 근거로 생각했다. 양주의 본성개념에 의하면, 유가에서는 경원시했던 우리의 본능적 욕구도 천天에서 온 것으로, 이것과 도덕적 행위가 충돌될 경우, 우리가 꼭 후자를 천명의 이름으로 따를 이유는 없음을 보여주었다. 맹자는 이러한 묵자와 양주의 도전을 유가의 도덕적 행로에서 물리쳐야 할 위협으로 생각했다. 그리하여 도덕의 근거는 우리 안에 있고, 도덕적 본성은 본능적 본성보다 인간에게 더 본질적이라는 주장을 통해 유가의 도덕성을 옹호하게 된다. 이 주장이 바로 성선설이다. 여기서 우리 '안'의 문제와 본질로서의 본성의 문제가 무엇인지 해명되어야 할 필요가 있다. 전자는 고자와의 인내의외仁內義外 논쟁[162]이나 본성의 내재성을 두고 벌어진 주자와 정약용 혹은 현대의 블루움(Irene Bloom)과 에임스(Roger T. Ames)의 논쟁을 말해볼 수 있다. 후자는 맹자와 순자 간의 성性개념의 차이를 말할 수 있다.

맹자의 성선설에서 우리는 사단설과 사덕의 개념을 갖게 된다. 사단四端은 바로 맹자가 말한 네 가지 주요 도덕 즉 사덕四德의 씨앗, 혹은 단서라고 할 수 있다. 즉 인간은 사덕을 가지고 있는데, 그것은 바로 인仁, 의義, 예禮, 지智 이다. 이 각각의 덕목의 단서로서 측은지심惻隱之心, 수오지심羞惡之心, 사양지심辭讓之心, 시비지심是非之心이 제시된다.

162 모종삼은 논리적 측면에서 볼 때, 맹자는 인의내재설을, 고자는 인의외재설을 주장했다고 본다. 흔히 말하는 것처럼 고자가 인내의외설을 주장할 수는 없다고 본다.

맹자의 성선설은 바로 이 사단이 인간의 본질적인 성질로서, 누구나 소유하고 있다는 주장이다. 사단四端은 마치 우리 몸의 사지와 같은 것으로 이것이 없으면 사람이 아니다라고 한다. 그렇다면 맹자의 주장은 엄밀하게는 우리에게 사덕의 씨앗이 있다는 사단설일 것 같은데, 왜 우리에게 사덕이 있음을 말하는 듯한 성선설을 말한 것일까? 사실 맹자에게 사덕의 씨앗과 사덕 자체는 구분은 되지만 연결이 되는 개념이다. 측은지심은 찰나의 감정이지만, 사덕과 연결된 특별한 감정이다. 이것은 단순히 순간적으로 확인되는 동기로 볼 수도 있고, 초월적인 도덕의식으로 볼 수도 있을 것이다. 또한 그것은 인간의 심리와 상황, 그리고 도덕에 대한 통찰과 관련이 있는 상태이다. 예컨대, 우리가 우물에 빠지는 어린아이에게서 느끼는 측은지심은 단순히 외부의 자극에 의해 갖게 되는 수동적 감정이나 욕구가 아니고, 우리에게 도덕적 행위를 할 수 있게 하는 초월적 도덕의식 혹은 선의지이든지, 아니면 구체적 상황에서 우리가 자연스럽게 가지게 되는 상황인식이나 상황적 행위에 포함된 규범성, 능동성, 자발성을 포함하는 규범적 감정이라고 할 수 있다. 이것의 확충이나 실현이 바로 인간이 가야될 길이라는 것이 맹자가 성선설을 통해 말하고자 하는 바이기에, 이 측은지심의 성격규명은 성선설 이해의 핵심이라고 할 수 있다.

흥미로운 것은 공자는 이처럼 윤리적 덕목을 몇 가지로 나누어 제시하지 않았는데, 맹자는 그리하고 있다는 것이다.[163] 공자에 비해 좀 더 체계적인 사상으로의 발전양상이 드러난다. 여하간 이 네 가지 덕 중에서, 중요한 것은 인仁과 의義인데, 공자에 비해 인의 중요성은 약해

163 공자와는 달리 맹자는 덕을 네 가지 혹은 다섯 가지로 유형화하고 있다.

지고, 의가 새롭게 부각되어 인의仁義로 병칭되며, 이러한 병칭은 일종의 도덕의 개념을 형성한다. 공자에게 있어 인은 인간다움과 같은 완벽한 덕인데, 맹자에게서 인은 기본적으로 '애인愛人'(다른 사람을 사랑하는 것)이다. 이러한 애인은 맹자에 따르면 '친친親親'(부모를 사랑함)이나 '측은지심惻隱之心'(보편적 연민)으로부터 발전된 것이다. 사실 개별적 혈연관계를 강조하는 친친과 보편적 동정심을 강조하는 측은지심이 어떻게 연결되는 지도 생각해 보아야 한다. 어떻게 보면 서로 완전히 상이한 감정이라고 볼 수 있기 때문이다. 그럼에도 맹자에게는 이 두 가지 다 인의 단서인데, 어떻게 그럴 수 있을까? 또 이 두 가지 상이한 감정이 충돌한다면 이 둘 중에서 어느 것이 더 우선성이 있는 것일까? 그것은 아무래도 친친일 것이다. 따라서 측은지심도 친소관계에 따라 달라진다고 할 수 있다. 맹자의 의義는 '존존尊尊'(지위가 있는 사람을 대접함)인데, 이것은 '경장敬長'(나이든 사람을 공경함)으로부터 발전된 것이다. 맹자의 의는 아마도 사회적 질서와 연관된 묵가의 의 개념에 영향을 받아 중요시된 것 같은데, 묵가의 의의 외재성에 대항해, 맹자는 의의 내재성을 강조한다.

> 사람이 배우지도 않았는데, 가능한 것이 양능良能이다. 생각하지도 않았는데, 아는 것이 양지良知이다. 갓난애는 그 부모를 사랑함을 알지 못함이 없다. 자라서는 그 형을 공경하는 것을 알지 못함이 없다. 부모를 친히 하는 것은 인이다. 어른을 공경하는 것은 의이다.[164]

164 人之所不學而能者, 其良能也; 所不慮而知者, 其良知也. 孩提之童, 無不知愛其親者; 及其長也, 無不知敬其兄也. 親親, 仁也; 敬長, 義也. 無他, 達之天下也. (『맹자』「진심상」).

맹자는 이처럼 인과 의로 대변되는 도덕성의 근원으로 배우지도, 생각하지도 않았는데 가능한 천성적 능력들을 들었다. 양능과 양지가 그것이다. 이것이 바로 맹자 성선설의 핵심적 주장이다. 성선설은 바로 인의仁義로 대표되는 도덕의 내재성의 표현이다. 그런데, 도덕의 내재성은 약간의 의아심을 갖게 한다. 왜 맹자는 우리에게 오직 선으로 발전할 수 있는 내면적 싹만 이야기하고, 악으로 발전할 수 있는 내면적 싹은 얘기하지 않았을까? 그 당시의 혼란 사회에서 흔히 볼 수 있었던 악의 행위들을 맹자는 과연 어떻게 그의 성선론으로 해명할 수 있었을까? 사실 그 당시에도 순자의 성악설과 같은 이론은 없었지만, 현실의 악을 인정하는 다양한 이론이 있었다. 첫째, '성은 선하지도 않고, 악하지도 않다'(성무선무불선性無善無不善)는 이론, 둘째, '성은 선해질 수도 있고, 악해질 수도 있다'(성가이위선性可以為善, 가이위불선可以為不善)는 이론, 그리고 '어떤 사람의 성은 선하지만, 어떤 사람의 성은 악하다'(유성선有性善, 유성불선有性不善)[165]는 이론 등이 그것이다. 첫째 이론은 고자의 이론인데, 이에 대해 맹자는 우리에게 배우지도 않고도 가능한 도덕적 경향성이 있음을 들어 반박한다. 예컨대, 너무나 유명한 유자입정孺子入井(어린아이가 물에 빠지려 할 때)에서 보여지는 측은지심이나, 굶어 죽을 지경이지만, 무례하게 먹을 것을 던져주는 사람이 주는 음식은 거부하는 사람의 자존심이 바로 그런 것들이다. 이것들이 바로 맹자가 말하는 도덕적 욕구, 사단의 예들이다. 맹자는 우물에 빠지려는 어린아이에게 느끼는 이러한 측은지심은 공명심이나 이기심에 기반을 둔 것이 아니고, 또한 학습된 것이 아니라고 하였다. 그것은 그야말로 천

165 『맹자』「진심상」.

성적으로 가지는 성향이다. 물론 우리에게는 각종 육체적이고, 본능적인 성향도 있다. 이른바 식색의 성향으로, 배가 고팠을 때, 다른 사람의 빵을 빼앗아 먹고 있는 마음도 있겠고, 친구의 애인이라도 정말 마음에 드는 사람이라면 가로채고 싶은 마음도 있을 것이다. 이런 본능적 욕구가 사단의 도덕적 욕구보다 더 강하고, 주도적이라는 것도 맹자는 거부하지 않는다. 그럼에도 오직 인간의 도덕적 충동에만 귀를 기울여, 인간은 도덕적 존재라고 주장하는 맹자의 의도는 인간의 존엄성 즉 인간이 동물과 차이나는 점을 강조하고 싶었기 때문일 것이다. 비록 그 강도나 빈도에서 약하다 하더라도, 그 의의에 있어서 도덕적 욕구는 육체적 본능의 욕구보다 더 선호되어야 하는 욕구라는 것이다. 사실 맹자가 도덕적 욕구가 생의 욕구보다 더 강하다라고 이야기할 때는, 바로 도덕적 욕구가 지닌 이 규범적 측면을 지적한 것이라 할 수 있다.

> 물고기는 내가 원하는 것이고, 곰의 발바닥도 내가 원하는 것이다. 만약 양자를 모두 가질 수 없다면, 나는 물고기를 버리고, 곰 발바닥을 취한다. 생명도 내가 원하는 것이고, 의로움도 내가 원하는 것이다. 만약 양자를 모두 가질 수 없다면 생을 버리고 의로움을 취한다.[166]

둘째, 성性은 선해질 수도 악해질 수도 있다는 성론에 대해, 맹자는 본성개념이 본질개념임을 말한다. 사람은 동물과 거의 차이가 없지만, 오직 선해질 수 있는 이 점에서 차이가 난다. 따라서 군자는 바로 이 점을 보호하려고 노력하여야 한다.

---

166 孟子曰:「魚, 我所欲也; 熊掌, 亦我所欲也, 二者不可得兼, 舍魚而取熊掌者也. 生, 亦我所欲也; 義, 亦我所欲也, 二者不可得兼, 舍生而取義者也. (『맹자』「고자상」).

> 사람이 금수와 다른 것은 거의 없다. 서민은 그 약간의 차이를 버리고, 군자는 보존한다. 순舜은 사물에 밝았고, 인륜을 관찰했다. 그는 인의로부터 행동했지, 인의를 행하지는 않았다.[167]

어떤 사람은 본성이 선하고, 어떤 사람은 악하다는 세 번째 주장에 대해 맹자는 본질로서의 본성은 인간이면 누구나 갖는 것이라고 주장한다. 우리는 또한 같은 종류의 존재임을 부인할 수 없다고도 하였다. 어떤 사람은 착하고, 어떤 사람은 착하지 않다는 것은 인간의 보편적 성질을 부인하는 것이다.

이처럼 맹자는 의도적으로 불선한 행위를 결코 타고난 본성과 연결시키지 않았다. 그리하여 그는 "그 감정을 따르면, 선을 행할 수 있다고 한 것이 내가 말한 선의 의미라고 하였다. 혹시 잘못을 저질렀어도, 그것은 나의 타고난 재질 탓이 아니다"[168]라고 하게 된다. 이러한 그의 태도는 그의 성선설을 형이상학적 혹은 사회학적 이론으로서가 아니라, 수양론으로(soteriologically) 바라보게 한다.

맹자에게 내內는 천天이 부여한 것이다. 맹자의 도덕내재설은 바로 천이 도덕의 근원이라는 주장이다. 그런데, 사실 묵자의 외재주의에서도 천은 도덕의 근원이었다. 양주에 와서 비로소 천은 도덕의 유일한 근원역할을 포기 당한다. 양주에게 있어서는, 육체나 육체의 욕구도 천에 의해 주어진 것이기 때문이다. 후기묵가가 천지天志에 의한 도덕의 정당화를 포기한 이유도 아마 양주의 이런 도전 때문이었을 것이다. 맹자도 양주의 생각을 받아들여, 일단 기본적으로는 인간에게 도덕적 욕

167 人之所以異於禽獸者幾希 庶民去之, 君子存之. 舜明於庶物, 察於人倫, 由仁義行, 非行仁義也. (『맹자』「이루하」).

168 乃若其情, 則可以為善矣, 乃所謂善也. 若夫為不善, 非才之罪也 (『맹자』「진심상」).

구이외에 물리적, 육체적 욕구가 천에 의해 주어졌음을 받아들인다.

> 맛에 대한 입의 관계, 아름다움에 대한 눈의 관계, 소리에 대한 귀의 관계, 냄새에 대한 코의 관계, 편안함에 대한 사지의 관계는 우리의 성性에 속하지만, 그 속에는 명命이 있다. 군자는 이것을 성性이라 하지 않는다. 아버지와 아들에 대한 인의 관계, 군주와 신하에 대한 의의 관계, 손님과 주인에 대한 예의 관계, 어진 사람에 대한 지의 관계, 천도에 대한 성인의 관계는 명命에 속하지만, 그 속에는 성性도 있다. 군자는 이것을 명命이라고 하지 않는다.[169]

맹자가 육체적 욕구와 도덕적 욕구를 둘 다 성性과 명命의 요소를 가진 것으로 보았으면서도, 하나는 성으로, 하나는 명으로 일컫는 것은, 성과 명의 차이 때문이다. 성과 명은 둘 다 천에 의해 주어진 것이면서도, 전자는 우리의 노력에 의한 변형의 가능성을 가진 것인 반면, 후자는 그렇지 않기 때문이다. 전자가 우리의 노력에 의해 바뀔 수 있는 것이고, 오직 이것만이 인간과 동물을 차이지을 수 있다고 보았던 것이다. 군자는 성의 이런 측면을 보아, 도덕적 욕구와 관련된 욕구를 성性이라고 불렀던 것이다. 맹자의 성개념은 이처럼 양주의 가능태 개념의 의미와 본질로서의 의미가 합쳐져 이뤄진 것이다. 본질로서의 성개념은 맹자의 공헌이다.

여기서 성과 함께 다시 주목해야 할 개념이 바로 천天의 개념이다. 맹자는 "그 마음을 다할 수 있는 사람은 그 본성을 알게 되고, 그 본성을 알면 천을 알게 된다"(孟子曰:「盡其心者, 知其性也.知其性, 則知

---

169 孟子曰:「口之於味也, 目之於色也, 耳之於聲也, 鼻之於臭也, 四肢之於安佚也, 性也, 有命焉, 君子不謂性也. 仁之於父子也, 義之於君臣也, 禮之於賓主也, 智之於賢者也, 聖人之於天道也, 命也, 有性焉, 君子不謂命也. (『맹자』「진심하」).

天矣)고 했다. 맹자는 또한 『중용』을 연상시키는 말을 하기도 했다: "성誠은 천의 도이고, 성誠을 생각하는 것은 사람의 도이다. 지극히 성하면서도 움직이지 않는 것은 없다. 성하지 않으면서 움직일 수 있는 것은 없다."[170] 또한 인작人爵과 천작天爵을 구분하여 인작보다는 천작을 얻을 것을 강조했다. 한마디로 맹자의 성과 천은 자연적, 사실적 의미의 것이 아니고, 가치, 당위의 의미를 가지고 있다. 사실(is)보다는 당위(ought)의 의미가 강하다.

170 誠者 天之道也 思誠者 人之道也 至誠而不動者 未之有也 不誠 未有能動者也 (『맹자』「이루상」). 모종삼은 『맹자』와 『중용』을 구분하여 전자는 내재적 원칙, 후자는 외재적 원칙에 기반한다고 하였다. 전자는 우리의 내면의 도덕의식으로부터 시작하지만, 후자는 초월적 하늘이 가치의 근원임을 강조한다. 모종삼이 맹자를 칸트와 같은 의무론자로 해석하는 것은 이 때문이나.

제6장

변자辯者:

변辯과 지성적 덕

제6장
변자辯者: 변辯과 지성적 덕

1. 변자들의 지성적 덕

여기서 말하는 변자들이란 공손룡(公孫龍 320−250 BCE)과 혜시(惠施 370−310 BCE)로 대표되는 명가와 『묵자』 40~45장의 저자들로 여겨지는 후기묵가를 지칭한다. 이들은 유가(공자와 맹자), 양주학파, 묵가들 간에 이루어진 도와 덕에 관한 상당한 정도의 논쟁을 지켜본 사상가들이다. 이들이 논쟁의 수단인 언어 즉 언言, 명名, 사辭, 도道, 변辯에 대한 반성을 수행한 것은 자연스러운 메타적 관점에서라고 할 수 있다. 이와 관련하여 '특정 학파나 인물의 철학적 이론'을 '...학파 혹은 ...의 언言'으로 치환해서 사용한 묵가의 사람들[171]에 주의를 기울일 필

171 Chris Fraser, *The Philosophy of the Mozi: The First Consequentialists*, New York: Columbia University Press, 2016.

요가 있다. 묵가는 언을 철학적 이론과 동치로 놓았는데, 이를 통해 대상언어에서 메타언어로의 변환 즉 '의미론적 상승'(semantic ascent)[172]의 계기가 만들어졌다. 의미론적 상승이란 대상에 대한 언급에서, 그 대상을 가리키는 언어에 대한 언급으로 논의가 상승했음을 가리킨다. 예컨대 '상하이는 도시다'라는 문장에서 "상하이"가 대상언어라면, '상하이는 도시에 적용되는 이름이다'라는 문장에서 "상하이"는 메타언어이다. 전자가 중국의 두 번째 큰 도시를 가리키는 언어적 표현이라면, 후자는 바로 그 언어적 표현을 가리키는 언어적 표현이다. 즉 후자의 언어적 표현은 전자로부터 의미론적 상승이 일어난 메타언어이다. 묵가를 비롯한 고대 중국의 철학자들에게서 언이 주로 윤리 · 정치적 교설이나 이론을 뜻한다면, 언에 대한 반성작업을 수행한 변자들의 학문 즉 명학名學은 윤리에 대한 메타 언어이론(theory of meta-language)이라고 할 수 있다.

명학의 근원은 공자의 정명의 주장과 연계시켜 볼 수 있다. 하지만, 공자로부터 시작된 유가의 정명이 대체로 정치 · 윤리적 주장에 치우쳤는데 반해, 변자들의 정명은 위에서 지적한대로 의미론적 상승을 통해 다분히 언어와 세계의 관계에 관한 의미론적 주장에 관심을 보여주고 있다. 전자가 상대적으로 실천적 관심이라면, 후자는 상대적으로 이론적 관심이라고 할 수 있다. 변자의 의미론적 문제의식은 아마도 묵가의 겸애 주장에서 드러난 겸兼(두루함, 보편적임)을 어떻게 이해할 것인가의 문제에서 생겨났을 것이다. 즉 시간과 공간에서 제약된 개인

172 밴 노던에 의하면 의미론적 상승이 공자, 묵가 등의 정명론에서 보인다고 한다. cf. Van Norden, *Virtue Ethics*, 367–368.

이 어떻게(무한하게 보이는) 모든 사람들을, 혹은 자기 가족에 치우친 개인이 어떻게 자기와는 관련 없어 보이는 사람들을 사랑할 수 있는가라는 문제를 생각하다가 겸兼(전체)과 체體(부분)의 관계를 생각하였고, 이것이 의미론적 상승의 맥락 속에서 언어 지칭의 의미론적 문제 즉 언어(名)와 세계(실實)의 관계의 문제에로 나아가게 되었다고 할 수 있다. 쉽게 말하자면 하나의 개별적 사람(부분)으로 전체 사람(전체)을 사랑하는 실천적 문제로부터 언어로 부분과 전체를 가리키는 데 있어서의 이론적인 의미론의 문제가 출현했던 것이다. 사실 언어는 본질적으로 다른 것과 차이가 나는 부분적인 것들을 지칭하는 성질(즉 사물을 분류하는 성질)을 갖고 있기에, 전체를 지칭하는 것에 대해 언어는 본질적으로 어려움을 갖는다. 변자들에 의해 각종 궤변적 언술이 생기는 것은 바로 언어 지칭의 이런 특성 때문이다. 변자들이 다룬 이견백離堅白, 합동이合同異, 무후無厚, 무궁無窮, 살도비살인殺盜非殺人 등의 문제가 바로 이런 경우라고 생각한다. 즉, 이 궤변들을 자세히 살펴보면 바로 부분과 전체의 문제를 언어로 가리키는 가운데에서 생겨난 것들임을 알 수 있다. 흥미롭게도 이런 전체를 가리키는 문제에서 벌어지는 역설들은 도가, 유가에게서도 발견된다.

> 도를 도라고 말한다면, 항상된 도가 아니다. 이름을 이름부를 수 있다면, 항상된 이름이 아니다.[173]

> 만물은 하나의 몸이다.[174]

---

173 道可道 非常道 名可名 非常名 (『노자』 1장).

174 萬物一體 (『장자』「제물론」).

생生이란 성性을 말한다. ....(이것은) 흰 깃털의 힘은 흰 눈의 힘과 같다(는 것과 같다).[175]

위의 주장들은 노자, 장자, 맹자의 말로, 다분히 변자들을 자극시켰을 주장들, 그리고 변자들로부터 영향을 받았을 주장들이다. 첫째는 전체를 가리키는 데에서의 어려움, 둘째는 심지어 부분들을 가리킬 때의 상대성의 문제, 셋째는 보편적 존재로서의 개념의 인지 문제 등과 관련된다. 그러나 변자들의 공헌은 단순히 이런 특정 궤변적 주장들을 했다는 데에 있다기보다는, 점차 논쟁의 방법 즉 어떤 주장을 옹호하기 위한 합리적 방법의 발견에로 나아간 데 있었다. 후기 묵가는 이 방법을 변辯이라 하고, 이것의 목적, 방법, 적용 등에 대한 연구를 심화시켰다. 물론 이 변의 방법도 어떤 점에서 보면 언어와 세계의 적절한 관계를 모색하는 명학의 영역 안에 포섭될 수 있으며, 이 점에서 변에 대한 논의는 추론의 문제라기보다는 언어 기술의 문제라고 보는 것이 더 타당할 것이다. 여하간 이 장에서 변자들의 지지한 덕을 지성적 덕이라고 본 이유는 그들이 공히 그들의 합리적 언어기술의 방법이 정치적 혼란을 극복한다고 보았기 때문이다. 정치란 바로 정명의 방법이라고 본 공자의 생각이 그들에게도 이어지고 있음을 볼 수 있다.

– 공자의 정명론

사실 정명론正名論은 충서忠恕나 인仁과 함께 공자의 사상을 체계적으로 설명해주는 것으로 일찍부터 조명을 받았다. 공자가 정치를 함에 있어서 가장 우선시한 것이 정명正名이었다는 사실로 인해 정명론正名

175 生之謂性也.... 白羽之白也, 猶白雪之白 (『맹자』「고자상」).

論은 오랫동안 유가 정치철학의 대표적 이론으로 간주되어왔다. 이러한 인식에도 불구하고, 정명론의 느닷없는 출현 때문에, 공자가 실제로 정명론을 주장했는가의 사실의 문제와 함께, 정명론의 정확한 이론적 성격이 무엇인가라는 이론적 문제로 인해 정명론의 정체는 여전히 모호한 구석이 있는 것이 사실이다. 정명론은, 그 동안 정치이론의 측면에서는 대체로 부정적 의미의 위계적 사회질서를 옹호하는 봉건적 정치제도를 가리키던지[176] 혹은 좀 더 긍정적이거나 중립적 의미에서, 사회의 역할분할을 옹호하는 주장으로 해석되어 왔다.[177] 윤리나 정치철학적 측면에서는 언어와 행동, 앎과 행동 혹은 명분과 현실의 조화를 지향하는 도덕 혹은 정치문제를 다루는 명분론으로 해석되었다.[178] 또한 언어철학적 측면에서는 언어와 세계사이의 일치를 모색하는 의미론적 언어이론[179]이나 언어발화의 행위적 측면을 강조하는 수행론적 언어이론[180]으로 해석되어져 왔다. 이들 해석들은 서로 배치되는 것이 아니

---

176 마루야마 마사오(丸山眞男)는 동아시아의 봉건적 질서를 정명正名으로 표현한다. 마루야마 마사오(丸山眞男), 『日本政治思想史硏究』, 김석근 옮김, 통나무, 1995, 132 참조.

177 제경공이 공자에게 정치를 물었다. 공자가 말하였다 '임금은 임금답고, 신하는 신하답고, 아비는 아비답고, 자식은 자식다워야 한다.' 제경공이 말했다. '좋다! 임금이 임금답지 않고, 신하가 신하답지 않고, 아비가 아비답지 않고, 자식이 자식답지 않다면, 충분한 곡식이 있어도 내가 어찌 그것을 얻어먹겠는가?' (齊景公問政於孔子. 孔子對曰:「君君, 臣臣, 父父, 子子.」公曰:「善哉! 信如君不君, 臣不臣, 父不父, 子不子, 雖有粟, 吾得而食諸?」(『논어』, 「안연」). 그레이엄(A. C. Graham)은 이 『논어』의 구절로부터 공자의 정명은 '각자가 정확하게 사용된 이름이 자신에게 부과하는 일을 하는 것'인 것처럼 해석한다. Graham, *Disputers*, 25.

178 이것은 일반적으로 정명을 명분론으로 보는 해석들을 가리킨다.

179 풍우란의 해석을 가리킨다. cf. Fung Yu-Lan, *A History of Chinese Philosophy*, tr. Derk Bodde, Princeton, NJ: Princeton University Press, 1952, 59-62 참조. (이후 Fung, *Chinese Philosophy*로 약칭).

180 핑가렛의 해석을 가리킨다. cf. Fingarette, *Confucius*, 14-15.

고, 서로 중첩되어 나타난다. 나는 여기서 이런 이론들을 간략히 다룬 후에, 내 나름의 방식으로 정명론의 원래 문맥과 그 정치철학적 의미를 설명하려고 한다.

주지하다시피 유가의 정명론은『논어』에 나타난 공자의 다음과 같은 주장으로부터 시작한다:

> 자로가 물었다 '위군이 선생님을 모시고 정치를 하려 한다면 무엇을 먼저 하시겠습니까?' 공자가 말하였다 '반드시 정명正名을 할 것이다' 자로가 말하였다. '정말로 그렇습니까? 선생님은 정곡을 찌르지 못하는 것 같습니다. 어찌 정명을 하려하십니까?' 공자가 말하였다. '유야 너는 거칠구나! 군자는 자신이 모르는 것에는 대개 조심스러운 태도를 취해야 한다. 이름이 바르지 않으면 말이 순하지 않고, 말이 순하지 않으면 일이 이루어지지 않는다. 일이 이루어지지 않으면 예악이 흥성하지 않고, 예악이 흥성하지 않으면 형벌이 공정하지 않게 된다. 형벌이 공정하지 않으면 백성들이 어찌할 줄을 모른다. 그러므로 군자는 이름을 붙이면 반드시 말할 만하게 하고, 말을 한다면 반드시 실천할 수 있게 한다. 군자는 그 말에 구차한 것이 없다.'[181]

흔히 말하듯이 위의 구절이 공자 정치사상의 핵심을 전달하는 것인지에 대해서는 논란이 있다. 예禮와 덕德에 의한 정치를 주장해온 공자의 느닷없는 정명주장은 공자를 오랫동안 수행했던 자로를 당황시킨 만큼이나, 후대의 학자들을 당황시켰다. 몇몇 학자에 의해 이 구절이

181 子路曰:「衛君待子而為政, 子將奚先?」子曰:「必也正名乎!」子路曰:「有是哉, 子之迂也!奚其正?」子曰:「野哉由也！君子於其所不知, 蓋闕如也. 名不正則言不順 言不順則事不成, 事不成則禮樂不興 禮樂不興則刑罰不中 刑罰不中則民無所措手足 故君子名之 必可言也 言之必可行也 君子於其言 無所苟已矣」(『논어』「자로」).

후대에 찬입된 것(특별히 법가의 형명론의 영향을 받은 것)이라는 주장이 제기된 것은 이런 배경에서이다.[182] 여하간 위의 구절은 '명을 바로 잡는 것'이 정치 사회적 안정의 필요조건임을 천명한 것이다. '명을 바로 잡는 것'의 의미는 바로 '명실일치'라는 말로 표현될 수 있을 것이다. 명은 늘 실과 더불어 사용되며, 그것들 사이의 일치는 늘 규범적으로 강조되었기 때문이다. 즉 정명론의 이상은 명실일치이다. 이러한 명실일치의 이상은 사실 유가의 정명론은 물론이고, 법가의 형명론,[183] 심지어 명가의 명학[184]에서도 확인된다. 물론 여기서 말하는 명실일치의 의미는 학파마다 조금씩 다를 수밖에 없을 것이다. 명과 실의 의미가 다 다르기 때문이다. 아마도 유가의 경우에는 '명분과 현실의 부합'(명분론)일 것이고, 법가의 경우에는 '목표와 일의 성취의 일치'(형명론)일 것이며, 명가의 경우에는 '이름과 지칭 대상의 일치'(명실론)일 것이다. 물론 이것은 주 경향이 그러하다는 것이고, 유가의 정명론의 경우에는 단순히 명분론의 측면만 있는 것이 아니라, 형명론, 명실론의 측면을 어느 정도 가지고 있다. 공자, 맹자, 순자, 동중서 등등에게서 명실론의 측면이 보인다면 송 이후에는 완전히 명분론이 대세가 된다.

182 Arthur Waley, trans. *The Analects of Confucius*, New York, 1938; H. G. Creel, *Confucius, the Man and the Myth*, New York, 1949 참조. 그레이엄은 올바른 의례적 이름에 대한 관심이 언어에 대한 논리적 관심보다 훨씬 오래된 것임을 들어, 정명론을 공자에게 돌리는 풍우란의 견해에 따르겠다고 한다. Graham, *Disputers*, 24.

183 법가는 정치의 요체로 신하를 다스리는 수단으로 형명론刑名論을 제시한다. 이것은 신하를 다스림에, 그가 행한 명名과 형形의 일치를 살펴 행하라는 것이다. 명名은 신하가 하겠다고 한 목표이고, 형形은 신하가 이룩한 일의 성취이다. 군주는 명과 형의 일치여부로 신하에게 상과 벌을 주는 것이다. (『한비자』, 「二柄」) 참조.

184 공손룡, 혜시, 후기묵가들도 그들의 명名에 대한 탐구는 정치적, 윤리적 목표를 위한 것이라고 주장한다.

현대의 철학자들은 공자의 정명에 관한 구절을 해석하면서, 대체로 두 가지로 해석해 왔다고 할 수 있다. 그것은 첫째 명실론의 입장이고, 두 번째는 명분론의 입장이다. 앞서 말한 대로, 명실론은 명과 실을 이름(명칭)과 대상(사물)으로 간주하여, 정명의 의미를 이름을 사용하여 대상을 정확히 지칭하는 것으로 해석하는 것이다. 예컨대, 공자는 "'모난 술그릇'(고觚)이 모나지(고觚) 않으면 그것이 정말로 '모난 술 그릇'(고觚)이겠는가? 그것이 정말로 '모난 술 그릇'(고觚)이겠는가?"[185]라고 한탄하였는데, 이 구절을 "고觚"라는 언어적 표현, 즉 이름을 모나지 않은 그릇에 대해 사용하지 말라는 주장으로 읽는 것이다. 더욱 극단적 예는 공자가 말한 "군군신신부부자자君君臣臣父父子子"를 앞의 "군君"은 실제의 '개별자 군'을, 뒤의 "군君"은 '군다움'의 보편적 성질 즉 '군의 본질'을 가리키는 것으로 보아, 이 구절을 개별자와 보편자의 대응관계를 나타내는 것으로 해석하는 것이다. 따라서 이러한 해석에 따르면, 위의 구절을 정명론의 명실론적 입장에서 읽어서, 개별자 군이 군의 보편적 성질을 가질 때, 개별자 군에 대해 사용하는 "군"의 명칭이 제대로 사용되는 것이다로 읽어낸다. 당연히 개별자 군이 군의 보편적 성질을 가지지 못하면, "군"이라는 명칭은 개별자 군에게 적용되어서는 안 되는 것이다.[186] 이처럼 유가의 정명을 기본적으로 '명칭으로 사물을 정확히 지칭하는 것'으로 읽어내는 해석은 20세기 초 풍우란에 의해 중국철학이라는 학문조류가 생겨난 이래로 많은 학자들에 의해 지지되어 왔다.

185 觚不觚, 觚哉! 觚哉!(『논어』, 「옹야」).

186 풍우란은 사실 이런 명실론적 해석을 하면서도, 명분론적인 입장도 보이고 있다. cf. Fung, *Chinese Philosophy*, 59–60.

밴 노던은 이러한 명실론에 입각한 공자 정명론의 해석이 주도적이 된 이유를 20세기 서양 철학전통의 '언어적 전환'(linguistic turn)에 영향을 받은 호적, 풍우란과 같은 초창기의 대표적 중국철학사가들이 서양의 문제의식을 갖고 공자 정명론을 바라본 데서 연유한다고 한다.[187] 덧붙이자면, 신실재론에 입각한 풍우란의 철학적 입장이 깊게 배어있는 정명론 해석이기도 하다. 밴 노던은 한 걸음 더 나아가 정명론이 결코 공자의 생각일 수 없다고 주장한다. 이것은 아마 그가 정명론을 어디까지나 언어에 대한 논리적 관심(그의 표현으로 하면, '의미론적 상승')으로 생각하였기 때문일 것이다. 그런데, 문제는 이러한 명실론적 해석이, 정명의 행동이 어떻게 정치적 사회적 안정을 이룩할 수 있는지를 설득력 있게 보여주지 못하는 데 있다. 즉, 아무리 정확한 언어를 사용해서 실재를 정확하게 지칭한다고 해도, 그것은 결국 개념적 명료성을 이룩하는 것일 터인데, 도대체 이런 개념의 명료성과 사회적 정치적 안정 사이에 어떤 인과적 관계가 있을 수 있겠는가?[188] 물론 우리는 공자가 정치적 사회적 효과를 이루는데 있어서의 하나의 필요조건으로만 정명正名(개념적 명료성)을 적시했다고 볼 수도 있을 것이다. 먼저 개념이 명료해야지 행동을 하더라도 할 것이 아닌가 식으로 해석하는 방식이다. 그러나 개념적 명료성은 윤리적 행위나 정치적 행위의 선결과제나 필요

187 Van Norden, *Virtue Ethics*, 92–93.

188 흥미롭게도 묵가에서는 비도덕적 행위가 '종류를 제대로 알지 못하는(부지류不知類)' 개념적 불명료성에서 기인한다고 생각한다. 물론 그들에게 있어서 '개념적 불명료성'은 '실천적 지식의 결여'와 마찬가지의 것이기도 하다. 맹자도 묵가의 영향을 받아, '종류를 아는 것'(지류知類)이나 '확장하는 것'(추推)의 실패가 도덕적 행위의 실패인 것처럼 주장하는 측면이 일부 있다. 그러나 이것이 맹자의 전체적 입장은 아니다.

조건이라 할지라도, 여러 선결과제나 필요조건 중의 하나이지,[189] 공자가 자로의 질문에 대한 대답에서 의도했을 법한 정말 핵심적인 필요조건, 즉 적어도 상당히 설득력 있는 인과관계는 보여주지 못하는 것이 사실이다. 자로의 놀람이 바로 이런 연유였을 것이고, 그렇다면 공자 정명사상에 대한 명실론적 해석은 사실 자로의 정당한 의문에 공자가 충분히 대답하지 못한 것으로 만드는 위험이 있다. 자로의 놀람이 보여주는 것은 또한 이런 개념적 명료성을 강조하는 공자의 주장이 평소 개념적 명료성보다는 덕과 예의 정치를 강조하는 공자의 전체적 입장과 잘 조화를 이루지 못한다는 것이다.

명분론은 위의 명실론의 입장이 가진 난점을 극복하기 위해 제시된다. 그것은 명과 실을 각각 명분과 현실로 해석하고, 정명을 '명분을 바로 잡는 것'으로 해석하는 것이다. 명이 단순히 이름이 아니고, '이름에 함축된 일종의 책임과 의무'(role-specific obligations and duties) 즉 명분을 의미해야만, 정명이 의도하는 규범적 기능을 할 수 있으리라는 것이 이런 해석이 나온 이유이다. 문제는 그런 책임과 의무를 교정한다는 것, 즉 명분을 바로 잡는 것이 무슨 뜻인가 하는 것이다. 흔히들 공자는 이미 주대周代의 명분제도를 이상적인 것으로 받아들이고, 이러한 이상적 규범을 다시 끌어들여 그 당시의 정치적 혼란을 극복하려 하였다고 말하여 지는데, 그렇다면 이미 이상적으로 생각한 명분제도를 어떻게 교정할 수가 있는 것인가? 물론 주대의 명분제도를 이상으로 받아들였다고 해도, 그것이 그대로 묵수되는 것은 아니고 어느 정도 시대 상황

189 이러한 인식도 사실 의심해 볼 수 있다. 정확하게 말한다면, '개념적 명료성'이 무엇인지에 따라, 그것이 정치적 사회적 효과를 가져 오는 데 있어서 필요조건인지 아닌지가 정해질 것이다.

에 따른 변화를 인정하였다고 말할 수 있다. 따라서 공자는 결코 보수주의자가 아니라고 하여 명분의 교정을 공자사상의 주요 요소로 만들어 볼 수 있다. 하지만, 주대의 예제를 만든 주공에 대한 공자의 존경이나, 공자의 술이부작의 태도 등을 볼 때, 공자의 주안점은 전통의 고수에 가깝다고 보는 것이 타당하고, 이렇게 보았을 때, 공자가 정명이라는 주장으로 강하게 새로운 명분제도의 창안을 제안했을 것 같지는 않다. 그렇다면 공자의 '명분을 바로 잡는다'의 주장은 기본적으로는 급격한 명분의 변동을 의미한 것은 아니지만, 여하간 때에 따라 현실을 반영하여 명분의 변경을 허용한 것으로 보아야 할 것이다.

그런데, 여전히 명을 변경하는 것에 부담을 느껴, 공자의 정명 주장에서 교정되어야 할 대상은 명분이 아니라 그 명분대로 따라가지 못하는 현실로 보려는 해석이 있을 수 있다. 예컨대, 공자 당시의 정치현실이 제후는 천자에 대해, 대부는 제후에 대해 각각 월권을 행사한 상황이었기에 공자는 이런 상황을 타파하고자, 명분을 바로잡아야 한다는 주장을 했다고 한다면, 명분을 바로 잡는다는 것의 의미는 명분의 변경보다는 '명분대로 살기' 즉 '현실을 명분에 따라 개조하기'로 보아야 할 것이다. 이렇게 본다면, 유가 정명론에 대한 명분론적 해석은 적어도 명분을 바로잡는 정명이 아니라, 현실을 바로 잡는 정실의 의미가 강할 것이다. 이렇게 보면 정명은 '(명분대로 따름으로써) 명분을(명분처럼 만들어) 바로 잡는 것' 즉 "정명"으로 표현할 수 있고, 정명을 단순히 개념적 명료성 이상의 활동으로 읽어 낼 수도 있고, 정실(현실을 바로 잡는다)의 의미도 살릴 수 있게 된다. 정명을 일종의 실천적 지식으로 바라보는 것이다. 여기서 말하는 실천적 지식이란 행동을 함축하는 지식이다.[190] 그러나, 이런 명분론적 해석이 가진 어려움은 정명의 주장을 명분을 세우는 일 혹은 명분에 따르는 삶을 사는 것과 연결시키는 순간, 즉 도덕적 실천을 강조하는 주장으로 만드는 순간, 그것은 더 이상 새로울 것이 없는 일종의 도덕적 이론, 혹은 의례儀禮에 대한 이론이 되어 버린다는 점이다.[191] 다시 말해 주안점은 언어가 아니라, 그 언어에 따르는 '의무나 역할'(role-specific obligations and duties)일 터이기에, 정명론은 기껏해야 '언행일치의 이론'(지행합일의 이론)이나 '예禮의 실천을 강조하는 이론'[192]을 의미할 것이다. 정명론은 적어도 언어에 대한 이야기여야 할 텐데, 이러한 도덕이론이나 예론禮論에서는 언어가 사라져버리게 된다.

명실론의 언어 중시의 입장과 명분론의 도덕 중시의 입장이 가지는 각각의 난점을 극복하기 위하여 시도된 것이 핑가렛(H. Fingarette)의 수행론적 언어관에 입각한 정명론의 해석이다. 핑가렛은 오스틴(J. L. Austin)의 '언어의 수행적 기능'의 개념을 빌려, 정명론을 해석한다. 이에 따르면 언어는 단순히 사태를 기술하는 기능을 갖는 것만이 아니고, 또한 단순히 행동을 유도하는 것만도 아니며, 그 자체가 행동이다. 발화행위는 그 자체로 수행된 행위이다. 맹자가 희대의 폭군인 걸왕이

190 일찍이 『묵자』「비공」, 「귀의」에 개념적(명名) 지식과 실천적(취取) 지식의 구분이 있으니, 원시 유가에게서도 이런 구분이 알려졌으리라 생각한다. 에임스(Roger T. Ames)가 지知를 '구현'(realization)으로 번역한 것은 유가의 지식이 가진 이런 실천적 성격을 드러내려 한 것이다.

191 한센(Chad Hansen)은 '우리의 이름대로 살아갈 것을 요구하는 것'(requiring that we live up to our names)을 정명으로 보는 것이 정명에 대한 가장 대표적 오해라고 본다. Chad Hansen, *A Daoist Theory of Chinese Thought*, New York, 1995, 382n35.

192 Fingarette, *Confucius*, 11-14 참조.

나 주왕에 대한 시해를 임금을 죽인 "시弑"가 아니라, 범부를 죽인 "살殺"로 지칭한 것, 즉 그 지칭의 정명행위는 단순한 사실의 기술도, 혁명을 유도하는 것도 아닌, 바로 혁명 그 자체의 행동으로 보아야 한다.[193] 이는 예식장에서 주례가 '결혼성혼문'의 발화행위를 통해 결혼을 성립시키는 것과 같은 것이다. 이러한 해석은 기존의 언어를 중시하는 명실론적 해석이나, 도덕을 중시하는 명분론적 해석을 아울러 포괄하는 장점을 가지고 있다. 그러나 핑가렛의 수행론적 언어관에 입각한 해석은 예론의 바탕에서 진행되고 있다. 언어는 의식, 의례를 수행하는 본질적 행위라는 의미에서, '수행적 역할'을 갖는 것이다. 언어의 수행적 기능은 물리적 동작과 마찬가지로 구체적 의례 행동을 벗어나서 이해될 수 없다. 그러나 이렇게 우리의 언어가 물리적 동작과 마찬가지로 의례, 관습에 의존하는 것이라면, 공자는 왜 예가 정명을 위해 필요한 것이라고 하지 않고, 반대로 정명이 예악의 흥성에 앞서서 선결되어야 하는 것이라고 했을까? 다시 말해서 순자는 왜 명이 바르지 않으면 결국 예악이 흥성하지 않는다고 했지, 예악이 흥성하지 않으면 명이 바르지 않게 된다고 하지 않았을까? 즉 왜 의례의 체계를 세우는 것을 우선순위로 하지 않았을까? 핑가렛의 해석에서 도대체 '이름을 바르게 함'(정명)의 우선성은 어디서 확보될 수 있을까? 물론 우리는 예와 명의 관계를 단순히 논리적 선후관계로 보지 않을 수 있다. 정명이 예악의 흥성에 앞서서 이루어져야 한다고 했다고 해서, 정명이 반드시 예악 흥성의 필요조건일 필요는 없다. 역으로 예악의 흥성이 정명의 필요조건이 될

193 사실 엄격히 말하자면 이것은 혁명 그 자체는 아니다. 당시의 사람들이 맹자와 같은 명명행위를 했다면 혁명에 참여한 것이라 할 수 있지만, 맹자는 당시의 사람이 아니므로 맹자의 명명행위는 역사가의 기술행위라 할 수 있다.

수도 있을 것이다. 다시 말해 정명과 예악의 흥성은 필요충분조건을 의미하는 동치의 의미일 수 있는 것이다. 그러나 그렇게 되면 앞서 명분론적 해석의 난점처럼, 정명은 도덕이론이나 예론과 구분되기 힘들 것이다.

에임스(Roger T. Ames)는 핑가렛의 수행론적 언어이론에 입각한 정명론의 해석을 받아들이면서, 동시에 내재론적 정명론의 해석을 제시한다. 그것은 언어와 예의 사이의 상호 의존 관계는 물론이고, 명분과 실재, 혹은 이름과 대상 사이의 상호 의존관계를 강조하는 것이다. 풍우란 이래로 정명론은 '이름의 교정'(the rectification of names)으로 이해되어 왔다. 물론 밴 노던처럼 '사실의 교정'(the rectification of things)이라는 의미도 가능하다고 주장한 사람도 있었지만, 대세는 '이름의 교정' 이었던 것이다. 하여간 그것의 목적어가 무엇이든 간에 더 중요한 것은 '무엇'에 해당하는 목적어가 아니라, 교정이라는 동사에 있다. 이 교정이라는 말이 함유하는 것은 어떤 기준에 따른 교정일 것이다. '명의 교정'은 아마도 '실'의 기준에 맞추어 이루어질 것이고, '실의 교정'은 아마도 '명'의 기준에 맞추어 이루어질 것이다. 에임스는 이런 '교정'의 사고를 '초월적 사고'(transcendent thinking)라고 하고 이를 내재성을 강조하는 아시아의 '내재적 사고'(immanent thinking)와 대비하여 서구의 특징적 사고형태라고 주장한다. 초월적 사고란 말로 에임스는 다음과 같은 엄격한 정의를 시도한다:

> 하나의 원리 A가 B에 대해 초월적이 되는 것은 A 원리가 없이는 B의 의미가 충분히 분석되어지거나 설명되어질 수 없고, 그 반

대는 가능하지 않았을 때이다.[194]

에임스는 이런 환원적 사고방식을 초월적 사고방식이라고 하고, 이런 환원적 사고방식과 상반되는 사고로 '상관적 사고'를 제시한다. 즉 A와 B가 각각의 의미를 해명하는 데 있어 서로서로 의지하는 관계를 '상관적 사고'라고 하고, 이를 아시아 특히 공자의 중심적 사유방식으로 규정한다. 이에 따르면 정명론은 'the rectification of names'로 번역되지 말고 'the ordering of names'로 번역되어야 한다. 정명은 명에 대한 '교정'이 아니라 '조정'이 되어야 한다. 그 이유는 명이나 실이 독립적 기준의 역할을 하지 못하고 어디까지나 상호의존의 역할을 하기 때문이다.

나는 핑거렛이나 에임스의 해석이 풍우란에 의해 시도된 정명론의 해석보다 훨씬 역동적이고, 유동적이라고 생각한다. 이것이 보다 풍부하게 정명론의 이론적 맥락을 잘 보여준다고 생각한다. 아니 사실은 훨씬 더 유연하게 정명론을 해석함으로써 풍우란의 정명론이 가진 폭력적, 억압적, 위계질서적 정치질서의 제창이라는 측면을 불식시킨다고 본다. 내가 보기에 정명론이 지향하는 명실일치는 잘못하면 기존의 질서를 고착시키는 반동적 사상이 될 가능성이 농후하다. 공자사상이 가지는 복고주의, 전통주의는 자칫하면 변화와 개혁을 거부하는 걸림돌이 될 수 있다. 그렇다고 복고주의, 전통주의를 공자와 상관없는 것이라고 배제시킬 수는 없다. 우리가 취할 수 있는 것은 적절하게 공자의 복고주의와 전통주의를 살려주면서도 그것이 가질 수 있는 위험을 충분히 경각시키는 방식으로 공자의 사상 특히 정명론을 해석해야 한다

194 David L. Hall and Roger T. Ames, *Thinking Through Confucius*, Albany: State University of New York Press, 1987, 13쪽.

는 것이다.

이러한 핑거렛과 에임스 해석의 핵심은 정명론이 목표로 삼는 명실일치에 대한 새로운 해석을 통해 평가해 볼 수 있다. 그것은 정명론이 그리는 목표는 '명실일치'의 그 순간이 아니라, '명실일치에로 나아가는 과정'이어야 한다는 것이다. 정명론은 일단 명실일치를 지향하는데, 이는 명실 불일치의 상황을 그 배경으로 한다. 정명론이 명실일치를 지향한다고 해서, 그 지향점이 반드시 종착점일 필요는 없다. 그것은 그야말로 임시적 목표이고, 또한 결코 안주해서는 안 되는 목표이다. 왜냐하면 명과 실은 에임스와 핑거렛의 해석이 보여주는 것처럼, 끊임없이 변하기 때문이다. 명과 실은 서로를 변화시키기에 고정된 것일 수 없다. 이렇게 보자면, 명실일치는 결코 이룩할 수 없는 것일 뿐만 아니라, 이룩되어서는 안 되는 것이다. 명실일치가 이룩되는 순간 어떤 의미에서 그것은 고착된 질서를 상징한다. 현실에의 안주라는 측면이 있다. 흔히 명실 불일치는 바람직하지 않은 것, 극복되어야 될 것으로 상정되는데, 사실은 그 반대로 긍정적인 측면을 지닌다. 그것은 오히려 명실일치의 상황이 가져다주는 폐쇄성, 절대성을 벗어나게 해준다. 혼란이 사실은 가장 창조적이라는 것은 제자백가의 사상이 잘 보여준다. 따라서 정명론을 통해 우리가 지향해야 되는 것은 완벽한 명실일치의 상황이 아니라, 늘 명과 실의 변화성을 인정하고, 그것들의 균형을 유지하려는 열린 태도이다. 칸트가 지적하였듯이, 신이나 물체에게 자유의지나 규범성은 존재하지 않는다. 다르게 될 가능성이 있는 인간에게만 자유의지도 규범성도 존재한다. 우리가 목표로 하는 것은 결코 변화가 불가능한 신이나 물체가 아니다. 니비슨은 우리에게 언행 불일치가 있기에, 우리의 믿음과 행동에 갭이 있기에, 역설적으로 우리에게는 변화의 여지가 있다고 주장한다. 아크라시아(의지부족)의 현상이 불가능하다면 즉 우리가 안다고 하는 것 혹은 참이라고 믿고 있는 것을 늘 그대로 실천한다면, 우리에게는 전혀 개선과 발전의 여지가 없는 것이다. 이런 입장을 강조하는 사람들은 정치철학의 차원에서는 옳고 그름의 문제가 중요한 것이 아니라, 얼마나 일관되고 지속적으로 창조적일 수 있느냐가 더 중요하다고 생각한다. 정명론의 목표인 명실일치를 최종적 종착점으로 생각해서는 안 된다는 결론에 도달하게 만든 동력이다. 그들이 보기에는 얼마나 다양한 이론과 입장에 대해 창조적으로 대응해 갈 수 있느냐가 정치철학 이론의 주요 목표가 되어야 한다. 그런 점에서 그들은 열려있는 구조(open structure)로서 당사자들의 끊임없는 합의와 탐구의 과정을 통해 현 상황을 개선하려는 활동을 강조하고, 바로 이러한 민주적 합의 과정이 정명론의 활동이고, 바로 이것이 정명론의 정치철학적 의의가 되어야 한다고 생각한다. 다시 말해 정명론이 정치철학적 긍정적 의의가 있다면 그것은 이런 열린 담화 상황을 지향하는 구조에 있다고 보는 것이다.

이와는 다르게 정치철학에 있어서도 진리의 추구는 훼손될 수 없다고 볼 수도 있다는 관점에서 기존의 학자들의 견해를 평가해 볼 수 있다. 이런 관점에서는 풍우란의 절대적 기준으로서의 본질추구가 지나친 것은 있지만, 적어도 객관적 진리를 위한 시도를 한 점에서 주목되어야 한다고 볼 수 있다. 풍우란을 비판하면서 나온 에임스의 정명론 해석은 풍우란의 절대주의적 해석을 지나치게 의식한 나머지 상대주의적 관점으로 정명론을 해석하였다. 다시 말해 명의 절대적 기준이 존재하지 않고, 어디까지나 '명과 실의 상호 조정'으로 명과 실의 통합을 말하였는데, 이것은 명이 객관적 기준을 해야 한다는 정명론의 기본 관점을 부인하는 것처럼 보인다. 다시 말해, 정명론을 해석함에 있어서 절대적 기준은 포기할 수 있지만, 객관적 기준은 포기되지 말아야 한다는 것인데, 에임스의 해석은 이런 점이 부족한 것이다. 이런 점에서 우리가 주목하는 것은 쿠아(A. S. Cua)의 '도덕적 이념'의 추구로서의 정명의 과정 해석과, 김영건/남경희 등에게서 보이는 '원규범' 혹은 '존재당위규칙'의 확보과정으로서의 정명의 해석이다. 쿠아나 김영건 등에서 보이는 것은 명과 실의 상관성이 아니라, 명의 우선성이다. 다시 말해서 에임스의 해석처럼, 상황에 따라서 어느 때는 명이, 또 어느 때는 실이 그 기준의 역할을 하는 것이 아니라, 항상 명이 실에 앞서서 기준으로 작용해야 한다는 것이 정명 주장의 핵심으로 보아야 한다는 것이다. 유가의 전통은 늘 명의 우선성을 말하고 있다. 이 점에서 적어도 풍우란은 그 결함에도 불구하고, 주목되어야 하는 이유가 있는 것이다.

2. 공손룡의 지성적 덕

명가와 후기묵가의 명학은 명名으로 실實을 가리키는 지칭의 문제, 즉 의미론의 문제를 다루고 있다. 명가나 후기묵가가 이런 문제를 다루기 시작한 것은 앞서 말했듯이 명가나 후기묵가가 제시한 겸애의 윤리적 학설에서 겸 즉 보편성이나 전체성의 문제에서 기인하는 역설들을 심각하게 생각했기 때문이다. 이런 가운데, 명가나 후기묵가의 사람들이 부분과 전체에 해당하는 체體와 겸兼의 관계에 관심을 기울이고, 또한 단명單名과 겸명兼名(복명復名)의 언어적 표현[195]이 가리키는 것이 무엇인가에 대해서도 논의하게 된 것은 자연스럽다. 왜냐하면 그들의 세계관이 개별자/보편자, 원소/집합이라기보다는 부분/전체[196]에 가까운 것이고, 그들은 우리의 언어를 주로 '명名'이나 '명의 연쇄'인 '사辭'의 단위로 말했기 때문이다. 공손룡 주장의 핵심이라고 여겨온 백마론과 지물론도 이런 언어적 표현의 의미론적 문제의식 하에서 일차적으로 이해되어야 한다. 흔히 백마론과 지물론은 백마白馬나 마馬, 지指와 물物과 같은 개념의 존재론적 위격을 다루는 글로 이해되었고, 이런 점에서 공손룡에게 보편자 실재론, 플라톤적 추상 실재론, 혹은 보편 속성론과 같은 존재론이 부여되었던 것이다. 예컨대 마馬는 색을 가진 실제의 구체적 마馬를 가리키는 것이 아니고, 색을 배제한 마 즉 보편자 마를 가리키는 것으로 이해되었던 것이다. 물物은 이런 보편자 중에서도 가장 최상의 보편자라고 할 수 있다. 그러나 '백마는 마가 아니다'라는 백마론의 주장에서 말하려는 것이 (개별적) 백마와 (보편적) 마와 같은 대상들의 존재론적 위격이 다르다라고 할 수도 있지만, 그것보다는 "마馬"라는 단명과 "백마白馬"라는 겸명이 가리키는 것이 다르다를 의미하는 것으로 볼 수도 있다. 다시 말해서 형이상학으로서보다는 언어 의미론적 측면에서 해명되어질 것이 많다는 것이다. 형이상학적 논의가 거의

195 단명單名은 "마馬"와 같이 한 글자로 이루어진 이름이고, 겸명兼名은 "백마白馬"나 "견백堅白"처럼 2개 이상의 글자로 이루어진 이름이다. 겸명은 복명復名으로도 불린다.

196 한센(Chad Hansen)의 물질명사가설(The Mass-Noun Hypothesis)이 이를 강조한다.

없는 고대 중국의 지성계에서 공손룡만 보편자 존재론을 이야기했다는 것은 그렇게 설득적이지 않다. 오히려 다른 명가들이나 다른 사상가들이 관심을 기울였던 언어적 표현의 지칭문제를 다루었다고 하는 것이 더 자연스럽다. 이는 지물론의 핵심적 문장이 "물막비지物莫非指 이지비지而指非指"(사물은 지칭되지 않음이 없다. 그런데 지칭은 지칭되지 않는다)로 바로 지칭의 문제를 다루고 있는 데에 비추어 볼 때, 상당한 타당성이 있음을 부인할 수 없다.

공손룡의 백마비마를 언어지칭론의 입장에서 바라보면 이것은 기본적으로 "백마"라는 겸명과 "마"라는 단명의 지칭범위의 관계를 다루는 것이 된다. 기본적으로 공손룡은 "백"이나 "마"와 같은 단명이 지칭하는 것은 분명하다고 보았다. "백"은 색을 지칭하고, "마"는 형태를 지칭하는 것이다. 그런데 "백마"가 가리키는 것은 무엇인가? 그것은 색과 형태의 합집합을 가리키는 것인지, 혹은 색과 형태의 교집합을 가리키는 것인지 불분명하다. 여하간 공손룡의 생각으로는 "백마"의 표현이 "백"과도 다르고 "마"와도 다르니, "백마" 같은 겸명의 지칭체는 "백"이나 "마"와 같은 단명의 지칭체와는 달라야 하지 않겠느냐는 것이다. 이것이 "백마비마"(즉 백마는 마가 아니다)의 의미이다. 우리는 물론 공손룡의 논쟁자가 주장하는 것처럼 백마가 있는 것을 보고, "마가 있다"고 말할 수 있다. 그런 점에서 공손룡은 상대편이 주장하듯이 우리는 "백마마야"(백마는 마이다)라고 말할 수 있음을 인정한다.[197] 이 점에서 "백

197 이 입장은 기존의 해석에서는 공손룡의 논적의 입장이라고 말해졌으나, 나는 이것이 공손룡도 받아들이는 상식적 입장이라고 해석한다. 공손룡은 이런 상식적 입장을 받아들이면서도, 또한 다른 입장도 받아들일 수 있지 않은가 말하고 있는 것이다. 기존의 해석에서도 공손룡과 공손룡의 논적의 입장이 각각 비동일성

마비마"는 그저 하나의 가능성의 차원에서 말한 것이다.[198] 공손룡의 논쟁자가 백마가 있는 것을 보고, "마가 있다"고 할 수 있는 상황, 즉 "백마"의 지칭체와 "마"의 지칭체가 같은 상황을 생각했다면 공손룡은 다른 상황, 즉 예컨대, 마구간에 가서 "백마를 가져오라"고 요구하면 흑마나 황마를 가져올 수 없지만, "마를 가져오라"고 요구하면 백마, 흑마, 황마 어느 마나 다 가져올 수 있는 상황을 생각한다. 후자의 상황이 가능한 것은 백마도 마이고, 흑마도 마이고, 황마도 마이기 때문이다. 이 경우에는 "백마"의 지칭체와 "마"의 지칭체가 다른 것이다. "백마"의 지칭체는 "마"의 지칭체의 부분에 불과한 것이다. 우리는 위의 두 가지 상황에서 부분과 전체의 관계는 때로는 부분이 전체를 다 가리키는 경우(동일성의 관계)도 있지만, 때로는 부분은 그저 전체의 일부분일 경우(포함의 관계)도 있음을 알 수 있다. 이는 마치 현대 영어에서도 "is"라는 동사가 때로는 동일성을 가리킬 때도 있고, 때로는 포섭성을 가리킬 경우도 있는 것과 유사하다.

또한 흥미로운 것은 백마비마를 옹호하기 위해서 사용한 논리방식 중의 하나가 귀류법[199]이라는 점이다. 즉 만약 백마가 마라면 백마를 원하는 것은 흑마나 황마를 원하는 것과 같을 것인데, 실제로는 오직 백

의 주장과 포섭성의 주장이라고 하는데, 굳이 이 둘을 대적되는 입장이라고 볼 필요가 있는가? 굳이 이것을 공손룡과 공손룡의 논적이 상대를 오해한 것이라고 해석할 필요가 있는가?

198 원문에 "백마가 마가 아니라고 하는데, 그것이 가능한가? 가능하다" (「白馬非馬, 可乎?」 曰: 「可.」)가 이를 시사한다.

199 흔히들 reductio ad absurdum이라고 불리는 귀류법歸謬法이란 원래 정당화하려고 하는 어떤 명제의 부정을 가정하고 이로부터 불합리한 결론을 도출함으로써, 가정된 명제가 거짓이고, 따라서 원래의 정당화하려는 명제가 참임을 보여주는 간접 논증방식이다.

마만을 원하지 흑마나 황마를 원하는 것은 아닐 수 있기에 백마는 마가 아니라는 것이다.[200] 또 다른 것은 이른바 공손룡의 논쟁자가 사용한 것으로 마가 색채를 가지고 있다는 것으로 마가 아니라고 여긴다면 세상에 마가 없어야 한다. 왜냐하면 세상에 색이 없는 마는 없기 때문이다와 같이 사용되었다.

좀 더 공손룡의 백마주장에서 사용된 논증을 살펴보자. 먼저 백마는 마가 아니다라는 주장의 근거는 "백"과 "마"가 다르다는 것이다. 공손룡은 다음과 같이 말한다:

> "마馬"는 형태를 명명한 것이다. "백白"은 색채를 명명한 것이다. 색채를 명명한 것은 형태를 명명한 것이 아니다. 그러므로 백마가 마가 아니라고 한 것이다. (馬者, 所以命形也. 白者, 所以命色也. 命色者, 非命形也, 故曰白馬非馬.)

위의 구절에서 공손룡은 단지 "마"와 "백"의 차이만을 말했는데, 결론에서는 "백마비마"라고 한다. 이것은 얼핏 약간의 논리적 비약이 있다고 생각할 수 있다. 논리적 비약 없이 이런 결론이 가능하기 위해서는 숨겨진 전제를 이해해야 하는데, 그것은 예컨대, A와 B가 각각 단명을 가리킨다고 할 때, "AB~B"(AB는 B가 아니다) 의 표현의 이해와 연결되어 있다. 고전 중국어에서 AB의 겸명은 A와 B의 결합이므로, ~A(AB의 B가 ~A이므로)로도 표현할 수 있고, ~B(AB의 A가 ~B이므로)로도 표현할 수 있다. 따라서 이런 숨겨진 전제를 받아들이면, A가 B가 아니다라는 전제만 가지고도, AB~B의 결론을 이끌 수 있다. 후기묵가

200 Bryan W. Van Norden, *Introduction to Classical Chinese Philosophy*, Indianapolis: Hackett Publishing Company, Inc., 2011, 108.

의 표현을 사용하면, 우비마牛非馬(우는 마가 아니다)로부터 우마비마牛馬非馬(우마는 마가 아니다)를 끌어내는 것과 같은 이유이다. 우마牛馬의 한 부분인 우牛가 비마非馬인 사실로부터 우마비마라는 것이 성립될 수 있다는 것이다. 우마는 우(즉 비마)와 마로 이루어져 있으니 당연히 그것을 비마라고 부를 수도 있다는 것이다.(물론 같은 논리로 우마우야牛馬牛也도 가능할 것이다. 그러므로 이런 경우는 공손룡에게서 "우마비마" 뿐만 아니라 "우마마야"와 같이 상호 모순적으로 보이는 두 진술들이 성립 가능하다는 결론이 나온다). 만약 이러한 추론에 입각해서 공손룡이 백마비마를 이야기 한 것이라면, 후기묵가(혹은 공손룡의 논쟁자)와 공손룡의 실제적 차이는 거의 낼 수가 없을 것이다. 단지 후기묵가는 같음의 차원을, 공손룡은 다름의 차원을 말했다고 할 수 있을 뿐이다. 그런데 백마론의 다른 구절은 또 다른 해석을 요구한다. 이 구절은 앞서 공손룡이 귀류법을 사용한 것과 관련이 있는 것이다.

> 논쟁자: 마가 색色을 가지고 있다는 것으로 마가 아니라고 여기는데, 세상에 색이 없는 마는 없다. (그렇다면) 세상에 마가 없다고 여기는 것이 가능한가? (日:「以馬之有色爲非馬, 天下非有無色之馬也. 天下無馬, 可乎?」)
>
> 공손룡: 마에는 본래 색채가 있다고 여기므로 백마가 있다고 한다. 만약 마에 색이 없다면 마가 있을 뿐이다. 어디에서 백마를 취하겠는가? 그러므로 백은 마가 아니다. 백마는 마와 백이다. 즉 마와 백마이다. 그러므로 백마는 마가 아니다라고 한다. (日:「馬固有色, 故有白馬. 使馬無色, 有馬如已耳, 安取白馬? 故白者非馬也. 白馬者, 馬與白也;馬與白馬也, 故日:白馬非馬也.」)[201]

201 『공손룡자』「백마론」.

바로 이 지점이 풍우란이 공손룡에게서 보편자 존재론을 확인했다고 말하는 지점이다. 즉 세상에는 색이 없는 마가 없는데, 공손룡이 여기서 색이 없는 마는 '마 자체'(마여이馬如已)만 있을 뿐 이라고 말했다는 것이다. 이 '마 자체'가 마의 공상共相 즉 보편자를 말하는 것이라고 풍우란은 해석하는 것이다. 또한 「백마론」의 뒤이어 나오는 부분에서 공손룡은 '대상에 고정되지 않은 백'(불정소백不定所白)과 '대상에 고정된 백'(정소백定所白)을 구분하고 있다. 바로 이 점에 주목해서 풍우란을 비롯한 많은 철학자들은 공손룡이 보편자 존재론을 여기서 제시하고 있다고 주장하였다. 백이라는 속성이 마를 벗어나서 존재할 수 있다고 믿은 점에서 백이라는 보편자의 존재를 주장한 것으로 볼 수 있다는 것이다. 그러나 굳이 이런 보편자나 공상의 세계가 현실세계와 별도로 존재하는 것이라고 말할 필요가 없고, 그저 개념적으로 우리가 백이나 마를 독자적으로 생각할 수 있다는 정도로도 이 구절을 해석할 수 있겠다. 그렇다면 백마비마는 백마의 개념과 마의 개념이 다르다는 것의 차원에서도 얼마든지 성립하는 주장이라고 할 수 있다.

백마비마는 기본적으로 동태적으로 이해를 해야 한다. 이런 맥락에서 본다면, 공손룡이 견백론과 백마론에서 각각 '견'과 '백'이 떨어지고, 그리고 '백마'가 '마'가 아니라고 한 까닭은 그들 즉 '견'과 '백', '백마'와 '마'가 존재론적으로 유類를 달리한다(다른 방식으로 존재한다)는 것으로 단순히 표현될 수 없다. 또한 "견"과 "백", "백마"와 "마"의 언어적 표현의 쓰임이 다르다거나, '견'과 '백', '백마'와 '마' 간의 개념이 다르다는 식으로 해석될 수도 없다. 또한 공손룡의 논쟁자나 후기묵가가 공손룡의 주장들을 비판한 이유도 '백마'와 '마'의 함축관계, 다시 말해 '백마'와 '마' 사이는 개념적 함축관계가 있는데, 공손룡은 이것을 소홀히 했다는 식으로 말해질 수도 없다. 이런 것들은 지나치게 정태적 의미론에 입각해 있기 때문이다. 공손룡과 후기묵가의 문제의식을 이해하기 위해서는 구체적 발화상황에서의 발화자의 의도에 주의를 기울이는 좀 더 화용론적인 상황을 생각해야 할 것 같다. 백마를 "마"로 부를 수 있는 상황, 견백석을 때로는 "견堅"으로, 혹은 때로는 "백白"으로, 나아가 심지어 "물物"로 부를 수 있는 상황을 생각해보아야 한다. 우마비마牛馬非馬의 명제도 특정한 소나 말의 집합을 "우마牛馬"로 부르기도 하고, 때로는 그 중의 우牛가 마가 아니기에 "비마非馬"라고 부를 수도 있는 상황, 나아가 그 중의 마가 우가 아니기에 "비우非牛"라고 불릴 수도 있는 상황을 고려해 보아야, 그리고 그 상황들 속에서 발화자가 가리키려고 하는 것을 고려해 보아야, 공손룡과 후기묵가의 유類 개념, 나아가 그들의 작업 혹은 그들 간의 대화를 이해할 수 있다.

내가 보기에 이러한 위의 해석들은 공손룡과 공손룡의 논쟁자가 꼭 충돌할 필요가 없다고 본다. 다시 말해, 공손룡은 논쟁자와 상이한 입장을 가진 것이 아니고, 논쟁자가 미처 보지 못했던 부분을 지적하여 논쟁자의 입장을 확장시키는 것이다.

3. 혜시의 지성적 덕

혜시의 역물십사歷物十事는 『장자』「천하」편에 나타나는 10개의 주장을 가리킨다. 이는 혜시의 명학사상을 가장 잘 드러내주는 주장이라

고 할 수 있다:

⑴ 지극히 큰 것은 밖이 없으니 대일大一이라 하고, 지극히 작은 것은 안이 없으니 소일小一이라 한다. [至大无外, 謂之大一; 至小无內, 謂之小一.]

⑵ 두께가 없는 것은 쌓을 수 없지만 그 크기는 천리이다. [无厚, 不可積也, 其大千里.]

⑶ 하늘은 땅과 더불어 낮으며, 산은 택지(못)와 더불어 평평하다. [天與地卑, 山與澤平.]

⑷ 태양은 중천에 이르자마자 기울고, 사물은 생기자마자 죽어간다. [日方中方睨, 物方生方死.]

⑸ 크게 같으면서도, 조금씩 같은 것과 다른 것을 일러 소동이小同異라 하고, 만물이 완전히 같으면서도 완전히 다른 것을 일러 대동이大同異라 한다. [大同而與小同異, 此之謂小同異; 萬物畢同畢異, 此之謂大同異.]

⑹ 남쪽은 끝이 없으면서도 끝이 있다. [南方无窮而有窮.]

⑺ 오늘 월나라에 갔다가 어제 왔다. [今日適越而昔來.]

⑻ 연결된 고리는 풀 수 있다. [連環可解也.]

⑼ 나는 천하의 중앙을 아는데, 연나라의 북쪽과 월나라의 남쪽이다. [我知天下之中央, 燕之北越之南是也.]

⑽ 만물을 두루 사랑하라. 천지는 일체(이기 때문)이다. [氾愛萬物, 天地一體也.]

이 혜시십사(혜시의 10개의 주장)의 해석은 대체로 앞선 아홉 개의 주장과 마지막 주장의 두 부분으로 구성되어 있는 것으로 해석한다. 이렇게 보는 이유는 아마도 앞선 아홉 개의 주장과는 달리 마지막 주장이 역설이라기보다는 중국 전통에서 흔히 보이는 범애汎愛의 윤리적 명령이나 만물일체萬物一體의 형이상학적 주장으로 보이기 때문이다. 이 상식적인 윤리적 주장 내지 형이상학적 주장이 다른 아홉 개의 역설적 주장과 어떻게 연결되는지가 혜시의 명학사상을 이해하는 관건으로 여겨져 왔다. 그러나 열 번째의 주장도 그 해석이 간단하지 않다.

(10) 만물을 두루 사랑하라. 천지는 일체(이기 때문)이다. [氾愛萬物, 天地一體也.]

이 마지막 주장은 '만물을 두루 사랑하라 왜냐하면 천지는 일체이기 때문이다'라고 해석할 수도 있고, '만물을 두루 사랑하라 그러면 천지는 일체가 된다'라고 해석할 수도 있다. 전자는 혜시의 만물일체 사상이 나머지 아홉개의 역설적 주장으로부터 도출되어 나온다고 생각하고, 이런 만물일체 사상이 모든 만물을 두루 사랑해야 한다는 당위적 주장의 근거로서 작동한다고 주장한다. 후자는 만물을 두루 사랑하라는 주장은 일종의 권유이고, 이러한 권유를 따르는 행위로부터 만물일체가 실현된다라고 본다. 다시 말해 만물일체 주장은 어떤 이론적 분석으로부터 오는 것이 아니고 실천을 통해 완성된다는 것이다. 앞선 9개의 역설적 주장으로부터 나오는 것이 아니고, 만물을 두루 사랑함으로써 우리가 갖게 되는 관점을 나타낸다는 것이다.

나는 혜시십사를 9개의 전제와 1개의 결론으로 보지 않고,[202] 10개

202 예컨대 그레이엄은 앞의 9명제는 분해하면 모순에 빠진다는 명제들이고, 혜시는 이들로부터 10번째 명제, 즉 이 세계는 분해할 수 없는 하나의 몸이라는 주장을 이끌어냈다고 한다.

의 명제가 똑같이 관점에 따른 차이만을 갖게되는 만물일체의 사상을 전하고 있다고 생각한다. 맨 마지막의 '천지일체天地一體'(천지는 한 몸이다) 뿐만 아니라, 이전의 9개의 주장들이 모두 모든 개별자나 현상들이 관점에 따라 하나의 체體로 묶일 수 있다는 생각을 표현하고 있다고 본다.

이렇게 보았을 때, 공손룡의 기본적 관점으로 말해지는 '이견백'(견과 백의 분리)이 꼭 공손룡의 입장을 백프로 보여주는 것이 아니듯이, 흔히들 혜시의 기본적 관점으로 말해지는 '합동이' 즉 다름 속에서 같음을 찾는 것도 이 혜시십사를 완벽히 포괄하고 있지 않다는 것이다. 아마 기껏해야, 위의 십사 중에서 (1), (5) 정도만이 합동이를 나타낼 수 있다.[203] 우리는 차이를 없애는 합동이의 입장뿐이 아니고, 차이를 드러내는 이른바 공손룡의 이견백의 입장도 혜시의 주장 가운데에서 발견할 수 있다.

차례대로 혜시십사의 내용을 살펴보자:

> (1) 지극히 큰 것은 밖이 없으니 대일大一이라 하고, 지극히 작은 것은 안이 없으니 소일小一이라 한다. [至大无外, 謂之大一; 至小无內, 謂之小一.]

풍우란은 이 명제를 해석함에 있어서, 이 명제는 다른 명제와는 다른 분석적 명제라고 한다. 이 명제는 분석명제이기에 다시 말해, 이것은 개념 간의 관계에 대해 말하기에, 우리의 경험세계에 대해 말하는

203 이강수에 따르면, (5)는 합동이를 나타낸다고 하지만, (5)는 사실상 합의 관점만이 아니고, 이의 관점도 주장한다. 이강수, 『중국고대철학의 이해』, 지식산업사, 203 참조.

타 명제들과는 달리 항상 참인 명제라고 한다. 나머지 명제들은 그 진위가 의심스럽거나, 혹은 그 진위가 상대적인 반면 이것의 진위는 절대적인 것이라고 한다. 혹은 지대나 대일은 가장 큰 것이고, 지소나 소일은 가장 작은 것인데, 그 밖의 것들은 이 둘 사이에 있고, 상대적인 가치를 지닌 것이라고 한다. 어떤 방식으로든지 한마디로 혜시는 가장 큰 것과 가장 작은 것을 개념적으로 상정해 놓고, 즉 절대적인 것을 상정해 놓고, 이것들에 비추어서 다른 것들이 상대적임을 혜시십사를 통해 주장한다는 것이다.

그러나 이렇게 보면, 벌써 혜시도 상이한 개념들에 대해 말하는 것이므로, 개념적 차이를 주장한 것으로 보이는 공손룡의 입장과 중복되고 있다. 내가 보기에 혜시의 역물십사는 부분과 전체의 역설적 관계를 말한 것이다. 우리는 전체가 부분들로 이루어짐을 안다. 그런데, 이 부분은 무한히 분할될 수가 있을 것이다. 바로 이 무한히 분할되어서 더 이상 분할될 수 없는 것이 지소나 소일이 될 것이다. 또한 우리는 부분이 쌓여져서 전체가 이루어진다고 생각한다. 하지만 이것도 무한히 쌓여져서 더 이상 밖이 없는 것을 상정할 수가 있을 것이고, 이것을 지대나 대일로 볼 수 있을 것이다. 그런데 문제는 이런 지대나 지소, 대일과 소일이 끝없는 무한의 개념을 내포하고 있다는 데 있다. 이런 무한의 관점에서 보자면, 전체는 부분을 쌓아서 구성되지만, 부분을 아무리 모아도 전체를 이루지는 못하는 결과가 온다. 지대나 지소, 대일과 소일은 무한대와 무한소로 볼 수 있고, 그것을 대일과 소일로 부르는 이유는 그것들도 보통의 상대적 사물처럼 하나로 묶을 수 있다고 보았기 때문이다. 일은 기본적으로 하나로 묶는 것인데, 우리는 어떤 사물이든지 우리의 특정 관점을 통해 하나로 만들 수 있다. 이런 관점으로 우리는 더 이상 쪼갤 수 없는 아주 미세한 입자도 하나로 볼 수 있고, 모든 것을 포괄하는 무한한 우주 전체도 하나로 볼 수 있다는 것을 이 첫째 명제가 주장하는 것이다[204]

(2) 두께가 없는 것은 쌓을 수 없지만 그 크기는 천리이다. [无厚, 不可積也, 其大千里.]

무후는 분할할 수 없는 것 그리고 묶어 맬 수 없는 것으로 앞서 말한 지소至小나 소일小一이다. 여기서 하나의 또 다른 특성이 말해진다. 그것은 천리를 구성하는 것이지만, 쌓을 수가 없다. 무한소이기 때문이다. 이것을 풍우란을 포함한 많은 학자들은 기하학의 면(sides)에 대한 명제로 이해했다. 면은 두께가 없지만, 길이나 면적이 있다. 두께가 없는 것이기 때문에 쌓을 수는 없지만, 하지만 그 면의 길이나 면적은 천리나 될 수 있다는 것이다. 하지만 왜 우리가 갑자기 면과 같은 기하학의 용어를 도입해야 하는가? 물론『묵경』에서 원이나 혹은 사면체에 대한 정의가 나오지만, 앞서 말했듯이 그것들은 다분히 곱자나 콤퍼스와 같은 측정 기기들과 관련된 기술적 용어들이지, 점, 선, 면, 체적과 같은 기하학적 개념들이라고 볼 필요는 없을 것 같다. 무후는 천리를 잴

204 사마표는 흥미롭게도 "밖이 없기에 하나로 만들 수(밖에?) 없고, 안이 없기에 나눌 수 없는 까닭에 하나라고 이른다"라고 하였다. 아마도 그에게 하나는 그것을 넘어 설 수 없을 정도로 크든지, 더 이상 나눌 수 없을 정도로 작든지의 것에만 부칠 수 있는 개념인 듯하다. 즉 무한대나 무한소만이 진정으로 하나라고 할 수 있는 것이라고 파악했던 것 같다. 그러나 나는 하나를 이렇게 협소하게 사용할 필요는 없다고 본다. 陸德明,『經典釋文』「莊子音義」, "司馬云, 無外不可一, 無內不可分, 故謂之一也."

수 있는 척尺(자)의 시작점을 의미하는 것으로 보는 것이 보다 자연스러울 것이다. 사마표는 무후無厚를 무無로 해석하고, 이것은 결국 형체를 가진 유有와 표리의 관계로, 결국 무후와 면적이 있는 것은 분리될 수 없는 하나일 수밖에 없다고 주장하는 것으로 보았다.[205] 그러나 이러한 해석은 사마표 자신이 앞에서 지소, 지대를 각각 하나로 보았던 해석과 잘 맞지 않는 것 같다.

⑶ 하늘은 땅과 더불어 낮으며, 산은 택지와 더불어 평평하다. [天與地卑, 山與澤平.]

이 명제는 우리의 경험적 인식이나, 특정한 현상의 사실을 가리키는 것으로 해석되어 왔다. 예컨대, 먼 곳의 하늘과 땅은 거의 맞닿아 있는 것처럼 보이고, 어떤 고지대의 못은 저지대의 산보다 높기도 하다는 것이다. 이 해석은 이 명제를 특정 사실에 기반을 둔 경험적 명제로 보는 것이다. 양경楊倞의 다음과 같은 해석도 하늘과 땅이 맞닿아 있는 점에 기반을 둔 경험적 해석이다.

> 하늘은 실질적인 형체가 없어서 땅의 위로 텅 빈 것이 모두 다 하늘이다. 이것은 하늘은 (땅과) 오래토록 가까이 붙어있으면서 서로 따른다는 것이니, 하늘은 높고 땅은 낮다는 차이가 없다. 높은 산에서는 하늘도 높고, 깊은 물에서는 하늘도 낮다. 그러므로 하늘과 땅은 가지런하다.[206]

---

205 陸德明, 『經典釋文』「莊子音義」, “司馬云, 物言形爲有, 形之外爲無, 無形與有相爲表裏, 故形物之厚盡於無厚, 無厚與有同一體也.” (사마표가 말하기를 사물은 형을 말하는 것이 유이고, 형의 바깥이 무이다. 무형과 유는 서로 표리를 이루므로, 형물의 두터움은 무후에서 다하게 된다. 무후와 유는 동일체이다라고 하였다).

206 『荀子集解』「不苟」의 ‘天地比, 山淵平’에 대한 楊倞의 注, “或曰 : 天無實形, 地之

그러나 하늘과 땅의 접점에서는 그렇다 할지라도, 그렇지 않은 지점에서는 여전히 하늘이 높고, 땅은 낮지 아니한가? 결국 이 해석도 앞의 해석들과 마찬가지로, 하늘과 땅의 접점이라는 특정한 현상의 사실만을 강조한 것으로 볼 수 있다. 그런데,『장자』「소요유」편에 대붕이 몇만 리 높이 올라간 곳에서 본 지상의 것들은 다 먼지처럼 뿌옇게 보인다고 했을 때의 상황은 새로운 해석의 가능성을 보여주고 있다. 무한한 공간의 전체에서 생각했을 때, 하늘과 땅, 산과 못의 차이는 거의 없다는 것으로 해석해 볼 수 있다.

⑷ 태양은 중천에 이르자마자 기울고, 사물은 생기자마자 죽어간다. [日方中方睨, 物方生方死.]

전통적으로 이것은 대표적으로 상이한 관점을 동일한 사물에 적용했을 때 생기는 역설적 상황이라고 보았다. 하나의 태양은 위로 올라감의 관점에서 중천에 이를 수 있다. 그러나 내려감의 관점에서는 그것은 중천이 아니라 기울어짐의 시작이다. 또한 사물은 현재 살아감의 관점에서는 사는 것이지만, 죽어가는 관점에서는 죽어가는 것이다.

> 해가 막 중천에 이르렀다고 말하면 그림자는 이미 다시 기울고, 그림자가 막 기울었다고 말하면 빛은 이미 다시 묻히고, 빛이 막 묻혔다고 말하면 밝음은 이미 다시 올라온다. 무릇 중천에 이르렀다가 기욺, 묻힘과 오름은 돌아가는 지도리가 순환하는 것과 같으니 저절로 서로가 앞뒤가 되어 시작과 마침에 구별이 없으니 곧 존망

上空虛者盡皆天也, 是天之長親比相隨, 無天高地下之殊也. 在高山則天亦高, 在深泉則天亦下, 故日天地比."

생사가 이것과 어떻게 나뉘겠는가?[207]

그러나 이것도 태양의 중천이나 사물 생성의 정확한 순간, 즉 더 나눌 수 없는 순간의 시간을 생각할 수 있으면, 그 지점이 바로 태양이 떠오는 것이기도 하면서 기우는 시점이며, 또한 사물이 생기면서 동시에 죽어가는 시점이 된다는 점을 강조하는 것으로 해석해 볼 수 있다.

⑸ 크게 같으면서도 작게 같은 것과 다른 것을 일러 소동이小同異라 하고, 만물이 완전히 같으면서도 완전히 다른 것을 일러 대동이大同異라 한다. [大同而與小同異, 此之謂小同異; 萬物畢同畢異, 此之謂大同異.]

나는 이 명제가 단순히 혜시의 입장뿐만이 아니고, 후기묵가를 포함한 모든 변자들의 입장이라고 본다. 우리는 보통 유사성과 차이성에 따라 사물의 동이를 나누지만, 유사성과 차이성을 극단적으로 무한히 생각하면, 완전히 같은 것도 완전히 다른 것도 없다는 것을 알 수 있다.

⑹ 남쪽은 끝이 없으면서도 끝이 있다. [南方无窮而有窮.]

사실 남쪽은 중국 사람들에게 용이하게 접근하기가 쉽지 않아서 종종 끝이 없다고 생각되어져 왔다. 그러나 남방도 공간상의 무한대가 아니고, 다른 방향이나 공간에 의해 제한을 받고 있고, 따라서 유한하다고 볼 수 있다. 이것은 사람이 무궁함에도 우리가 겸애할 수 있다는

---

207 陸德明, 『經典釋文』「莊子音義」, "謂日方中而景已復昃, 謂景方昃而光已復沒, 謂光方沒而明已復升. 凡中側之與升沒, 若轉樞循環, 自相與爲前後, 始終無別, 則存亡生死與之何殊也."

묵가의 논리에서도 엿볼 수 있는 사고이다.

⑺ 오늘 월나라에 갔다가 어제 온다. [今日適越而昔來.]

흔히 우리는 어제 월나라에 갔다가 오늘 온다고 말한다. 그러나 혜시에 따르면 월나라 간 것은 어제가 아니라 오늘이고, 온 것은 오늘이 아니고 어제이다. 흔히들 이 명제는 오늘과 어제, 가고 옴의 구분이 절대적인 것이 아니라, 얼마든지 바뀔 수 있다고 보는 것으로 해석된다. 오늘은 시간이 지나면 어제가 되기에, 또 내가 가는 것이 다른 사람의 입장에서는 오는 것이 되기에 우리가 다양한 관점을 한 사건에 적용하면 이렇게 표현할 수도 있다는 것이다. 혹은 좀 더 구체적으로 내가 오늘 새벽 0시 정각에 월나라에서 국경선을 넘으면 나는 월나라의 입장에서는 월나라에 있었으니 월나라에 갔던 것이고, 국경선 건너편의 입장에서는 어제 왔다고도 할 수 있다. 다시 말해 어제와 오늘의 접점, 월나라와 비월나라의 접점에서 벌어지는 역설이다.

⑻ 연결된 고리는 풀 수 있다. [連環可解也.]

연결된 고리는 연속이 되어있어 풀 수가 없다고 생각한다. 그러나 연속적인 것처럼 보이는 것도 무한히 자르다보면, 잘라질 것이고, 따라서 그것에는 틈이 있을 것이다. 즉, 어떤 것도 무한히 분할할 수 있고, 그렇다면 틈이 있을 수 있다. 따라서 연환을 풀 수 있다고 하는 것이다. 『장자』의 포정해우의 고사를 생각하게 하는 고사이다. 그곳에서 장자는 무후無厚의 칼로 소의 뼈 사이의 틈을 헤집으면서 칼을 손상시키지 않고, 소를 해체시키는 소 잡는 기술자의 기술을 말하고 있다.

⑼ 나는 천하의 중앙을 아니, 연나라의 북쪽과 월나라의 남쪽이 이 것이다. [我知天下之中央, 燕之北越之南是也.]

중심을 극도로 크게 그리면 중앙이 연나라의 북쪽이라고 할 수도 있고, 월나라의 남쪽이라고 할 수도 있다. 왕양명의 시에 山近月遠覺覺月小 便道此山大於月 若人有眼大如天 還見山小月更闊(산은 가깝고 달은 멀리 있어 종종 달이 작다고 하고, 이 산이 달보다 크다고도 말하는데, 만약 사람의 눈이 하늘만큼 크다면, 도리어 산이 작고 달이 또한 광활하다고 하지 않겠는가?)[208]가 있는데, 이것도 비슷한 입장인 것 같다. 혹은 어느 지점이든지 사방으로 무한정 뻗어갈 수 있으므로 천하의 중앙이 될 수 있다고 해석해 볼 수도 있다.

⑽ 만물을 두루 사랑하라. 천지는 일체이다. [氾愛萬物, 天地一體也.]

천지는 하나로 볼 수도 있다. 이는 일종의 만물일체 사상이고, 이런 만물일체 사상의 전제 때문에 혜시는 모든 것이 상대적이라는 생각을 제시할 수 있었다고 한다. 여기서는 앞서 말한 대로 무한한 분할에 따른 역설을 극복하기 위한 방안, 즉 범애의 사상이 제시되고 있다.

풍우란은 이런 혜시의 사상을 공손룡의 이견백離堅白과 비견하여 합동이合同異의 사상이라고 한다. 이에 따르면 이 세상의 모든 것은 상대적이다. 오직 상대적이지 않는 것은 개념적 지식이다. 그것은 지대무외至大無外와 지소무내至小無內의 분석적 진리이다. 풍우란은 이처럼 분

208 「왕양명 년보 11세」.

석적 진리와 경험적 진리를 분리하고, 혜시의 사상은 개념의 절대성이 아니라, 사실의 상대성을 보여주는 것으로 해석해 낸다. 그러나 그런 해석은 개념의 절대성과 사실의 상대성은 서로 맞물려 있는 점에서 무리가 있는 것이다. 개념의 절대성을 강조하는 것은 또한 사실의 상대성을 역설적으로 보여주는 것이기 때문이다.

혜시의 만물일체 사상은 또 장자류의 대동사상 혹은 제물의 관점에서 이해된다. 장자는 모든 주장이나 사물이 상대적임을 말하고서, 이것은 궁극적으로 도의 관점에서 해결되어야 한다고 본다. 여기서 말하는 도의 관점이란 바로 절대적 관점으로 장자는 이를 천天의 관점이라고 표현하기도 하였다. 모든 것을 포괄하는 천의 관점에서 모든 사물은 그 차이성을 떠나, 고루 평평하게 즉 동일하게 보여진다.[209] 혜시의 역물십사는 바로 이런 장자의 제물사상에 입각해 해석되어 왔다. 그리하여 많은 사람들은 도대체 혜시와 장자 사상의 차이가 무엇인지에 대해 의문을 가지게 되었다. 그리하여 유일하게 가능한 잠정적 입장으로 혜시와 장자의 철학방법의 차이를 들기도 한다. 다시 말해, 혜시의 만물일체는 논리적 귀결이고, 장자의 제물은 직관적 결론이라는 것이다. 여

209 彼是方生之說也, 雖然, 方生方死, 方死方生; 方可方不可. 因是因非, 因非因是. 是以聖人不由, 而照之於天, 亦因是也. 是亦彼也, 彼亦是也. 彼亦一是非, 此亦一是非. 果且有彼是乎哉? 果且无彼是乎哉? 彼是莫得其偶, 謂之道樞. 樞始得其環中, 以應无窮. 是亦一无窮, 非亦一无窮也. 故曰莫若以明. (저것은 방생의 설이다. 비록 그러하나, 생한 순간 바로 죽고, 죽은 순간 바로 산다. 가능한 것이 바로 불가한 것이 된다. 이것이 이것이 아닌 것이 되고, 이것이 아닌 것이 이것이 된다. 그러므로 성인은 그것을 쫓지 않고, 천天(하늘)에 비추어본다. 이것이 또한(커다란) 이것에 따르는 것이다. 이것이 또한 저것이고, 저것이 또한 이것이다. 저것이 또한 하나의 시비이고, 이것이 또한 하나의 시비이다. 과연 이것과 저것이 있는 것인가, 없는 것인가? 저것은 그 짝을 얻지 못하니, 지도리라 불린다. 지도리는 그 원의 가운데 있어서 무궁한 것에 응한다. 이것 또한 무궁이고, 저것 또한 무궁이다. 그러므로 밝음(明)에 의한 것만 못하다) (『莊子』「齊物論」).

기서 혜시에 대한 장자의 우월성이 제시된다. 즉, 혜시는 그저 말로만 만물일체를 외쳤지, 진정한 만물일체는 이루지 못했다는 것이다. 이것이 장자가 혜시는 만물일체라는 명제를 주장함으로써, 만물일체를 이루지 못했다라고 비판했던 이유라고 보았던 것이다.

하지만 설사 혜시가 논리적, 합리적 차원에서만 만물일체를 이루었다 하더라도, 문제는 장자식으로 혜시를 비판하는 것이 항상 정당한 것은 아니라는 것이다. 보다 논리적이고, 합리적인 방식으로 혜시의 만물일체의 입장을 드러내야지만, 혜시의 한계를 제대로 알 수 있을 것이다. 여기서 내가 제안하는 것은 혜시의 만물일체는 다름 아니라 부분과 전체의 관계에서 빚어지는 역설이라는 것이다. 혜시는 이런 역설을 통해 하나의 윤리적 결론을 이끌어 낸다. 즉 역설에 빠지지 않기 위해서는 분할하지 말고, 만물을 두루 사랑하라는 것이다.

4. 후기묵가의 지성적 덕

공손룡은 그의 백마비마론에서 "마馬를 구하는 것은 백마白馬를 구하는 것이 아니다. 따라서 백마는 마가 아니다"(구마비구백마求馬非求白馬 백마비마白馬非馬)라고 하였다. 이러한 공손룡의 논리에 대해 공손룡자와 논쟁을 한 사람은 다음과 같이 반응하였다: "(물론) 백마를 원하는 것은 흑마나 황마를 원하는 것이 아니다. 그렇지만 우리는 얼마든지 백마는 마이다라고 할 수 있다." 이 구조는 Px가 Py인 것은 아니라 하더라도 x는 y인 경우가 있다로 볼 수 있다. 후기묵가는 이와 비슷한 이야

기를 한다: "도둑을 죽이는 것은 사람을 죽이는 것은 아니지만, 도둑은 사람이다." (살도인비살인야殺盜人非殺人也 도인야盜人也).

위의 후기묵가의 주장은 그의 독특한 방법론으로 그는 이를 변辯이라고 불렀다. 변이 무엇인가? 그것은 일종의 유類(유사성)에 기반해 분별하는 방식이다. 사실 이 분별의 방법은 전기묵가에서 이미 강조된 방법이었다. 겸애의 주장을 정당화하기 위해서 묵자 내지 전기묵가가 사용한 방법이 바로 부모와 자식들의 이기적 태도, 임금과 신하의 이기적 태도, 도적의 이기적 태도와 제후 대부들의 이기적 태도가 같은 유에 속한다는 것이었다. 마찬가지로 비공의 주장을 정당화하기 위해서도, 묵가는 개인적 차원에서 남의 물건을 훔치고, 남을 해치는 것과 전쟁을 통해 다른 나라의 물건을 훔치고 해치는 것이 같은 유에 속하는 것임을 지적하는 것이었다. 전자들이 잘못이라면, 마땅히 같은 유에 속하는 후자들도 잘못이라는 것이 묵자가 후자를 공격하기 위해 사용한 방법이었다. 이처럼 묵자의 철학적 방법의 성패는 정확한 유의 파악 혹은 정확한 지식의 획득에 있다고 할 수 있다. 묵자는 그러한 지식획득의 실패, 즉 정확한 유를 파악하지 못하는 것을 주로 실제적 분별능력의 부재로 설명한다.

> 오늘날 천하 사람들이 모두가 의義로 삼는 것은 성왕의 법이다.(그런데도) 지금 제후들은 오히려 정벌과 겸병을 많이 한다. 이것은 의를 기린다는 이름(명名)뿐이며, 그 실제 알맹이(실實)는 살피지 못하는 것이다. 비유하자면 장님이 다른 사람처럼 흑백의 이름(명名)을 말하면서도, 그러한 사물을 분별하지 못하는 것과 같다.[210]

210 今天下之同義者, 聖王之法也, 今天下之諸侯 將猶多皆免攻伐並兼 則是有譽義之名, 而不察其實也. 此譬猶盲者之與人, 同命白黑之名, 而不能分其物也, 則豈謂有

지금 장님이 말하기를 백색은 희고, 흑색은 검다고 한다면 비록 눈이 밝은 사람이라도 그것을 바꿀 수 없다. 흰 것과 검은 것을 섞어놓고 장님으로 하여금 어떤 것을 가지게 한다면 할 수가 없다. 그러므로 내가 장님은 흰 것과 검은 것을 모른다고 하는 것은 그 이름을 두고 한 것이 아니라 그 실제의 취하는 능력을 두고 하는 것이다.[211]

이처럼 기본적으로 전기묵가에 있어서 변辯은 즉 정확한 유에 대한 파악은 그저 단순히 어떤 개념을 아는 것만이 아니고, 그 개념을 실제에서 구현할 수 있는 능력을 말했다. 이것은 어떤 의미에서 명名과 실實의 관계를 정확하게 인지하는 것이었다. 이러한 사실이 후기묵가에 와서 크게 달라진 것은 아니다. 다만 후기묵가의 공헌은 전기묵가의 이 명과 실에 대한 분별의 방법을 더욱 확장하고, 체계적으로 발전시켰다는데 있다. 먼저 변의 목적 및 방식에 대해 후기묵가가 한 말을 보자.

무릇 변이란 '이것'(시是)과 '이것-아님'(비非)의 몫을 분명히 함으로써, '다스려 짐'(치治)과 '다스려지지 않음'(난亂)의 기틀을 탐구한다. '같음'(동同)과 '다름'(이異)의 장소를 분명히 함으로써, '명분'(명名)과 '실질'(실實)의 이치를 살핀다. '이익'(이利)과 '손해'(해害)를 규정함으로써, '혐의'(혐嫌)와 '의심'(의疑)을 해결한다.[212]

한마디로, 후기묵가에게 변이란 명名과 실實뿐만 아니라, 치治와 난亂, 혐嫌과 의疑의 해결을 위한 것이었다. 명과 실이 치, 난, 혐, 의와 나

別哉. (『묵자』「非攻下」).

211 今瞽曰 鉅者白也, 黔者墨也. 雖明目者無以易之. 兼白黑, 使瞽者取焉, 不能知也. 故我曰瞽不知白黑者, 非以其名也, 以其取也. (『묵자』「貴義」).

212 夫辯者, 將以明是非之分, 審治亂之紀, 明同異之處, 察名實之理, 處利害 決嫌疑 (『묵자』「소취」).

란히 쓰여 진 점으로 보아, 명과 실은 언어와 세계의 의미보다는 명분과 실리의 다분히 정치, 윤리적 영역을 가리키는 것임을 알 수 있다. 다시 말해 변이란 시비, 동이, 손익계산을 통해 윤리적, 정치적 질서를 확보하는 것이었다. 또한 변辯이란 앞서의 권權에 대한 인용문과는 달리, 단순한 손익계산만이 아니고, 시비와 동이의 계산을 포함하는 탐구과정이다. 그렇다면 시비, 동이 손익계산은 어떻게 이루어지나? 먼저 변辯은 개념상 반드시 진리를 확보하는 것으로 그려졌다. 그들에게 참된 변이란 충돌하는 주장들 사이에서 어떤 주장이 참인지를 결정할 수 있는 것이고, 따라서 그것은 둘 다 참일 수 없는 충돌하는 대안들 사이에서 이루어지는 것이었다. 그러므로 그들은 한 사람은 소라고 하고, 다른 사람은 소가 아니라고 하는 상황에서 참된 하나를 결정하는 것이 변이고, 한 사람은 개라고 하고, 다른 사람들은 소라고 부르는 상황 혹은 한 사람은 개라고 하고 다른 사람은 강아지라고 부르는 상황은 변이 아니라고 보았다. 왜냐하면 그런 상황들은 둘 다 거짓이거나 둘 다 참일 수 있기 때문이었다.

> (경) 변辯(분별)은 반仮을 다투는 것이다. 변에서 이기는 것이 마땅한 것이다(사실과 부합하는 것이다).
>
> (경설) 한 사람은 "소이다"라고 하고, 다른 사람은 "소가 아니다"라고 하는 것이 반을 다투는 것이다. 둘 다 마땅할 수는 없다. 둘 다 마땅할 수 없으면 필연적으로 그 중의 하나는 마땅하지 않다. ((강아지와) 개사이의 경우와는 다르다)[213]

213 辯, 爭彼也. 辯勝, 當也 (『묵자』「경상」). 辯, 或謂之牛, 謂之非牛, 是爭彼也. 是不俱當. 不俱當, 必或不當, 不若當犬 (『묵자』「경설상」).

(경) 변辯에는 승리자가 없다는 것은 부당하다. 이유는 변에 있다.

(경설) 말해지는 것은 같지 않으면 다르다. 같으면 한 사람은 강아지라고 하고, 다른 사람은 개라고 한다. 다르면 한 사람은 소라고 하고 다른 사람은 말이라고 한다. 둘 다 승리함이 없으니 이것은 변을 하는 것이 아니다. 변이라는 것은 한 사람은 이것이라고 하고, 다른 사람은 이것이 아니라고 하여, 마땅한 자가 승리하는 것이다.[214]

이처럼 변은 A 혹은 －A, 그렇지만 둘 다는 아닌 형태, 묵가의 용어로 말하면 반仮의 형태를 통해 문제를 해결하는 체계이다.[215] 그러나 앞서 변이란 단순히 개념을 아는 것이 아니라, 실제에서 그것을 구현하는 것이라고 지적했듯이, 문제는 실제로 변을 만드는 방식이 무엇이냐는 것이다. 다시 말해, '소이다'와 '소가 아니다'의 상황을 만들기 위한 변의 구체적 개념적 장치가 무엇인가 하는 것이다.

백마는 말이 아니다. 홀 망아지는 일찍이 부모가 없다. 설說이 있으면 '이것이고'(시是), 설이 없으면 '이것이 아니다'(비非). 강아지를 죽이는 것은 개를 죽이는 것이 아니다. 설이 없으면, 이것이 아니다. 무릇 사辭는 이유(고故), 기준(리理), 유사성(유類)의 세 가지가 갖추어진 후에 생길 수 있다.[216]

---

214 謂辯無勝, 必不當, 說在辯" 「경하」 "謂, 所謂非同也, 則異也. 同則或謂之狗, 其或謂之犬也. 異則或謂之牛, 其或謂之馬也. 俱無勝, 是不辯也. 辯也者, 或謂之是, 或謂之非, 當者勝也 (『묵자』「경설하」)

215 후기묵가들이 윤리, 정치적 문제에 관심이 있는데도, 변에서 사용되는 예들이 구체적 사물들인 것은 매우 흥미롭다. 그들은 구체적 사물들에 대해 이견이 없는 것처럼, 윤리, 정치적 이슈들도 이견이 없는 방식으로 해결되기를 원했다고 볼 수 있다. 앞서의 인용문에서 시是와 비非를 각각 '옳음'과 '그름'대신 '이것'과 '이것-아님'으로 번역한 것은 이런 묵가의 의도를 드러내기 위해서였다.

216 非白馬焉 執駒焉說求之 舞說非也 漁大之舞大 非也 三物必具, 然後足以生 (『묵자』「대취」).

위의 인용문에서 후기묵가는 시是와 비非를 결정하는 데 있어서, 설說(설명)의 중요성을 말하고 있다. 그런데, 說이 제공해 줄 수 있는 것이 바로 고故(이유, 원인), 유類(유사성), 법法(기준, 위에서는 이理로 표현되었다)이다.[217] 먼저 법과 유는 직접적으로 어떤 대상에 대해 '…이다'(시是) 혹은 '…이 아니다'(비非)를 결정해 주는 것이라고 할 수 있다. 법은 후기묵가의 체계에서 기술의 정확성을 알려주는 기준을 의미한다. 유는 문제가 되는 대상과 이 기준과의 유사성을 가리킨다. 그 대상이 기준과 유사하면 '…이다'가 적용되고, 그렇지 않다면 '…이 아니다'가 적용된다.

> (경) 법法이란 그것과의 유사성 속에서 어떤 것이 그러하다고 말해지는 것이다.
> (경설) 인상/개념/의도(의意), 컴퍼스(규規), 원(원員)이다. 이 세 가지가 기준(법法)으로 사용될 수 있다.[218]

위의 구절에서 경經이 기준(법)의 일반적 정의에 대해 말한다면, 경설經說은 기준의 특수 경우 즉 여기서는 원의 기준의 사례들에 대해 말하고 있다. 경에서 드러난 기준의 의미는 어떤 것이 기준과 유사(유類)하다면 우리는 기준을 지칭하기 위해서 사용하는 명칭을 가지고 바로 그 어떤 것을 부를 수 있다는 것이다. 물론 그 어떤 것이 기준과 유사성이 없다면 우리는 기준을 지칭하기 위해서 사용하는 명칭을 그 어떤 것에 대해 사용할 수 없다. 예컨대 경설經說에 나오는 원의 경우, 우리가

217 물론 이설출고以說出故라는 말이 있듯이 설說이 직접 제공하는 것은 고故이다. 유類와 법法은 아래에서 보여지는 것처럼 간접적으로 설과 연결되어 있다.

218 法, 所若而然也 (『묵자』「경상」) 法, 意､規､員､三也俱, 可以爲法 (『묵자』「경설상」).

어떤 것을 "원"이라고 말하고 싶으면 우리는 그것이 원의 기준들과 유사성이 있는지를 따져보아야만 한다. 유사성이 있으면, 그것을 "원"이라고 부를 수 있다. 기준과 그것 사이에 유사성이 없으면 물론 그것을 "원"이라고 부를 수 없게 된다. 위의 경설에서 후기묵가는 원의 세 가지 기준을 말한다: 원에 대한 심적 인상/개념/의도(의意), 원을 만드는 기구인 컴퍼스(규規), 그리고 실제의 구체적 원(원員)이다. 모든 경우에 컴퍼스와 같은 '만드는 기구'(maker)가 있는 것은 아니므로 '인상/개념/의도'와 '(합의된) 실제 대상'이 대체로 대표적인 기준의 형태들이다. 인상/개념/의도는 또한 언어적 정의로 표현되므로, 경에서 보이는 용어의 정의들이 바로 객관적 기준들로 작용된다.

진술의 객관성은 종종 고故(근거, 이유)의 개념으로도 표현이 될 수 있다. 어떤 진술 주장에 대한 근거가 바로 기준이기 때문이다. 전기묵가에서 자주 사용되었던 고는 기본적으로 주장을 뒷받침하는 이유/원인이며, 설명(설說)이 제시하고자 하는 것이다. 고개념의 중요성은 『묵경』이 바로 이 개념의 정의로부터 시작하는 사실로부터 잘 알 수 있다.

> (경) (어떤 것의) 고 (이유/원인)는 그것이 이루어지기 위해 있어야만 하는 것이다.
>
> (경설) 소고小故는 이것이 있어도 반드시 그렇게 되는 것은 아니지만, 없으면 반드시 그렇게 되지 않는 것이다. … 대고大故는 이것이 있으면 반드시 그렇게 되고, 없으면 반드시 그렇게 되지 않는 것이다. …[219]

219 故, 所得而後成也 (『묵자』「경상」). 故, 小故, 有之不必然, 無之必不然… 大故, 有之必然, 無之必不然 (『묵자』「경설상」).

위의 경經에서 고故는 필요조건으로 정의되어있다. 그러나 경설은 필요조건뿐만 아니라 필요충분조건까지를 말하고 있다. 경설 중의 소고小故는 필요조건을 의미하고, 대고大故는 필요충분조건을 가리킨다. 이것은 앞서 말한 체體와 겸兼에 대응되는 개념들이다. 중국에서 소와 대를 병칭할 때 대체로 대가 더 선호된다는 관습에서 볼 때, 후기묵가는 소고보다는 대고를 더 이상적으로 생각했었다고 할 수 있다. 그러나 대고는 『묵경』 안에서 실제적으로 단순한 유의어 혹은 동어반복이기에 커다란 이론적 의의가 없거나, 또 논쟁자를 포함하여 누구나 받아들일 수 있는 대고를 찾는 것이 실제로 쉽지 않기에, 사실상 『묵경』 안에서 이론적 중요성을 갖는 것은 소고라고 할 수 있다. 경의 고에 대한 규정이 소고를 의미하는 것은 이 때문일 것이다. 이런 의미에서 『묵경』의 작업은 실질적으로는 어떤 것의 필요조건을 찾는 작업 즉 기본 가정을 찾는 작업(the inquiry of presupposition)이라고 할 수 있다. 예컨대, 「경상」에서 후기묵가가 '이로움은 의로움이다'하지 않고, '의로움이 이로움이다'라고 하는 것이 의미심장하다. 묵가가 보기에, 이로움은 의로움의 필요조건이지, 충분조건은 아니다. 이로움만 따져서는 의로움의 정체를 다 밝힐 수 없다. 그럼에도 일단 이로움이 없는 의로움은 생각할 수 없다는 것이 묵가의 입장이었다. 이것만으로도 타 학파, 특히 유가 윤리의 맹점을 공격할 수 있었다.

묵가에서 중요한 고故가 주장의 필요조건 아니 필요충분조건이기에 그것은 앞서 말한 기준(법法 혹은 이理)과 같아진다. 왜냐하면 기준의 하나로서 인상/개념/의도가 바로 필요충분조건이었기 때문이다. 『묵경』의 다음 구절이 이유(고故)와 기준(법法)이 다른 것이 아님을 보여준다.

> (경) 어떤 하나의 기술에 있어서, 그 기술이 미묘한 전환을 보이면 그 기술의 고故를 구하라.
>
> (경설) 이미 성립된 말에 반대하여(새롭게) 이 말을 성립시키려 한다면 이 말을 쓰게 만든 법法을 구하라.[220]

위의 구절에서처럼 고(이유/원인)를 법(기준)과 같게 볼 수 있다면, 후기묵가의 작업 안에서 정확하게 기술하기 위해서 기준을 제시하는 행위와 한 주장을 옹호하기 위해서 이유를 제시하는 행위는 결국 같은 행위임을 알 수 있다. 이는 바로 묵가의 기술이론과 추리이론이 서로 분리될 수 없음을 의미한다. 그러나, 변이 비록 추리적 측면을 갖는다고 해도, 그것은 서구의 논리학에서처럼, 우리의 추론과정 중에 우리가 의지할 수 있는 타당한 형식이 무엇인지를 묻지 않고, 기본적으로 하나의 언어적 표현이 가리키는 것이 무엇인지를 묻는다. 즉 기본적으로는 변에는 기술의 측면이 보다 풍부하다고 할 수 있다. 따라서 변은 추리의 타당성을 묻는 논리학적 관심에서보다는 언어적 표현의 의미를 묻는 언어 의미론적 관심에서 수행되어지고 있다. 물론 정확하게는 표현의 지칭체를 문제 삼는 언어 의미론이라기보다는 표현자가 표현을 통해 전달하려는 것이 무엇인지를 묻는 언어화용론적 관심이다. 여기서 우리는 후기묵가의 변을 정명론 즉 중국고대의 명학전통과 자연스럽게 연결시킬 수 있다.

---

220 服執說 巧轉則求其故「경상」, 服 難成言 務成之九 則求執之法 (『묵자』「경설상」) 이곳의 해석은 그레이엄을 따랐다. A. C. Graham, *Later Mohist Logic, Ethics and Science*, Hong Kong: Chinese University Press, 1978, 343–4. (이후에는 Graham, *Later Mohist*로 약칭).

명학이란 공자의 정명正名 주장에서 나온 것으로 공자의 정명주장이란 언어의 바른 사용을 통해 정치적 안정을 이룩할 수 있다는 것이다. 언어의 바른 사용이란 언어가 정확하게 사실을 지칭하는 것 즉 명名이 정확하게 실實을 가리키는 것이다.[221] 그러나 조심해야 할 것은 공자에 있어서 정명이란 그저 언어와 세계의 대응관계에 대한 관심이 아니라, 이상(명名)과 현실(실實)의 일치 혹은 이상에 따른 현실의 개선을 이루려는 정치적 행위이다. 묵가의 특히 후기묵가의 정명은 공자나 유가의 정명이 너무 이상에 치우치는 것을 비판하는 작업이었다. 현실화되지 않는 이상은 그저 허상에 불과하다는 것이 그들의 판단이었다. 그래서 무엇보다도 현실파악이 중요했고, 그들은 이런 현실 파악 위에 그것을 적절히 담기 위한 언어체계를 고안했던 것이다. 한마디로 공자의 정명이 명에 실을 맞추는 것이었다면, 묵가의 정명은 실에 명을 맞추는 것이었다. 물론 그 지향점은 공히 명실일치名實一致였다.

그런데, 사실 명학에서 의도하는 정확한 명실의 일치가 그렇게 쉬운 것이 아니다. 명학의 언어 화용론적 관심에서, 실이란 것은 문맥에 따라, 상황에 따라 정해지는 것으로, 고정된 것이 아니기 때문이다. 후기묵가가 보기에, 명名은 '부르는 것', 실實은 '불리어지는 것'[222]이다. 그런데, 『묵경』에 보이는 명의 종류만 해도 달명達名, 유명類名, 사명私名[223]이 있고, 그 이외에도 단명單名, 겸명兼名 등의 구분이 있을 수 있

221 물론 여기서의 명名을 단순한 이름이 아니라, 개념으로 볼 수도 있겠다. 그러나 고대 중국에서 이름과 개념의 구분은 명확하게 이루어진 것이 아니기에, 일단은 명을 이름으로 받아들이겠다.

222 所以謂 名也, 所謂 實也 (『묵자』「경설상」).

223 달명達名은 "물物" 같이 모든 실實에 적용되는 이름, 유명類名은 "마馬" 같이 유사한 실實에 적용되는 이름, 사명私名은 "장臧" 같이 한 실實에 적용되는 이름이

다. 겸명이란, 『순자』「정명」편에서 "하나만으로 알 수 있으면 하나로 하고, 하나로 알 수 없으면 둘로 한다"[224]에서의 둘(두 글자)로 이루어진 이름을 말한다. 예컨대, "백白", "마馬", "우牛"가 단명이라면, "백마白馬"나 "우마牛馬"와 같은 것들이 겸명이다. 그런데 문제는 이러한 명으로 실을 부르는 방식이 다양하다는 것에 있다.

> (경) '부르는 것'(위謂)에는 '옮기다'(이移)와 '들다'(거擧)와 '더하다'(가加)가 있다."
>
> (설) 강아지를 가리켜 "개"라고 부르는 것은 옮기는 것이고, "강아지"와 "개"로 부르는 것은 든 것이고, "개"라고 꾸짖어 부르는 것은 더하는 것이다."[225]

위에서 말한 것처럼 후기묵가는 명으로 실을 부르는 작용(위謂)을 단순히 언어적 표현과 그 대응물의 관계로만 본 것이 아니고, 세 가지로 보았다. 가장 간단한 것은 단명으로 사물을 열거하는 것이고(듦), 조금 복잡한 것은 한 이름을 다른 이름으로 전환하는 것이고(옮김), 그리고 마지막으로 발화자의 의도가 개재된 이름 부르기(더함)의 관계도 있다. 지칭의 문제는 이런 여러 가지를 다양하게 고려하지 못하는 데에서 나온다. 후기묵가는 그것을 광거狂擧(미친 열거)라고 보았다.[226]

다. (『묵자』「경상 · 경설상」).

224 單足以喻則單, 單不足以喻則兼 (『순자』「정명」).

225 謂, 移､擧､加 (『묵자』「경상」). 灑謂狗犬, 命也, 狗犬, 擧也. 叱狗, 加也 (『묵자』「경설상」) 이 부분의 해석은 기본적으로 그레이엄을 따랐다. cf. Graham, *Later Mohist*, 326-7.

226 사실 서구의 철학자 아리스토텔레스의 경우에도 그의 철학방식은 언어의 지칭문제 즉 언어 의미의 다의성多義性을 해명하는 것이었다. 그러나 아리스토텔레스에 있어서 다의성의 문제는 단순한 유비가 아니라 하나의 본성에 기반을 둔 것이다. 예컨대, 아리스토텔레스는 『형이상학』에서 "존재는 여러 가지 방식으로 말

(경) 광거狂擧는 차이를 알 수 없으니 그 이유는((우마牛馬가 비우非牛임이) 불가不可함이 있음에 있다. 우마가 비우임은(우마가 우牛라고 하는 것도, 마馬라고 하는 것도) 불가하다는 것과 같으니 그 이유는 겸兼에 있다.

(설) 우牛의 본성은 마馬와 비록 다르지만 우가 이빨이 있고, 마가 꼬리가 있는 것으로써 우가 마가 아니라는 것은 불가하다. 이것은 모두 가지고 있는 것인데 한 쪽은 있고 한 쪽은 없는 것이 아니다. 우와 마가 같은 유類가 아님은 우가 뿔이 있고, 마가 뿔이 없는 것으로서 인데, 유가 부동不同한 것이다. 만약 우가 뿔이 있고, 마가 뿔이 없는 것을 들어 유가 같다고 한다면 이것은 광거이다. 우가 이빨이 있고, 마가 꼬리가 있는데, 한쪽은 우가 아닐 수 없는데도 우가 아니다라고 하는 것은 가하다. 한쪽은 우가 아니고 한쪽은 우인데도 우다라고 하는 것은 가하다. 그러므로 우마가 비우라고 하는 것은 아직 가하지 않고, 우마는 우라고 하는 것도 아직 가하지 않다. 한쪽은 가하고 한쪽은 불가한데 우마가 우라는 것이 아직 가하지 않은 것도 또한 불가하다. 우도 둘이 아니고, 마도 둘이 아닌데 우마는 둘이다. 우는 우가 아닐 수 없다. 마는 마가 아닐 수 없다. 그런데도 우마가 비우이고 비마라는 것은 어렵지 않다.[227]

(경) "인의가 내內와 외外라는 것은 잘못이다. 그 이유는 잘 들어맞지 않음에 있다"

(설) "인仁은 사람을 사랑하는 것이다. 의義는 이익을 주는 것이

해진다"라고 하였는데, 그는 "존재"라는 표현의 다양성을 단순한 동음이의어의 문제가 아니고, 단일한 본성에서 연유되는 것으로 파악하였다.

227 狂擧不可以知異, 說在有不可. 牛馬之非牛, 與可之同, 說在兼 (『묵자』「경하」) 牛狂與馬惟異 以牛有齒, 馬有尾, 說牛之非馬也, 不可. 是俱有 不偏有偏無有 日之與馬不類, 用牛有.角 馬無角, 是類不同也. 」若擧牛有角馬無角以是爲類之不同也, 是狂擧也 猶牛有齒, 馬有尾. 或不非牛而非牛也, 可 則或非牛或牛而牛也, 可. 故曰牛馬非牛也, 未可, 牛馬牛也, 未可. 則或可或不可, 而曰 牛馬牛也未可 亦不可. 且牛不二, 馬不二, 而牛馬二. 則牛不非牛, 馬不非馬, 而牛馬非牛非馬, 無難 (『묵자』「경설하」).

다. 사랑하는 마음과 이익을 주는 마음은 자기에게 있다. 사랑을 받고 이익을 받는 것은 밖에 있다. 사랑하고 이익을 주는 것은 안과 밖이 되지 않는다. 사랑을 받고 이익을 받는 대상은 또한 안과 밖이 되지 않는다. 그는 인은 안이라 하고, 의는 밖이라 일컫는다. 사랑하는 것과 이익을 받는 대상을 거론한 것이다. 이것은 광거狂擧이다. 마치 왼쪽 눈이 나가고, 오른쪽 눈이 들어오는 것과 같다."[228]

광거는 우마牛馬가 때로는 마馬를 가리킬 수도 있고, 우牛를 가리킬 수도 있으며, 또한 비마非馬를 가리킬 수도, 비우非牛를 가리킬 수도 있는 다양한 가능성을 알지 못함에서 나오는 것이다. 그런데, 후기묵가의 명학 상에서의 광거는 단순한 인식 상의 오류가 아니고, 앞서 말했듯이 이상을 현실화 하지 못하는 상황이다. 이런 광거를 해결하는 방법은 결국 집중하는 수밖에 없다. 이것에는 어떤 규칙도 있을 수 없다. 유일하게 이런 애매모호성을 해결할 수 있는 방식은 구체적 지칭과정에서 한눈 팔지 않고, 집중하는 것이다. 그 집중의 방법이 앞서 말한 말의 고故, 법法, 유類를 따져보는 것이다. 『묵경』이 시도한 말의 의미에 대한 분석에 따르면, 말의 의미는 그 말을 하게 된 이유(고故), 그 말이 성립할 수 있는 객관적 기준(법法), 또 그 기준과의 유사성(유類)을 따져보아야 알 수 있다. 이런 것들이 종합적으로 파악되어야지, 그 말의 진정한 의미를 알 수가 있고, 결국 그 말에 잘 대응할 수 있다. 언어란 이처럼 여러 가지 상황을 따라 다양한 의미를 띠고 나타난다. 말의 의미는 이처럼 상황 맥락적이기에, 후기묵가는 문장의 형식만을 보고, 그 의미를

228 仁義之爲內外也, 內, 說在仵顔「경하」仁, 仁愛也. 義, 利也. 愛利, 此也. 所愛所利, 彼也. 愛利不相爲內外, 所愛利亦不相爲外內. 其爲仁內也, 義外也, 是狂擧也. 若左目出右目入 (『묵자』「경설하」).

파악할 수는 없다고 보았던 것이다. 이른바 추론에 대한 이론으로 해석되어온 「소취」편의 '夫物或乃是而然 或是而不然 或一周而一不周 或一是而一不是也' (무릇 물物이란 이것이어서 그러하고, 혹 이것이지만 그러하지 않고, 혹 한번은 두루하지만 한번은 두루하지 않고, 혹 한번은 이것이지만 한번은 이것이 아니다)라는 구절은 말이란 맥락적으로 의미가 정해짐을 나타내는 도식으로 보아야지 추론의 법칙을 확립하기 위한 도식[229]으로 보아서는 안 된다. 여기서 우리는 묵가와 도가와의 유사성을 확인할 수 있다. 도가에는 우리의 지식은 실에 대한 지식이어야 한다는 것, 명은 사물을 고정화시키는데 반해, 실은 항상 유동적인 것이라는 등등 언어와 사물에 대한 믿음들이 있는데, 이것들은 위에서 말한 묵가의 견해와 상당히 유사하다. 그러나 바로 이 지점에서 도가는 언어 회의주의의 길로 들어선다. 한마디로 언어로는 도저히 실의 이해에 다가갈 수 없다는 길로 나아가는 것이다. 하지만 묵가는 기본적으로 실實이란 쉽지는 않겠지만 도달 가능한 것, 즉 우리가 집중하고, 주의를 기울인다면 얼마든지 합의에 이를 수 있는 것임을 믿었으며, 바로 이런 긍정적 믿음들을 바탕으로 명名에 대한 적극적 탐색의 길로 나아가게 되었던 것이다.[230] 바로 이 때문에 묵가는 대략적이나마 몇 가지 형태로 추론의 개략적 진행과정을 말할 수 있었던 것이다.

229 '시이연是而然'과 '시이불연是而不然' 등도 추론의 도식으로 볼 수 있지만, 이것은 구문론적 추론도식이 아니라, 의미론적 추론도식이다. 위의 각각의 도식의 예로 등장하는 '백마는 말이다. 따라서 백마를 타는 것은 말을 타는 것이다'와 '도둑은 사람이다. 하지만 도둑을 죽이는 것은 사람을 죽이는 것은 아니다'를 상이한 도식에 배치되는 것은 구문론적 근거에 의한 것이 아니다.

230 한센(Chad Hansen)은 이와 달리 후기묵가도 도가를 따라 언어회의주의의 길로 들어섰다고 해석한다. Chad Hansen, *Language and Logic in Ancient China,* Ann Arbor: The University of Michigan Press, 1983, 139.

후기묵가의 탐구에서 우리가 발견할 수 있는 원칙은 다음과 같다: 첫째, 하나의 토대를 강조하지 않는다. 둘째, 환원주의(reductionism)를 옹호하지 않는다. 셋째, 예例에 입각한 유비추리를 옹호한다. 한마디로 동아시아에서의 합리성은 분석이나, 인과적 설명이 아니라, 유비적 설명이라는 것이다.

5. 변자 사상의 전개

변자들은 기본적으로 분석을 좋아하는 사람들이고, 또 분석의 한계를 날카롭게 지적했던 사람들이다. 혜시는 특히 그의 십사를 통해 분석은 오류로 나아가게 한다고 생각했다. 이런 분석의 한계로 인해 그는 모든 사람을 사랑하라는 윤리적 주장과 만물은 일체라는 형이상학적 주장을 하게 된다. 공손룡도 백마와 마가 같지 않음을 분석을 통해 보여준다. 그는 자신의 이런 작업이 정치적 안정을 위한 것이라고 말했다. 분석의 효용성을 강조한 것이라고 볼 수 있다. 후기묵가도 분석을 통해 우리가 무심결에 범한 오류를 극복할 수 있다고 보았다. 그들의 변에 대한 연구는 바로 이런 분석의 정신 하에서 이해할 수 있다.

그럼에도 정명을 강조했던 유가는 이들 변자들을 궤변을 늘어놓은 사람들로 보았고, 이들의 의도는 객관적 진리의 토대를 의심케하여 사회를 혼란시킬 뿐이었다고 주장한다. 특별히 순자는 이 변자들을 셋으로 나누어 놓고, 각각의 궤변에 대해 그 원인과 처방을 제시한다. 먼저 백마론에서 보이는 공손룡 류의 오류는 '언어의 사용에 미혹됨이 있어 실재를 어지럽힌 것이다'(惑於用名以乱实者)라고 하였고, 이것은 이름을 제정함에 있어서 무엇이 요구되는지를 살핌으로써 이런 오류를 피할 수 있다고 보았다. 이 요구사항으로 순자가 생각하는 것은 일관된 언어의 사용, 즉 기존의 이름과 모순되게 사용한 적은 없는지의 문제이다.[231] 혜시십사 중의 '산과 연못은 평평하다'에 보이는 혜시의 오류는 '실재의 사용에 미혹됨이 있어 언어를 어지럽힌 것이다'(惑於用实以乱名者)라고 하였고, 이것은 같음과 다름에 대한 근거 즉 세계에 대한 지식을 정확하게 확보함으로써 피해질 수 있다고 하였다. 마지막으로 '도둑은 사람이지만, 도둑을 죽이는 것은 사람을 죽이는 것이 아니다'라는 후기묵가의 오류는 '언어의 사용에 미혹됨이 있어 언어를 어지럽힌 것이다'(惑於用名以乱名者)라고 하였고, 이름을 갖는 목적을 명료히 함으로써 이 오류를 피할 수 있다고 하였다. 순자에 따르면 이름을 갖는 목적은 시비귀천을 명료히 하기 위해서다.[232]

순자는 후기묵가의 영향을 많이 받았지만, 후기묵가가 문장의 진위를 확정짓는 데에 너무나 발화자의 의도를 많이 강조하는 바람에 객관적 진리를 보장할 수 없다고 보았다. 의도는 자의적인 것이지만, 진리는 공적이기 때문이다. 이 후기묵가의 입장을 정확하게 이해하기 위해서는 공손룡의 입장과 비교를 해야 한다. 공손룡의 오류가 언어를 일관되게 사용하지 않아서라는 것과 후기묵가의 오류가 언어를 갖는 목

231 그레이엄은 이것을 '이름을 알기'(knowing names) 즉 논변(argumentation)의 영역에 속하는 것이라고 하였다. 이것은 일종의 개념 간의 필연적 관계를 인식하는 것이다.

232 그레이엄은 이 오류가 '이름과 대상을 연결시키는 방법에 대한 앎'의 영역을 통해 해소될 수 있다고 하였다. 일종의 기술(description)의 문제라고 보았다.

적을 간과하지 않아서라는 것은 어떻게 차이가 나는가? 적어도 순자에게는 사회적 안정을 위해 언어적 표현의 지칭이 엄격히 정해져야했다. 이 점에서 공손룡의 이름과 사물의 1:1 대응은 이해 가능한 것이었다. 하지만 순자는 또한 후기묵가가 강조한 의도의 다양성을 존중한다. 그래서 순자가 최종적으로 받아들인 것은 이름과 대상 사이의 공손룡의 강한 일대일 대응 대신에 다대일 대응을 배치시킨 것이었다. 순자가 반대한 것은 일대다의 대응뿐이었다. 순자는 공자의 정명론의 정신을 이어받아 이름이 무엇보다도 우선되어야 한다고 생각했다. 그리고 공손룡과 후기묵가의 도전에 대해 이름과 대상 사이의 다대일 대응을 제안했다.

제7장

도가:

무위자연無爲自然과 심미적 덕

제7장

도가[233]: 무위자연無爲自然과 심미적 덕

1. 도가의 심미적 덕

도가의 심미적 덕이 무엇을 의미하는지를 알려면 이 심미적 덕이 유가가 추구하는 윤리적 덕도 아니고, 묵가나 법가가 추구하는 지성적 덕도 아님을 이해해야 한다. 도가의 이런 성격을 잘 나타내주는『장자』의 한 구절을 인용하면 다음과 같다:

> 너의 뜻을 전일하게 해라! 귀(耳)로 듣지 말고, 마음(心)으로 들어라. 마음으로 듣지 말고, 기운(氣)으로 들어라. 귀는 통상적 들음에서 멈추고, 마음은 외물과 부합하는 데에서 멈춘다. 그러나 기는 텅 비어있어 모든 것을 기다린다. 오직 도道만이 텅 빈 곳에서 모인다. 텅 빈 것이 심재心齋이다.[234]

233 여기서의 도가는 주로 노자와 장자를 가리킨다.

234 若一志, 无聽之以耳而聽之以心, 无聽之以心而聽之以氣. 聽止於耳, 心止於符. 氣

위의 구절에 나오는 귀로 듣는 것과 마음으로 듣는 것은 각각 묵가의 지성적 덕과 유가의 윤리적 덕을 가리킨다고 할 수 있다.[235] 귀는 감각기관이지만 묵가의 지성을 포함하는 것으로 보아야 하고, 따라서 지각적 지식을 상징한다고 보아야 한다. 마음은 우리의 가치가 들어간 윤리적 지식을 상징한다. 도가에 따르면 이러한 지각적 지식과 윤리적 지식만 가지고는 진정한 실재에 도달할 수 없다. 이러한 지식들이나 덕들만으로는 결코 그들이 목표로 하는 사회 · 정치적 안정을 이룰 수 없다. 지성적 덕과 윤리적 덕은 강한 주관성과 객관적 기준의 강조로 인해 효과적으로 다른 사람들에게 자신의 메시지를 어필할 수가 없다. 더 효과적인 것은 드러나지 않게 사람들을 설득하는 것인데, 이것이 심미적 덕이다. 이 심미적 덕은 '몸의 단식'이 아니라 '마음의 단식'(심재心齋)의 수양방식을 통해 기르는 것이라고 주장한다.

적극적으로 다른 사람들을 이끌려고 하지 말고, 스스로 자연히 따라오게 하라는 것은 노자『도덕경』의 다음 구절에서도 보인다.

> 스스로 자신을 드러내는 사람은 밝게 빛나지 않는다. 스스로 옳다고 하는 사람은 드러나지 않는다. 스스로 자신을 과시하는 사람은 공이 없다. 스스로 자만하는 사람은 리더가 될 수 없다.[236]

> 만물이 그에 의지하여 생기지만 그것을 담당하지 않고, 공이 이루어지지만 이름을 가지지 않고, 만물을 감싸지만 주인이 되지 않는다. 항상 무욕하여 작다고 할 수 있다. 만물이 그것으로 돌아가지

也者, 虛而待物者也. 唯道集虛. 虛者, 心齋也. (『장자』「인간세」).

235 그러나 묵가에 의하면 감각기관만으로 우리의 지각이 성립되지는 않는다. 모든 지각은 오관五官(감각기관)과 지知(지성)의 합작에 의한 것이기 때문이다.

236 ....自見者不明; 自是者不彰; 自伐者無功; 自矜者不長... (『노자』 24).

> 만 주인이 되지 않으니 크다고 할 수 있다. 종신토록 스스로 크다고 하지 않으니 그 큰 것을 이룰 수 있다.[237]

> 백성들은 그저 군주가 있는 줄만 알았다.... 공이 이루어지고 일이 수행되었는데 백성들은 모두 그들이 본래 그러했다고 하였다.[238]

이러한 도가의 덕을 유가와 묵가의 덕과 비교하기 위해 『맹자』에서 한 구절을 인용해보자:

> 고자가 말하기를 "언言에서 얻지 못하는 것을 심心에서 구하지 마라. 심心에서 얻지 못하는 것을 기氣에서 구하지 마라."고 하였는데, 심에서 얻지 못하는 것을 기에서 구하지 말라는 것은 가능한 말이지만, 언言에서 얻지 못하는 것을 심에서 구하지 말라는 것은 불가하다. 무릇 지志는 기氣의 장수이다. 기는 몸에 가득 차 있다. 무릇 지가 지극한 것이고, 기는 그 다음의 것이다. 그러므로 "그 지를 유지하고, 그 기를 난폭하게 함을 없애라"고 말한다.[239]

여기서의 고자가 묵가인지는 논란이 있지만 나는 위의 고자의 입장이 묵가의 입장을 대변할 수 있다고 생각한다. 고자의 언어에 대한 입장은 묵가의 언어에 대한 강조를 연상시키기 때문이다. 여하간 위의 구절에서는 언言(언어), 심心(마음), 기氣(기운)의 세 가지 요소에 대한 상호 관계가 논의되고 있다. 고자의 입장이 언〉심〉기 (A〉B는 A가 B보다 더 중요함의 뜻. 이하에서도 동일)의 입장이라면, 맹자는 직접적으로 심〉

237 ....萬物恃之而生而不辭, 功成不名有. 衣養萬物而不為主, 常無欲, 可名於小; 萬物歸焉, 而不為主, 可名為大. 以其終不自為大, 故能成其大. (『노자』 34).

238 太上, 下知有之.... 功成事遂, 百姓皆謂我自然. (『노자』 17).

239 「告子曰: 『不得於言, 勿求於心; 不得於心, 勿求於氣.』不得於心, 勿求於氣, 可; 不得於言, 勿求於心, 不可. 夫志, 氣之帥也; 氣, 體之充也. 夫志至焉, 氣次焉. 故曰: 『持其志, 無暴其氣. 』」(『孟子』「公孫丑上」).

언, 심〉기의 입장이라고 할 수 있다. 맹자에서 언과 기의 관계에 대한 입장은 직접적으로 표출되지 않았지만, 적어도 언이 심과 마찬가지로 인위적인 것이고, 통제될 수 있는 영역을 의미한다면, 아마도 맹자의 입장은 심〉언〉기가 될 것이다. 이런 유가와 묵가와의 비교를 위해 앞선 장자의 심재心齋 구절을 사용하여 도가의 입장을 구성해 보면 기〉심〉언의 순서가 될 것이다. 물론 언言(언어), 심心(마음), 기氣(기운)의 개념들이 이 세 사상가 집단에서 동일한 것이라고 할 수는 없겠지만, 그래도 상당히 동시대의 인물들로 보았을 때, 아마도 공통적 요소를 가지고 있었을 것으로 추측할 수 있다. 따라서 이 개념들을 중심으로 구성된 고자(혹은 묵가), 맹자(유가), 도가(장자)의 철학적 입장들은 어느 정도 유의미하다고 할 수 있을 것이다. 이 입장들을 나는 각각 지성적 덕, 윤리적 덕, 그리고 심미적 덕으로 기술할 것이다. 윤리적 덕과 심미적 덕의 차이는 맹자와 장자의 마음(心)과 기운(氣)에 대한 견해를 통해 드러날 수 있다. 맹자가 '의義를 축적함'(집의集義)의 마음에 의해 기운을 길러야 한다라고 하여 마음이 기운을 통제해야 함을 말했다면, 장자는 도를 이룰 수 있는 방법을 '재齋'(굶주림, 단식, 특별히 마음의 굶주림)라고 하여 마음의 우위성을 비판하였다.

심미적 덕이란 기〉심〉언의 순서를 강조하는 태도라고 할 수 있는데, 이 도가가 강조한 순서로부터 우리는 도가가 강한 통제보다는 무의식적 흐름, 주도적 이끎보다는 간접적 이끎을 중요시하였을 알 수 있다. 심미적 덕은 지성적 덕, 도덕적 덕에 비해 가장 주관에 의해 통제되지 않는 영역이고, 그 점에서 신비하고 모호하다. 그래서 심미적 덕이란 결국 일종의 '신비적 긍정'(mystical affirmation)이다. 그것은 근본적으로 인간에 의해 조절, 통제되지 않는 것에 주목하기에 커다란 우주적 흐름(천도天道)의 순응이라고 볼 수 있다. 천도 혹은 도는 도가는 물론이고 유가나 묵가, 나아가 아마 대부분의 제자백가 사상가들이 공유하는 것이지만, 그 함의는 다르다. 즉 도가가 도를 말한 것은 양주가 인간의 육체적 본능으로 천을 말한 것과 차이가 있고, 유가가 백성의 마음으로 천을 말한 것과 차이가 있으며, 묵가가 공동체의 이익으로 천명을 말한 것과도 차이가 있다.

도가는 오랫동안 유가의 대표적인 경쟁학파로 이해되어 왔다. 도가는 자연을 따르라고 하지만, 유가는 인위를 강조한다는 식으로 도가와 유가의 갈등을 강조하여 왔다. 이것은 동아시아 역사를 통해서 부인할 수 없는 사실이다. 하지만 선진시기에서는 의외로 도가와 유가의 유사성을 많이 지적해 낼 수 있다. 특별히 도가의 전유물이라고 할 수 있는 무위자연의 개념에 대해 그것은 유가에서도 강조되어 왔었다고 말할 수 있다. 그러면, 유가의 인위와 맞서서 도가는 무위자연을 이야기했다라고 하는 통상적 평가는 잘못된 것인가? 실제로 유가와 도가의 유사성을 보여주는 고고학적 발견이 있었다. 1993년 곽점 초묘에서 발견된 죽간『노자』에 기존의 통행본에서 보이는 "절성기지絕聖棄智, 절인기의絕仁棄義"(성스러움을 끊고, 지식을 버리며, 인자함을 끊고 의로움을 버린다)라는 구절 대신 "절지기변絕智棄辨, 절위기사絕僞棄詐"(지식을 끊고, 논변을 버리며, 허위적인 것을 끊고, 거짓을 버린다)라는 구절이 들어가 있었다. 성聖대신 지智가, 인仁대신 위僞가, 의義대신 사詐가 들어가 있다. 도가가 반대한 것은 유가의 인의가 아니라, 변자들의 논변과 허위이다라고 볼 수 있는 부분이다. 도가가 반대한 것은 윤리도덕이 아니라, 계산적 지성이다라고 볼 수 있는 부분이다. 『노자』에는 이 부분 외에는 지식이나 논변에 대한 부정을 직접적으로 말한 부분이 없으나 『장자』 특히 「제물론」편에는 지식이나 논변에 대한 장자의 비판이 많이 보인다. 이렇게 보자면 도가와 유가는 공통적으로 자발적이고 자연적인 것을 선호한 반면 명가와 변자들, 나아가 묵가, 또는 부분적으로 양주 등은 지식, 논변, 인위적인 것을 선호하였다고 할 수 있다. 맹자가 지식, 논변과 같은 것들이 문제인 것은 그것들이 천착을 하기 때문이다라고 말한 부분[240]이 있는데, 이것은 마치 장자가 변자에 대해 비판하는 것을 연상하게 한다.

사실 무위는 '인위 또는 허위를 없앰'의 의미이니, '자연'과 같은 의미이다. 그런데, 도가의 사람들과 마찬가지로, 공자도 무위의 통치를 말했다. 공자는 성인의 정치는 마치 뭇 별이 북극성을 따르는 것과 같다[241]고 했다. 맹자는 "요순은 본성대로 했고, 탕무는 그것을 몸에 익힌 것이고, 오패는 빌린 것이다"[242]라고 함으로써, 자연 혹은 본성에 따르는 행위를 가장 높이 평가했다. 이처럼 유가도 어떤 의도가 없이, 어떤 계산이 없는 행동을 좋아한다. 사실 『노자』 38장에서, 유가에서 최상의 덕인 仁은 도가의 최상의 덕인 상덕上德과 같이 무이위無以爲, 즉 어떤 계산된 의도가 없는 것이라고 지적한다. 그럼에도 그들 간의 차이성은 인仁은 위지爲之(행위하는 것)이나 상덕上德은 무위無爲(행위하지 않는 것)

240 所惡於智者 爲其鑿也(지식을 미워함은 그것이 천착하기 때문이다) 『맹자』 「이루하」.

241 『논어』 「위정」.

242 堯舜, 性之也 湯武, 身之也; 五霸, 假之也 (『맹자』 「진심상」).

라고 한다.[243] 이렇게 되면 우리는 도가의 상덕을 아예 행위를 하지 않는 것으로 보아야 한다. 그래서 그저 방임하는 것으로 정말 행위를 하지 않는 것으로 도가를 해석할 수밖에 없다. 그러나 나는 이런 해석에 반대한다. 말 그대로 인간세계를 벗어나는 것으로 자연을 해석하는 것도, 아무 일도 하지 않는 것으로 무위를 해석하는 것도 즉 글자 그대로 해석하는 것을 반대한다. 그렇게 되면 도가 혹은 노자에게서 잃는 것이 너무 많다. 글자 그대로 해석하면 유가의 유위와 도가의 무위의 의미는 인간이 정말 행동을 하고, 안하고이다. 그런데, 아무 것도 안하면 어떻게 되겠는가? 그것은 반문명주의인 시대착오적인 사상일 뿐이다. 이런 방식으로 도가를 해석하고, 이러한 방식으로 유가와 도가를 나누는 것은 도가에 너무 불공정한 해석이다.

이처럼 유가와 도가의 차이는 인위와 무위이고, 따라서 도가의 무위를 말 그대로 안하는 것으로 그려낼 수는 없다. 만약 그렇다면 도가는 앞서 말한 대로 원시시대로 돌아가자는 극단적 반문명주의가 되어 버릴 것이기 때문이다. 장자에서 기심機心(기계를 사용하는 마음)을 버리라고 하면서 우물에서 기구를 사용해서 물을 푸려는 것을 기심의 예로 드는데, 그렇다면 칼을 사용하려는 것, 농기구를 사용해 농사를 지으려는 것은 왜 기심이 아닐까? 옷을 입으려는 것, 선크림을 바르려는 것 등은 왜 기심이 안될까? 도가의 무위를 그렇게 과격하게 이해하면 안된다. 사실 자세히 보면 도가는 문명을 거부하는 것도, 기구를 거부하는 것도 아니다. 단지 기존의 지나친 인위적 구분의 절대주의 내지 편의만능주의 혹은 실용만능주의를 비판하고 있을 뿐이다. 결국 어느 정

243 『노자』 38.

도의 인륜도덕의 예법 혹은 전체 예법도 궁극적으로는 도가의 무위자연과 공존할 수 있어야 한다고 본다.

도가에 대한 극단적 해석을 피하자면, 유가의 무위와 도가의 무위의 차이를 조심스럽게 내야 한다. 기존처럼 유가는 인위주의이고 도가는 무위주의이다라고 말할 수도 없고, 유가의 무위와는 달리 도가의 무위는 아무것도 안하는 것이라고 할 수도 없다. 일단은 유가와 도가는 똑같이 자발적이고, 자연스러운 무위자연을 추구했음을 인정해야 한다. 그리고 나서 유가의 무위와 도가의 무위의 차이는 두 가지 측면에서 바라볼 수 있다. 먼저 목표에서가 아니고, 목표를 달성하는 방법에서 둘의 차이를 찾아볼 수 있다. 즉, 유위의 방법은 쌓는 것이고, 갈고 닦는 것이다. 무위의 방법은 덜어내는 것이고, 그대로 두는 것이다. 유위의 방법이 목표를 의식해서 그 목표를 이루려고 직접적으로 노력한다면, 무위의 방법은 그런 의식을 버리려 하고, 또 그 목표를 이루기 위해 간접적으로 노력을 하는 것이다. 앞서 언급한『도덕경』이나『장자』의 구절들에서 보여지듯이 자신의 선함을 적극적으로 펼쳐서 상대를 설득하는 것이 아니라, 자신을 텅 비워서 상대를 설득하는 방식이 바로 도가의 무위의 방법이다. 둘째, 영역의 차이에서 도가의 무위와 유가의 유위의 차이를 볼 수 있다. 도가의 무위자연에는 도덕적 요소가 없다. 유가의 무위자연이 인륜도덕을 그 주요 구성 내용으로 하는 것과는 달리, 도가의 무위자연은 인륜도덕을 그 주요 구성 내용으로 하지 않는다. 실제로『장자』에서 무위자연을 성취한 도가의 성인은 세속적 죄인일 수도 있는 징표를 가지고 있었다. 그러나 이것이 도가의 무위자연과 인륜도덕이 서로 늘 충돌한다는 것을 의미하는 것이 아니다. 성인이 죄인일 수도 있다는 사실이 모든 성인은 죄인이라는 말은 아니기 때문이다. 도가의 무도덕이 비도덕을 말하는 것은 아니기 때문이다. 도가의 무위자연의 성인은 인륜도덕에 대한 무관심 때문에 세속적으로 죄를 범할 수 있지만, 의도적으로 다른 사람을 해치기 위해 인륜도덕을 범했던 것은 아니다. 반대로 말하면 도가의 무위자연의 성인이 인륜도덕을 잘 수행할 수도 있는데, 이것도 우연히 그렇게 된 것이지, 그가 그것을 잘 지키려는 의도 하에서 그런 결과를 갖게 된 것은 아니다. 이처럼 도가의 무위자연은 유가의 무위자연처럼 인륜도덕의 규범을 적극적으로 잘 수행하려는 노력을 통해서 이루어지는 것이 아니다. 나는 이러한 유가와 도가의 차이에 대한 두 가지 측면의 강조가 바로 내가 말하는 유가는 윤리적 덕을, 도가는 심미적 덕을 강조한 것이라는 주장을 통해 드러날 수 있다고 본다.

2. 노자의 심미적 덕

이상하게도 사람 노자와 책 『노자』(혹은 『도덕경』이라고 함)에 대해서는 논란이 많다. 노자가 정말 『노자』를 지었느냐는 물론이고, 노자가 정말 실존인물이냐, 나아가 『노자』의 성립연대까지가 모두 논란거리이다. 이것은 그래도 비교적 21세기의 우리보다는 노자의 시대에 가까운 사마천에게도 노자가 의심스러운 인물이었다는 점을 상기하면 어느 정도 이해 못 할 것은 아니다. 사마천은 노자를 설명하면서, 공자가 예禮를 물었던 공자의 선배인 노자, 초나라 사람으로 공자와 같은 시대에 살면서 양생, 장수하였던 노래자, 공자 이후의 주나라 태사였던 담을 그 가능한 노자의 후보자로 언급하고 있다. 하지만 이러한 인물들의 생존연대는 서로 너무나 떨어져 있어, 사마천조차도 믿지 않았고, 따라서 그의 노자라는 인물에 대한 이야기는 그저 전해져 오는 이야기를 옮겨 적은 것에 불과한 듯하다. 노자라는 인물에 관련된 이런 불명확성은 특히 20세기 들어 의고적, 실증적 학풍에 이끌려 더욱더 노자가 실존 인물인지에 대해 회의하게 만들었다. 그래서 『노자』의 성립연대가 진秦·한漢 이후까지도 상정되었다. 그러나 1973년의 마왕퇴 백서 『노자』와 1993년의 곽점죽간본 『노자』의 발견에 힘입어 사람 노자는 모르겠지만 적어도 책 『노자』는 전국 중기이전(기원전 4세기)의 작품이라는 것이 정설로 되었다.

노자에 대한 이야기는 사마천의 『사기』「노자한비열전」 혹은 「노장신한열전」에 보인다. 노자는 이처럼 「사기열전」에 장자, 신불해, 한비와 함께 묶여있다. 은둔과 무위를 주장하는 노자와 장자가 철저한 유위의 정치를 강조하는 신불해, 한비와 같은 법가 사상가와 함께 소개되는 이유는 무엇인가? 사마천은 그 공통성으로 아마도 황로학(법가와 도가의 결합)을 염두에 두었던 듯하다. 태사공 사마천의 다음과 같은 평가가 시사적이다.

> 노자가 귀히 여긴 도는 허무한 것이며 자연에 순응하여 무위 속에서도 각종 변화에 적응하는 것이다. 그러므로 그 저서의 언사는 미묘하고 이해하기가 어렵다. 장자는 노자의 도덕을 확대하여 자유분방하게 의론하였는데 그 요지는 자연으로 귀결된다. 신자는 부지런히 형명에 힘을 썼으며, 한자는 법률에 의거하여 모든 세상사를

> 결단하고 시비를 분명히 하였으나 너무나 가혹하여 은덕이 결핍되어 있다. 이들의 학설은 모두 도덕에 근원을 두고 있기는 하였지만 그 중 노자가 가장 심원하다.[244]

위의 평가처럼 일반적으로 노자의 사상은 전국시대 말과 진秦·한漢 시대를 통해 양보를 통한 승리, 그리고 대국들 사이에 끼인 소국의 생존전략 등 늘 정치적(황로학黃老學)으로 해석되어 왔다. 원래가 사회정치적 관심을 가졌던 제자백가의 사상이었기에 또한, 진나라가 망한 이유가 가혹한 법치주의 때문이라는 평가 때문에 한대漢代에 유행한 자유방임적 통치술(황로사상: 법가와 도가의 결합)의 시각이 일찍부터 이런 노자해석을 가능하게 하였다. 이런 정치적 노자해석을 개인의 처세에 적용하여 심지어는『논어』가 군자의 덕을 말했다면,『노자』는 소인의 덕을 말한 것이라는 해석도 말하여졌다. 나아가 이런 개인적 영역에 대한 관심이 노자를 기氣의 수양론으로 해석하게도 하였다. 즉, 진·한대의 기사상은 불사의 신선사상과 결합하여 독특한 수양론을 전개하였는데, 이러한 기의 수양론으로 노자를 해석한 것이다. 이에 따르면, 마음이 (시비) 구분을 하는 것에 비해, 우리의 몸이나 기운은 '스스로 그러함'(자연自然)의 상태에 있는 천지만물에 자연스럽게 따르게 한다. 우리는 마음보다는 이런 기운이나 몸에 우리를 맡겨야 한다고 주장한다. 그들은 유약함, 유연함 등으로 자연의 모습을 묘사하는데, 여기에 동원되는 은유물이 바로『노자』에 보이는 물, 계곡, 여성, 어린아이 등이다. 이런

244 太史公曰: 老子所貴道, 虛無, 因應變化於無為, 故著書辭稱微妙難識. 莊子散道德, 放論, 要亦歸之自然. 申子卑卑, 施之於名實. 韓子引繩墨, 切事情, 明是非, 其極慘礉少恩. 皆原於道德之意, 而老子深遠矣 (『사기』「노자한비열전」).

노자해석은 일종의 몸의 수양론에 기반한 것이라 할 수 있다. 물론 이런 기운이나 몸의 수양론이 또한 간접적으로 정치와 연결된다. 역사적으로 노자와 장자가 함께 병칭된 것은 것은 위진남북조 시대로 훨씬 후대의 일이다. 이것은 형이상학적인 무와 유의 개념을 통해, 아니 특별히 무의 개념을 통해 노자의 도를 해석한 것이다. 노자와 장자를 함께 병칭할 수 있었던 그들의 공통성은 유가의 정명에 맞서 그들이 무명을 말했다는 것이다. 무나 무명의 노장철학은 유나 명의 개념으로 실제를 고정화시키고, 실제를 구분하는 일을 하지 않겠다는 것으로 해석되었다.

철저한 자발성의 철학자인 장자와 연관성이 있는 노자의 무위자연의 도나 덕은 심미적 덕에 가깝지만, 황로학적 해석에서 보이는 노자철학은 심미적 덕이라기보다는 지성적 덕에 가깝다. 이런 노자철학은 법가와 유사하기 때문이다. 앞에서 말한 것과 같이 전통적으로 노자를 이해하는 방식은 형이상학적으로 읽는 방법(유와 무), 정치철학적으로 읽는 방법(무위정치), 기 수련으로 읽는 방법(기론) 등이 있었고, 그것의 역사적 전개순서는 정치철학적 독해 → 기 수련을 강조하는 독해 → 형이상학적 독해였다. 20세기 후반에 들어서서는 서구의 해체론적 사유의 영향을 받은 노자에 대한 해체론적 독법(음성중심주의(본질주의)에 대한 비판)이 등장하기도 한다.

『노자』의 이해는 이 책의 또 다른 이름 『도덕경』이 보여주듯이 도와 덕이 무엇이냐에 달려 있을 것이다. 도와 관련해서는 아무래도 자연스럽게 무위자연의 도 혹은 청정무위의 도라는 것을 이해함으로써 시작하여야 할 것이다. 물론 이것은 인위의 도를 강조하는 유가와의 대조를 통해서 가능하겠다. 노자의 덕도 또한 인, 의, 예와 같은 유가의 덕과의 비교를 통하여 그 의미를 살펴볼 수 있을 것이다.

– 도

노자의 도와 유가의 도는 전자를 천도天道와 비가도非可道, 후자를 인도人道와 가도可道로 대비시켜 볼 수 있다. 천도와 인도人道의 차이에 대해서는『노자』에 잘 나와 있다.

> 천도는 화살을 당기는 것과 같다. 너무 올린 것 같으면 내려주고, 너무 내려간 것 같으면 올려준다. 남는 것은 덜고, 모자란 것은 보태준다. 천도天道는 남은 것을 덜어 모자란 것을 보탠다. 인도人道는 그렇지 않다. 모자란 것을 덜어, 남는 것을 섬긴다.[245]

천도와 인도의 이 같은 분리는 통상적인 도가와 유가의 분리 즉 도가는 무, 무위, 무명을 강조했고, 유가는 유, 유위, 유명을 강조했다는 것과 연결시켰을 때, 노자의 도道를 무無로 여기게 한다. 예컨대『노자』의 다음 구절을 보자:

> 그러므로 성인은 무위無爲의 일을 처리하고, 불언不言의 가르침을 행하고....[246]

> 성인은 항상 백성들을 무지무욕하게 하고, 지자로 하여금 감히 유위를 하지 못하게 하고, 무위를 행하니 다스려지지 않음이 없다.[247]

좀 더 노자의 도의 성격을 살펴보기 위해, 도의 성격에 대해 가장

245 天之道, 其猶張弓與？高者抑之, 下者舉之；有餘者損之, 不足者補之. 天之道, 損有餘而補不足. 人之道, 則不然, 損不足以奉有餘『노자』77장.

246 是以聖人處無為之事, 行不言之教『노자』2장.

247 常使民無知無欲 使夫知者不敢為也. 為無為, 則無不治『노자』3장.

논란이 되는 『노자』 1장을 살펴보자

> 갈 수 있는 길은 항상된 길이 아니다(말할 수 있는 도는 상도가 아니다).(道可道 非常道).
>
> 이름 지을 수 있는 이름은 항상된 이름이 아니다.(名可名 非常名).
>
> 무명은 천지의 시작이고, 유명은 만물의 어머니이다.(無名天地之始 有名萬物之母).
>
> 그러므로 항상 무욕으로 그 오묘함을 보고, 항상 유욕으로 그 향하는 곳을 본다.(故常無欲 以觀其妙 常有欲 以觀其徼)
>
> 이 둘은 같은 곳에서 나왔지만 이름이 다르니, 그것을 玄이라 이른다. 현하고 또 현하니 여러 오묘한 곳으로 들어가는 문이다.(此兩者 同出而異名 同謂之玄 玄之又玄 衆妙之門).[248]

먼저 위의 구절에서 도道와 명名이 같이 나온다는 점이 특이하다. 도道는 일차적으로 어떤 형이상학적 실체라기보다는 일종의 방법, 길을 말할 터인데, 그것과 명名(언어)이 같이 나온다는 점이 의미가 있다. 이것은 사상과 언言(언어)을 같이 보았던 유가와 묵가의 관행과 같은 선상에서 이해할 수 있다. 그런데 노자는 여기서 자신들이 추구하는 방법과 이름이 각각 상도常道와 상명常名임을 말한다. 그것은 가도可道, 가명可名과 미묘하게 대조되고 있다. 가도와 가명이 보통의 방법과 보통의 언어로 접근 가능한 것이라면, 상도와 상명은 보통의 방법과 보통의 언어로 접근 가능한 것이 아닌 것이라고 이해할 수 있다. 다시 말해 진정한 도나 진정한 이름은 통상적으로 접근될 수 없고, 오직 역설적으로밖에 표현할 수밖에 없다는 것이다. 마치 공손룡이 백마는 말이 아니다라고 하였듯이, 노자는 통상적으로 사용되는 이름은 진정한 이름이 아

248 『노자』 1장.

니다라고 말하는 듯하다. 언어적 표현과 실재의 인식 간에는 건널 수 없는 간극이 있다는 것을 말하는 듯하다.[249]

그런데 문제는 그 다음이다.

무명은 천지의 시작이고, 유명은 만물의 어머니이다.(無名天地之始 有名萬物之母).

그러므로 항상 무욕으로 그 오묘함을 보고, 항상 유욕으로 그 향하는 곳을 본다.(故常無欲 以觀其妙 常有欲 以觀其徼).

앞서의 인용문에서 가도보다는 상도를 강조한 것은 마치 유보다는 무를 더 강조하는 것 같다. 하지만 이곳의 인용문에서는 무나 유, 무명과 유명 혹은 무욕과 유욕이 묘하게 둘 다 긍정되고 있다. 하나는 천지의 시작이고, 오묘함을 볼 수 있는 것이고, 다른 하나는 만물의 어머니이고 그 가장자리(그 지향점)을 볼 수 있게 하는 것이다. 유에 대한 무의 선호가 보이지 않는 것이다. 오히려 양자는 같은 곳에서 나와서 이름만 다를 뿐이라고 말해진다. 그리고 바로 이점이 '신비로운 실상'(玄)임을 말하고 있다.

이 둘은 같은 곳에서 나왔지만 이름이 다르니, 그것을 현玄이라 이른다. 현하고 또 현하니 여러 오묘한 곳으로 들어가는 문이다.(此兩者同出而異名 同謂之玄 玄之又玄 衆妙之門).

이렇게 보았을 때, 도는 흔히 말하듯이 단순히 무, 무명, 무욕을 가

---

249 고자는 말로 다할 수 없는 마음은 없다고 했고, 맹자는 이에 반해 말로 다할 수 없는 마음의 영역이 있다고 보았다. 이 점에서 맹자는 도가와 함께 간다. 공자는 어떠했을까? 처음에는 말이나 표정으로 다 드러난다고 보았지만, 뒤에는 그렇지 않을 수 있다고 보았다. 비트겐슈타인은 사적 언어의 불가능성을 내세워 아마도 고자를 지지했으리라.

리키지 않는 것 같다. 도는 유, 유명, 유욕을 껴안아야 성립될 수 있는 개념 같다. 물론 우리는 이런 상대적 무, 무명, 무욕 대신에 유와 무를 포섭한다는 의미에서의 절대적 무, 무명, 무욕을 말할 수 있고, 이것을 노자의 도라고 볼 수 있을 것이다. 노자는 그 무의 절대성을 다음처럼 표현한다.

> 혼돈 중에 형성된 사물이 존재하는데, 천지보다도 먼저 태어났다. 고요하고 비어 있다. 이것은 변화가 없이 홀로 서 있으며....[250]

그러나 다시 말하지만 이 절대성은 어떤 신비적이고, 형이상학적인 실체성을 말하는 것이 아니라, 두 상대적 요소의 상호 균형성을 말한다. 이런 점에서 노자는 "도의 작용은 '반대로 감'(반反)이다"라고 하였다.

> 반反은 도의 움직임이다. 약弱은 도의 쓰임이다. 천하 만물은 유有에서 생기고, 유有는 무無에서 생긴다.[251]

> 큰 도가 없어지자, 인의가 있게 되었다. 지혜가 나오자 커다란 속임이 있게 되었다. 여섯 친족 관계가 화목하지 않자, 효자가 있게 되었다. 국가가 혼란해지자 충신이 있게 되었다.[252]

---

250 有物混成, 先天地生. 寂兮寥兮, 獨立不改 (『노자』 25장).

251 反者道之動; 弱者道之用. 天下萬物生於有, 有生於無. (『노자』 40장).

252 大道廢, 有仁義; 智慧出, 有大僞; 六親不和, 有孝慈; 國家昏亂, 有忠臣 (『노자』 18장).

예컨대 다음과 같은 두 개념쌍을 보자.

A	B
something 유有	nothing 무無
doing something 유위有爲	doing nothing 무위無爲
knowledge 지知	ignorance 무지無知
male 남男	female 여女
full 실實	empty 허虛
above 상上	below 하下
before 전前	behind 후後
moving 동動	still 정靜
big 대大	small 소小
strong 강强	weak 약弱
hard 견堅	soft 유柔
straight 직直	bent 곡曲

일반적으로 사람들은 A쪽의 것들을 우월하다고 생각하는데, 노자는 정 반대의 것, 즉 B쪽의 것들을 중시한다. 이것이 바로 그가 말하는 '가장 좋은 것은 물과 같다'(상선약수上善若水)의 주장이다. 물은 가장 부드러운 것이지만 딱딱하고 강한 것보다 더 강하다. 물과 같은 계열에 있는 비유로 여자, 어린아이, 계곡과 같은 것들이 거론된다. 이것은 무無의 계열이라고 할 수 있다. 정말 똑똑한 것은 지知가 아니라 무지無知이고, 정말 유용한 것은 문과 창 같은 실實이 아니라, 그 안의 허虛의 공간이다.

그러나, 분명히 노자의 주장은 상대적 무의 계열(B)이 상대적 유의 계열(A)보다 더 우위의 것이라고 하는 것이 아니다. 어디까지나 그에게는 A와 B의 균형이 중요하고, 이 균형을 강조하기 위해 전술적으로 유에 대한 무의 선호를 택하는 것이다. 예컨대 피해자 민족주의 사관이늘 옳고, 영웅주의 사관은 틀린 것이라는 이야기를 하는 것이 아니다. 그 균형을 말하는 것이다. 이러한 균형을 쉽게 포착이 되지 않는다는 의미에서 그 균형을 무라고 표현할 수 있으나, 이는 유, 무에 있어서의 무가 아니라, 유무 균형 그 자체를 나타내는 무이다. 전자의 무가 상대적 무라면, 후자의 무는 절대적 실체는 아니지만 절대적 무이다. 노자의 도가 무라는 것은 오직 이런 절대적 의미에서이다.

–덕

『노자』는 『도덕경』이라고 하는데, 사실 그 순서는 『덕도경』일 수 있다. 마황퇴 『백서노자』가 바로 「덕경」, 「도경」의 순서로 되어 있다. 이제는 노자 철학을 덕으로부터 이야기 해 보자. 노자는 덕을 이야기 한다. 노자는 도를 말하는 『노자』 1장에서 통상 일반적으로 말하는 도도 도라고 할 수 있지만 상도는 아니라고 했던 것과 마찬가지 논리로 38장에서 최상의 덕은 덕스럽지 않다고 하였다. 여하간 노자의 도와 덕이 이른바 세속의 도나 덕, 혹은 유가의 도와 덕과는 다르다는 것이다. 다른 것은 무엇인가? 앞서 말한 반反의 철학이 여기서도 강조된다. "반자도지동反者道之動"(반대로 가는 것이 도의 움직임이다)이라는 말이 있고, "정언약반正言若反"(바른 말은 바르지 않은 말 같다.)이라는 말이 있다. 그 밖에 "밝은 도는 어두운 것 같고, 나아가는 도는 뒤로 물러나는 것 같다" "숭고한 덕은 골짜기 같고, 크게 순결한 덕은 때가 있는 것 같다" "큰 공공의 것은 사사로운 것 같다" "공공의 것은 자신을 위하는 것 같다" 등등의 표현이 그것이다. 즉 노자는 '최상의 덕'(상덕上德)이 '덕스럽지 않음'(부덕不德)을 주장한다. 노자의 덕은 인仁, 의義, 예禮가 아니라 이런 것을 부정하는 덕이다.

> 상덕上德은 덕스럽지 않아서 덕이 있다. 하덕下德은 덕을 잃지 않아서 덕이 없다. 상덕은 무위하고 어떤 의도를 가지고 행함이 없다. 하덕은 유위하고 의도를 가지고 행한다. 상인上仁은 유위하지만 의도를 가지고 유위하지 않는다. 상의上義는 유위하고 의도를 가지고 유위한다. 상예上禮는 유위하고, 그에 응하지 않으면 팔을 걷어붙이고 잡아당긴다. 그러므로 도道를 잃고서 덕德을 갖게 되고, 덕德을 잃고서 인仁을 갖게 되고, 인仁을 잃고서 의義를 갖게 되고, 의義를 잃고서 예禮를 갖게 된다. 무릇 예禮란 충신忠信이 얇은 것이고, 난亂의 우두머리이다. 앞서 안자는 도의 꾸밈이고, 어리석음의 시작이다. 따라서 대장부는 그 두터움에 처하고, 그 얇음에 거하지 않으며, 그 알맹이에 처하고, 그 꾸밈에 거하지 않는다. 저것을 버리고 이것을 취한다.[253]

『노자』 18장에 "대도가 없어서 인의가 있고, 지혜가 나와서 대위가 있고, 육친이 화목하지 못하여 효자가 있고, 국가가 혼란해서 충신이 있나"[254]이 있다. 흔히들 이 구절을 인의, 지혜, 효자, 충신의 강조가 각각 대도가 없고, 대위가 생기고, 육친이 화목하지 못하고, 국가가 혼란한 원인이라고 해서, 전자의 것들을 끊어야지만 뒤의 결과가 생기지 않는다고 한다. 그렇다면 전자의 것들을 다 하지 않으라고 하는 것이 노자의 의도일까? 그러나 사실 전자는 원인이라기보다는 일종의 표징(sign)이다. 그것은 휘발유나, 담배 불과 같은 화재의 원인이 아니라, 연기나 그을음과 같은 화재의 표징이다. 연기나 그을음을 없앤다고 화재

253 上德不德, 是以有德; 下德不失德, 是以無德. 上德無為而無以為; 下德為之而有以為. 上仁為之而無以為; 上義為之而有以為. 上禮為之而莫之應, 則攘臂而扔之. 故失道而後德, 失德而後仁, 失仁而後義, 失義而後禮. 夫禮者, 忠信之薄, 而亂之首. 前識者, 道之華, 而愚之始. 是以大丈夫處其厚, 不居其薄; 處其實, 不居其華. 故去彼取此 (『노자』 38장).

254 『노자』 18장.

가 나지 않을까? 표징으로 해석함으로써, 우리는 노자의 생각을 철학적 진리를 말한 것으로 이해할 수 있다. 인의, 지혜, 효자, 충신을 부정한 것이 아니고, 이것의 가치를 제대로 이해하라고 『노자』는 말하고 있다. 인의, 지혜, 효자, 충신의 개념이 강조되었을 때, 선양되는 가치와 놓치게 되는 가치를 제대로 파악하라고 하고 있다. 세상에 인의, 도덕, 충신, 열부, 효자 등등이 지나치게 강조되는 것은 현재 그런 것들이 다 무너진 세상임을 가리킨다. 그것들은 일종의 혼란함의 지수, 지표, 표징의 역할을 한다. 인의, 도덕, 충신, 열부, 효자 그 자체가 혼란의 원인이라는 이야기가 아니다. 결국 문제는 혼란의 극복은 명분으로 강조되는 것들을 향해 나아가는 것이 중요한 것이 아니고, 실질적으로 어떻게 그것들이 확보될 수 있는가이다. 그렇다면 어떻게 그런 것들이 실질적으로 확보될 수 있는가? 그런 특정 가치를 의도적으로 강조하지 않음으로써 그렇게 될 수 있다는 것이 도가의 주장이다.

『노자』 28장에 '지기웅知其雄 수기자守其雌'라는 말이 있다. 판본이나 주해에 따라 해석에 차이가 있지만, 대체로 '명백한 것을 알고, 흐리멍덩한 것을 지켜야 한다'고 해석하는 것 같다. 노자의 사상 아니 도가의 사상을 주로 '흐리멍덩함'만을 강조하는 것으로 보기 쉬운데, 여기서는 분명히 '명백함'을 알아야 할 것을 말하고 있는 점에서 우리의 노자해석에 주요한 전거를 주는구절이다. 다시 말해 노자의 흐리멍덩함은 명백함을 품고 있는 성격의 것이다. 명백함을 품고 있는 흐리멍덩함과, 그렇지 않은 흐리멍덩함은 어떻게 다른 것일까? 제자의 오류가 어디 있는지 명백하게 알고 있지만, 그것을 그대로 지적하기보다는, 그 제자가 스스로 깨닫는 것이 그 제자를 위해 더 나을 것이라는 판단을 하고 있는 스승의 침묵 혹은 인내라고 전자前者를 이해하면 어떨까?『노자』15장의 말도 이처럼 이해할 수 있지 않을까?: "누가 능히 탁함과 고요함으로 (사물을) 결국에는 맑게 할 수 있겠는가?...."(孰能濁以靜之徐清)

흐리멍덩함과 명백함의 조화라고 노자의 도를 정리하면 노자의 도를 그저 무로 보는, 다시 말해 유에 상대한 무의 우월성을 강조하는 것으로 해석해내는 왕필의 입장을 벗어날 수 있는 것일까? 김형효는 해체주의를 도입하여 유무의 배차교어법으로 나와 유사하게 노자의 도를 해석하고 있다.[255]

3. 장자의 심미적 덕

『사기』「노장신한열전」에 따르면 초의 위왕이 재상직을 제의했는데, 장자는 묘당의 꼭대기에 모셔진 거북이보다는 진흙 속에서 뒹구는 산 거북이가 낫다는 말로 거절하였다고 한다. 그는 유명한 변자 혜시와 평생 동안 어울렸다고 한다. 신기의 기술을 가진 목수 석이 세상에 명성을 떨칠 수 있었던 것은 그를 믿었던 영이 있었기 때문인데, 이와 마찬가지로 장자는 혜시가 죽은 후로 자신도 이야기할 상대를 잃었다고 하면서 매우 슬퍼했다고 한다. 이로 볼 때, 그의 언설에 나타난 그의 뛰어난 언어나 논리적 사고는 아마도 혜시의 영향이 아닐까 한다. 또한 그는 부인의 죽음에도 항아리를 두드리며 노래를 불렀다고 한다. 이 일화는 삶과 죽음의 화해로 불리우는 그의 철학의 성격을 드러낸다. 그는

255 김형효,『노장사상의 해체적 독법』, 서울: 청계출판사, 1999.

또 이렇게 생각했다고 한다. 장자는 까치를 노리고 밀렵을 하려고 하였는데, 그 까치는 사마귀를 노리고 있었고, 사마귀는 다시 매미를 노리고 있었다. 나아가 까치를 노리고 있던 장자 또한 밀렵 관리인에게 감시당하고 있었다. 장자는 '사물은 이처럼 서로 연루되어 있고, 한 종류는 다른 종류를 부른다'고 생각했다. 일종의 만물의 상호대대성, 혹은 만물이 서로 맞물려 있음을 지적하는 것이다. 노자와 장자는 비록 한대漢代의 역사가들에 의해 도가(실제로는 도덕가)로 묶여졌지만, 위진시대魏晉時代까지만 해도 서로 병칭되지 않았다. 노자는 다분히 정치적인 인물인데 반해, 장자는 비정치적인 인물이었다. 『순자』나 『장자』에도 보면 노자와 장자는 서로 묶여서 나오지 않고, 다른 사상가와 묶여 나온다. 예컨대, 순자는 노자와 장자를 평하면서, 각각 "노자는 굽힐 줄만 알았지 펼 줄 몰랐다" "장자는 천天에 가려서 사람을 몰랐다"고 하였다. 그럼에도 후에 노자와 장자를 함께 묶은 것은 이유가 있다. 그들은 공히 인위가 아니라 무위자연을 말하였다고 생각되었기 때문이다. 인위보다는 자연, 즉 사람의 길(인도)보다는 자연의 길(천도)을 더 보편적인 것으로 선호하고, 이를 무, 무위, 무명 등으로 표현하고 있는 점에서도 유사성이 있었다. 유가의 인仁이나 의義가 오히려 도의 손상이라는 생각도 노자와 장자는 같이 한다.

노자가 도의 작용 혹은 우주의 흐름의 패턴으로 시간적 진행과정으로서의 '반대로 감'(반反)을 이야기하고, 이런 정형화된 움직임으로 흑백논리 혹은 특정 가치를 선호하는 선입견을 극복하려는 비교적 단순한 도식 위에서 무위의 철학을 전개했다면, 장자의 철학은 그런 도식을 사용하지 않는다. 장자는 우주의 흐름의 패턴을 이야기하는 대신에,

우주는 끊임없이 변형생성되고 있으며, 이런 사실은 역설적이게도 우리의 관점이 모두 자신의 주관적 관점에 따른다는 것을 자각할 때 인지 가능하다고 하였다. 그는 초월한 것 같지만, 또한 가장 일상생활의 심층에 있었다. 『장자』의 「천하」편에도 그러했다. 노자가 뒤로 처지고, 몸을 구부리는 사상이었다면, 장자는 끊임없이 변화하고, 천지, 신명과 나란히 가는 사상을 전개했다. 정세근은 그의 책에서 노자는 '늘 그러함'을 좇고, 장자는 '바뀌지 않을 수 없음'을 좇는다고 하였다. 또 전자는 정태적인 반면 후자는 동태적이라고 하였다.[256]

노자와 관련된 사람들이 불노장생의 약에 집중했었다면, 장자는 오히려 죽음을 자연스런 것으로 받아들이는 태도를 취한다. 노자와 관련된 사람들(예컨대, 황로+민간신앙+음양사상=도교의 사람들)이 실용적인 생각을 했었다면, 장자와 관련된 사람들에는 이런 실용적 사고 경향이 비교적 적다. 즉 정치적인 노자사상과는 달리 장자 사상은 반정치적인 메시지가 많이 들어있다. 『장자』는 각종 의문형, 신화, 은유로 가득 차 있는 책이다. 장자의 자연은 단순히 무無라기보다는 무한無限의 개념이다. 또한 끊임없이 움직이고, 변화하고 있다. 그는 본성의 한계와 능력을 알면서도, 그것을 키우며, 변화의 우주적 과정에 적응시킨다. 그럼에도 노자와 장자의 사상에는 공통점이 있는데, 그것은 '다른 사물들은 자신에게 고유한 길을 자발적으로 진행하는 데 반해, 인간은 반성적 사유와 대안의 제시, 그리고 행동 원리들의 형성 등을 통해 도道로부터 자신을 유리시킨다'는 것이다. 도가의 반지성주의와 반도덕주의를 확인할 수 있다.

256 정세근, 『위진현학』, 서울:예문서원, 2001, 196.

장자 사상의 핵심은 『장자』 내편의 편명인 소요유逍遙遊와 제물론齊物論이라는 표현에서 드러난다. 소요유는 말 그대로 '어떤 목적 없이 유유자적하게 거니는 것'을 뜻한다. 장자철학의 목표가 쾌락, 이익추구, 혹은 명분추구와 같은 것에 있지 않고, 자유에 있음을 암시하는 편명이다. 현실적 공리주의나 이성주의를 반대하고 신비와 직관을 강조한다. 제물론은 '여러 사물과 논의를 가지런히 한다'(물物과 논論을 제齊한다)로 해석하든지, 혹은 '사물을 가지런히 하는 것에 대한 논의'(제물齊物의 론論)로 해석된다. 사실 어떻게 해석하든지, 언어를 포함한 만물을 가지런히 한다의 의미로 해석할 수 있다. 「소요유」편이 장자철학의 지향점으로 그 지향점을 기술하는 데에 긍정적 접근을 취한다면, 「제물론」편은 장자철학의 방법론으로 기존의 선입견에 대해 부정적 접근을 취한다고 할 수 있다.

이처럼 장자에는 신비주의, 상대주의, 회의주의 등의 요소가 있다. 이것은 한마디로 반이성주의의 경향이라고 할 수 있다. 반이성주의란 한마디로 시是와 비非((이것은) 말이다, 혹은(이것은) 말이 아니다), 연然과 불연不然(말을 타는 것이다 혹은 말을 타는 것이 아니다) 중의 하나의 관점으로 세상을 재단할 수 없다고 보는 것이다. 또는 이런 각각의 관점이 사람들 속에서 합의를 볼 수 없다고 믿는 것이다. 당연히 그런 합의가 가능하다고 믿는 것이 이성주의이다. '모든 사람들이(혹은 만물이) 동의하는 것'(소동시所同是)이 있다고 믿는 것이 이성주의이고, 없다는 것이 반이성주의이다. 이렇게 정의한다면 장자의 반이성주의와 대척점에 있는 것은 후기묵가의 이성주의이다.

이렇게 장자의 철학을 이야기했을 때, 우리는 장자의 덕을 거울에 비유하는 이유를 알 수 있다. 장자의 덕은 어떤 선입견에 물들지 않고, 사실 그대로를 비추어주는 능력이기 때문이다. 이런 덕을 우리는 심미적 덕이라고 하였다.

* 상대주의

시와 비의 논쟁을 종식시킬 객관적 기준이 없다.

나와 네가 논쟁을 한다고 하자. 네가 이기고, 내가 졌다면 정말로 네가 옳고, 내가 그른가? 내가 이기고 네가 졌다면 정말로 내가 옳고, 네가 그른가? 둘 중의 한 사람은 옳고, 둘 중의 한사람은 그른가? 혹은 둘 다 옳고, 둘 다 그른가? 나와 네가 서로 알지 못하면, 다른 사람도 틀림없이 알지 못한다. 누구에게 그것을 교정하게 하겠는가? 너와 의견이 같은 사람에게 교정하게 하면 이미 너와 같은데, 어떻게 교정할 수 있겠는가! 나와 의견이 같은 사람에게 교정하게 하면 이미 나와 같은데, 어떻게 교정할 수 있겠는가! 나와 너의 입장과 다른 사람에게 교정하게 하면 이미 나와 너의 입장과 다른데 어찌 교정할 수 있겠는가! 나와 너의 입장과 같은 사람에게 교정하게 한다면 이미 같은데, 어찌 교정할 수 있겠는가! 그러므로 나, 너, 저사람이 알 수 없다면 저 사람을 기다리겠는가?[257]

* 회의주의

우리가 유일하게 긍정할 수 있는 언어는 의문문이다.

257 既使我與若辯矣, 若勝我, 我不若勝, 若果是也?我果非也邪?我勝若, 若不吾勝, 我果是也?而果非也邪?其或是也, 其或非也邪?其俱是也, 其俱非也邪?我與若不能相知也, 則人固受其黮闇. 吾誰使正之?使同乎若者正之, 既與若同矣, 惡能正之!使同乎我者正之, 既同乎我矣, 惡能正之!使異乎我與若者正之, 既異乎我與若矣, 惡能正之!使同乎我與若者正之, 既同乎我與若矣, 惡能正之!然則我與若與人俱不能相知也, 而待彼也邪?(『장자』「제물론」).

설결이 왕예에게 묻기를 "그대는 만물이 옳게 여기는 것을 아는가?" 왕예가 말하기를 "내가 그것을 어찌 알겠는가!" "그대는 그대가 알지 못함을 아는가?" 말하기를 "내가 그것을 어찌 알겠는가!" 그렇다면 "만물은 아는 것이 없는가?" 말하기를 "내가 그것을 어찌 알겠는가! 비록 그러하지만 굳이 한마디를 하자면, 내가 안다고 하는 것이 알지 못하는 것이 아님을 내가 어찌 알겠는가? 내가 알지 못하는 것이 앎이 아님을 내가 어찌 알겠는가?"[258]

*신비주의

내가 여기서 말하는 장자의 신비주의란 만물일체론이다. 이 만물일체 혹은 천지일체는 혜시의 합동이(범애만물氾愛萬物 천지일체天地一體)에서도 보인다. 그렇지만 장자의 천지일체 즉 만물일체론은 혜시보다 한 걸음 더 나아간다. 그는 혜시의 만물일체론은 진정한 만물일체를 주장하는 것이 아니라고 한다. 『노자』 1장에서 보이는 역설, 즉 도를 도라고 하면 진정한 도가 아니듯이, 만물일체를 "만물일체"라고 말하면 안 된다는 것이다. 장자는 '만물은 하나다'(천지일체天地一體)라는 혜시의 명제를 다음처럼 부정한다:

천지와 나는 더불어 생기고, 만물과 나는 하나가 된다. 이미 하나인데, 또 말이 있을 수 있는가? 이미 하나라고 말했는데 또 말이 없을 수 있는가? 하나와 말이 둘이 되고, 둘과 하나가 셋이 된다. 이렇게 나아가면 셈을 잘하는 사람도 셈할 수 없는데, 하물며 보통

258 齧缺問乎王倪曰:「子知物之所同是乎?」曰:「吾惡乎知之!」「子知子之所不知邪?」曰:「吾惡乎知之!」「然則物無知邪?」曰:「吾惡乎知之!雖然, 嘗試言之. 庸詎知吾所謂知之非不知邪?庸詎知吾所謂不知之非知邪?(『장자』「제물론」).

사람이야![259]

* 객관적 심미주의 (?)

결국 장자는 실재에 대한 직관적 파악을 받아들이는 것이 아닐까? 장자는 실재에 대한 직접적 경험(즉 개념을 사용하지 않고 다른 것과의 분별에서 이해를 구하려 하지 않는 방식)이 삶의 가치를 크게 향상시킨다고 본다. 이와 반대로 개념들과 분별을 통해서 이해하려는 행위는 직접적인 경험을 방해하게 되며, 결국 우리는 사물들을 명칭들과 머리를 통해 보게 된다. 장자는 이를 자연스러움과 인위의 두 가지 방식이라고 본다. 자연스러움(spontaneity)와 부자연스러움(artificiality)의 차이는 『장자』 「제물론」의 포정에 대한 이야기, 즉 기술자의 이야기에서 암시된다. 서구 전통에서의 테크네techne(기술)와 엠페이리아empeiria(경험)의 차이와 비교해 볼 때, 서구에서 테크네(기술)는 말로 할 수 있음, 설명할 수 있음이고, 엠페이리아(경험)는 그럴 수 없는 경험이다. 전자의 예는 의술이고, 후자의 예는 무당의 신기이다. 플라톤이나 아리스토텔레스가 테크네에 주목했다면, 장자는 바로 엠페이리아에 주목을 하는 것이다. 물론 장자의 엠페이리아를 단순한 황홀경, 혹은 단순한 이완, 구체적인 것에 관심을 기울이지 않음으로 이해해서는 안 된다. 장자는 오히려 구체적인 상황에 우리의 관심을 집중할 것을 요구한다.

259 天地與我並生, 而萬物與我為一. 既已為一矣, 且得有言乎?既已謂之一矣, 且得無言乎?一與言為二, 二與一為三. 自此以往, 巧歷不能得, 而況其凡乎 (『장자』 「제물론」).

* 다면적인 자아

호자라는 사람은 계함이라는 신통한 무당에게 자신의 다면적 모습을 보여줌으로써 그를 놀라게 한다.

> 아까 나는 그 무당에게 내가 근원에서 나오기 이전, 즉 우리가 조상으로부터 오기 전의 본모습을 보여주었다... 나는 나를 비워 내가 누구인지 모른 채 바람 부는 대로 나부끼고 물결치는 대로 흘렀다. 그러자 그가 도망쳤다.[260]

호자는 자신의 인격을 구성하는 모든 층들과 접촉하고 있다. 이것이 자연스러움이다. 거침없음이다. 예술과 도덕의 체계들은 사람들로부터 자연스러움과 거침없이 행할 수 있는 자연성을 빼앗는다. 제물齊物이란 이처럼 귀와 눈이 옳다고 하는 것에 상관하지 않는 태도이다. 받아들일 수 있는 것과 받아들일 수 없는 것이 한 줄에 꿰여 있다고 받아들이는 것이 제물이다. 혜시는 우리는 물고기가 아니기에 물고기의 즐거움을 알 수 없다고 하지만, 장자는 우리는 물고기의 즐거움이라는 말을 쓰기 시작한 처음부터 물고기가 즐거워하고 있음을 알았다고 한다. 제물은 무차별이 아니라, 오히려 무차별을 지양한다. 아무런 규범을 안 가진다는 것이 아니라, 규범에 너무 큰 힘을 발휘하지 않아야 한다는 것이다. 물론 실상의 궁극적 표현은 '아무런 규범도 갖지 않게 되었다'이다.

장자는 유용성보다는 무용성을 강조하기 위해, '무용지용無用之用'(쓸모없는 것의 쓸모 있음)이라는 표현을 사용한다. 쓸모 있는 나무는 먼

---

260 『장자』「제물론」.

저 베어지며, 쓸모 있는 동물은 먼저 희생으로 바쳐진다는 것이다. 이를 드러내 주는 것이 바로 암시적으로 장자의 도를 쓸모없는 것으로 비판하는 장자의 응답에 나타나 있다. 이런 반실용주의, 반명분주의, 반지성주의를 통한 진정한 자유와 생명의 추구는 양주와 노자의 사유에서 싹을 볼 수가 있다. 양주는 일찍이 손익계산을 통해 생명의 중요성을 역설했다. 장자는 그런 결론을 손익계산이 아니라 직관으로 승인하였다.

사람은 몸과 마음이 나날이 고단해지고, 피폐해 간다. 그것은 불가피한 육체와 마음의 변화 때문만이 아니다. 오직 그 불가피한 변화를 그대로 받아들이지 못해서이기도 하다. 또한 양주가 다른 사물들과 연루되는 것을 피함(불이물루형不以物累形)으로써 자신의 온전한 생명을 보존하려 하였다면, 또 노자, 음양가와 연관된 방사들이 불사의 비책을 통해 죽음을 극복하려 하였다면, 장자는 오히려 적극적으로 사물들과 연루되는 길을 택함으로써, 적극적으로 우주의 변화에 동참함으로써 이런 질곡으로부터 진정한 자유를 얻으려고 하였다. 사물로부터의 해방, 선입견(성심成心)으로부터의 해방이 바로 장자가 그린 초월적 자유의 세계이지만 그는 바로 이런 사물의 세계, 세속의 세계에 깊이 침잠함으써 그 초월적 자유를 이루려 한다. 「제물론」은 그런 자유를 얻기까지 장자가 치열하게 사유한 흔적을 나타내준다.

> 이것을 따르고, 이것이 아닌 것을 따른다. 이것이 아닌 것을 따르고 이것을 따른다. 따라서 성인은 이러한 길을 따르지 않고, 하늘에 비추어 본다. (그런데) 이것 또한 이것을 따르는 것이다 [261]

261 因是因非, 因非因是. 是以聖人不由, 而照之于天, 亦因是也 (『장자』「제물론」).

「제물론」에서 사용된 관점 상대주의와 부정의 논리는 장자가 혜시로부터 영향을 받았음을 보여준다. 실제로 장자의 만물제동의 사상과 혜시의 역물십사에 나타난 천지일체 사상은 서로 구별되기 힘든 것이 사실이다. 장자 또한 혜시와 유사한 논의와 논리를 통해 만물이 커다란 변화의 과정 중에 있고, 따라서 이를 전체의 관점에서 바라본다면, 뭐라고 확정지을 수 없다는 인식 상대주의의 입장에 서게 된다. 장자를 상대주의자로 보는 해석은 여기서 나온다. 그러나 이러한 상대주의의 해석은 일반적으로 상대주의에 대한 비판의 하나인 자기역설에 빠진다. 다시 말해 모든 입장이 상대적이라면, 우리가 장자의 입장을 따를 이유는 무엇인가라는 비판에 장자의 입장이 자유롭지 않게 된다. 그래서 적어도 장자는 다른 입장과는 다른 자신의 입장의 우월성을 말해야 하는 것이 아닌가 하는 요구가 있다. 여기서 등장한 것이 장자는 논리를 포기하고, 논리를 넘어선 명明(밝음)의 절대적 관점을 제시하였다고 하는 입장이다. 이것이 장자의 절대주의를 주장하는 해석이다. 즉, 장자에 대한 상대주의적 관점은 관점을 초월하는 객관적 진리는 없고, 모든 가치들의 상대성을 강조하는데, 절대주의적 혹은 객관주의적 해석의 관점은 적어도 장자에게서는 분명 보다 나은 가치가 존재한다고 본다. 물론 이러한 보다 나은 가치가 최종적인 가치라고 반드시 단정할 필요는 없다. 쿠퍼만(Joel Kupperman)은 장자의 입장을 '어떤 실재에 대한 어떤 견해든지 그에 근본적으로 다른 관점이 항상 가능하다'는 서양의 '형이상학적 반실재론'(metaphysical anti-realism)으로 해석한다.[262] 장

262 Joel Kupperman, *Classic Asian Philosophy*, New York: Oxford University Press, 2007, 133–136.

자는 범아일여의 세계를 말하는 것이 아니다. 분명히 고차원의 관점을 말하고 있다.

이러한 해석의 차이는 「소요유」편의 한 일화를 통해서도 드러난다. 「소요유」 맨 처음 부분에는 대붕과 조그마한 산비둘기의 이야기가 나온다. 곤이라는 물고기가 거대한 붕으로 변하고, 이 붕이 9만리 창천으로 비상하며, 그리고 남쪽 땅으로 날아가는데 조그마한 산비둘기가 그것을 비웃는다는 이야기가 나온다. 흔히 대붕의 큰 뜻을 작은 새가 어찌 알랴!라고 해석되는 구절이다. 보다 넓은 관점을 가지고 세상을 조망하는 대붕의 지식을 그저 이 나무 저 나무에서만 살아가는 좁은 시야의 산비둘기는 알 수 없다는 이야기이다. 그러나 뒤집어보면 작은 새가 대붕을 이해하지 못하듯이 대붕도 작은 새를 이해하지 못하는 것이라 할 수 있다. 작은 새가 대붕을 아득하게 알 수 없는 것으로 보듯, 대붕도 작은 새를 아득하게 알 수 없는 것으로 볼 수 있다. 소요는 대붕만이 아니라 작은 산비둘기도 이루어낼 수 있다. 요는 얼마나 자기의 능력과 상황 안에서 안분자족安分自足하느냐이지, 상대적인 능력의 차이에서 우열이 나뉘는 것은 아니다. 이러한 관점이 장자의 도에 대한 상대주의적 해석이다. 상대주의적 해석과 절대주의적 해석이 정말 타협의 여지가 없다고는 생각하지 않는다. 앞서 노자의 예에서 도를 유와 무의 균형으로 보면서도, 때로는 이런 균형을 가리키기 위해서 이것을 무라고 표현할 수가 있듯이, 장자에 대한 상대주의적 해석도 그 관점이 아우르는 영역의 보편성 때문에 우리는 그것을 절대적인 관점이라고 볼 수도 있을 것이다. 따라서 우리는 물론 산비둘기가 나름의 도를 깨우칠 수 있고, 따라서 그의 도 역시 아이로니컬하지만 대붕의 비상으로 암시할 수 있다고 본다. 소요유의 자유가 어떤 자유를 말하는 것이냐? 자신의 개인적 본성을 따르는 자유냐, 아니면 그 개인적 본성을 넘어서는 데서 생기는 자유냐? 전자라고 본다면, 장자가 사용하는 제물의 논리는 그저 단순한 무차별의 논리가 아님을 일깨워 준다. 모든 것을 떠난 절대적인 관점에서 사물을 보면 모두가 동일하다는 것이 아니라, 각각의 사물을 각각의 것으로 인정할 때, 모두가 동일하다는 것이다. 이것이 바로 장자에 대한 상대주의적 해석이고, 또 절대주의 해석을 포함하고 있는 것이다.

사실은 이렇게 상대주의와 절대주의를 해석하는 것이 장자를 정말 다양하게 읽는 미덕을 제시한다. 장자에는 손 트지 않는 약을 전쟁에 사용해서 큰 상을 받는 사람의 이야기가 나온다. 어떻게 보면, 같은 물건이라도 그것을 어떻게 사용하느냐에 따라 달라진다는 이야기이고, 또 이것은 어떻게 보면 굉장히 실용적인 사고를 강조하는 것도 같지만, 사실은 어떤 제한된 사고를 넘어서는 자유로운 사고, 초탈적 사고를 비유하고 있는 것으로 볼 수 있을 것이다. 조삼모사의 이야기도 어떻게 보면 어리석은 원숭이를 속이는 주인의 간사함으로 해석할 수 있지만, 달리 보면 원숭이를 자신의 눈높이에서 바라보는 것이 아니라, 원숭이의 눈높이에서 바라봄으로써 원숭이와 놀랍게 타협하는 진인眞人의 자유자재의 상황 대응을 말하는 우화로 이해할 수도 있다. 원숭이는 교화의 대상이 아니라, 화합해야 할 상대자이다. 이러한 상대주의적이며 동시에 절대주의적 장자 해석의 강점은 더 이상 장자와 같은 사상가들이 지향하는 지점이 위계적이고, 자아 중심적이지 않은 곳이라는 것이다.

장자는 형이상학적 반실재론자라고 할 수 있지만, 도덕적 반실재론자라고 할 수는 없다. 즉 가치상대주의는 아니다. 매미와 새끼 비둘기의 관점은 극히 제한적이고 어리석은 것이다. 대붕의 더 넓은 관점을 가져야 한다. 흥미롭게도 토마스 쿤(Thomas S. Kuhn)은 *The Structure of Scientific Revolution*이라는 책에서 서로 경쟁적인 과학 이론들은 같은 기준을 가지고 비교할 수 없는 다른 실재들이나 혹은 실재에 대한 다른 버전들을 가질 수 있다고 주장한다. 이러한 관점에서 서양의 현대 과학철학의 논쟁에서 '과학적 실용주의 vs. 과학적 실재주의'의 논쟁도 이해할 수 있다. 하나의 현상을 설명할 수 있는(to save the phenomena) 이론이 하나가 아니기 때문이다. 아마도 실재론이 가지는 폐쇄성보다는 반실재론이 가지는 개방성에 주의를 가져야 한다는 것이 장자의 메시지이다. 즉 다원론적 입장의 중요성을 말하는 것으로 볼 수 있다. 우리는 개방적인 태도를 취함으로써, 우리의 입장이 확장되는 것을 발견할 수 있다. 심재心齋, 좌망坐忘, 오상아吾喪我는 신비적 합일도 아니고, 그저 개방적인 태도이다. 문제는 정말 완전히 개방적인 천天의 관점으로 세상을 바라볼 수 있는가일 것이다.

* 물화物化

장자가 나비 꿈을 꾼 것인가, 나비가 장자 꿈을 꾼 것인가 우리는 알 수 없다. 자신의 분수를 넘어서는 것, 그것이 사물의 변환이다. 곤鯤에서 붕鵬으로의 변화가 상징하는 것이 바로 이 물화이다. 소요유는 고된 여정의 종점이다. 그저 갑자기 가게 된 곳이 아니다. 사람의 관점에서 하늘의 관점으로의 비상이다. 작은 것이 작은 까닭은 바로 자기 자신에 집착하기 때문이며, 또 그것을 최후의 진리로 생각하고 어리석게도 변화하려 하지 않기 때문이다. 변화는 내면적인 것이다. 앨린슨(Robert E. Allinson)은 그의 장자 해설서[263]에서 장자는 영혼의 변화를 위한 책이라고 주장한다. 그것은 분석적으로 사고하는 혹은 이분법적으로 사고하는 독자의 반사신경을 무디게 하고 그 대신 직관적이고 전일적인 정신 기능들을 강화하려는 의도를 갖고 쓰여졌다고 보았다. 장자는 버리지 않으면, 성심을 버리지 않으면 결코 명命을 얻을 수 없다고 한다. 통상의 형태를 가지고는 참된 것을 얻을 수 없다. 변화는「소요유」의 대붕의 이야기에서 이미 암시된다.『장자』를 읽으려면 독자의 마음이 동심의 유희하는 태도를 취함으로써 장자의 메시지를 받아들일 준비를 갖추어야 한다.「제물론」은 바로 이런 변화를 위해 분석적 사유를 무기력화시키는 방식으로 쓰여 졌다.「제물론」편의 처음도 자신을 변화시킨 사람 즉 남곽자기에 대한 이야기이다. 꿈이라는 것은 앎의 상태로의 진전이라는 인지적 이익을 가져다주는 것이다. 깨어남의 결과로서 도달하는 수준은 깨어나기 전의 수준과 차이가 있는 것이다.

263 로버트 앨린슨 지음, 김경희 옮김,『장자: 영혼의 변화를 위한 철학』, 서울: 그린비, 2004 참조.

제8장

음양가:

상관주의相關主義와 심미적 덕

제8장

음양가: 상관주의相關主義와 심미적 덕

음양가는 한 대의 역사가 사마담에 의해 선한先漢(혹은 선진先秦) 시기의 6학파 중의 하나로 자리매김하였다. 사마천의 『사기 · 태사공자서』는 음양가의 학설에 대해 "봄에 싹트고 여름에 자라며 가을에 수확하고 겨울에 저장하니, 이것이 천도天道의 법칙이다. 그것을 따르지 않으면 천하의 기강으로 삼을 것이 없으므로 사계절 순환의 법칙을 놓쳐서는 안 된다고 말한다"고 하였다. 『한서 · 예문지』는 "하늘을 공경하여 따르고 해와 달과 별의 운행을 관측하여 삼가 백성들에게 농사의 절기를 알려 주었으니, 이것이 음양가의 장점이다"라고 하였다. 이처럼 객관적 자연법칙을 바탕으로 인간이 해야 할 일을 알려준다는 점에서 도가와 궤를 같이하지만,[264] 그 자연법칙을 음양의 기를 중심으로 하는 점

264 음양가는 도가와 마찬가지로 유가와 묵가 등의 인위적 사상가들이 천지자연의 광활한 도를 모르고, 그저 한정된 지식으로 무수한 이치를 말하려 한다고 비판하였다. 바이시, 『직하학연구』, 이임찬 옮김, 서울:소나무, 2013, 508. (이하 바

에 음양가의 특색이 있다. 음양과 오행 사상은 각각 따로 발전해 왔고, 초기의 소박한 생각들은 『서경』『국어』『좌전』 등등의 다양한 서적에 나온다.

> 오행은 수, 화, 목, 금, 토이다. 수水는 (사물을) 적시고, 아래로 내려가며, 화火는 (사물을) 태우고, 위로 올라가며, 목木은 굽어지고 곧아지며, 금金은 사람의 뜻에 따라 바뀌며, 토土는 이에 씨 뿌리고 수확한다. 적시고 아래로 내려가는 것은 짜게 되고(함鹹), 태우고 위로 올라가는 것은 쓰게 되고(고苦), 구부러지고 곧아지는 것은 시게 되고(산酸), 뜻에 따라 바뀌는 것은 맵게 되고(신辛), 씨 뿌리고 수확하는 것은 달게 된다(감甘).[265]

위의 구절은 우리가 농경문화에서 흔히 볼 수 있는 물질들로 오행이 생각되었음을 보여준다. 음양 오행사상이 자연의 기본원리로 본격적으로 등장하는 것은 아무래도 『황제사경』『관자』『여씨춘추』『회남자』 등의 전국시대 중기로부터 한漢나라 시기에 걸치는 저작들에서 일 것이다. 특히 『여씨춘추』는 1년 12달에 따라 어떤 일이 시행되어야 하는지를 나타내는 12장들로 책이 구성되어 있기도 한다. 초기 음양오행설의 발전과정을 보여주는 『관자』에는 다음과 같은 말이 나온다.

> 음양陰陽은 천지의 커다란 원리이다. 사시四時는 음양의 커다란 길이다. 형덕刑德은 사시와 조화되어야 한다. 때에 맞추면 복이 생기고, 그렇지 않으면 화가 생긴다. 그러니 춘하추동의 시기에 장차

이시, 『직하학』으로 약칭).

265 五行: 一曰水, 二曰火, 三曰木, 四曰金, 五曰土. 水曰潤下, 火曰炎上, 木曰曲直, 金曰從革, 土爰稼穡. 潤下作鹹, 炎上作苦, 曲直作酸, 從革作辛, 稼穡作甘. (『상서』「홍범」)..

어떻게 해야 하나?[266]

이 구절에는 음양을 자연의 커다란 원리로 파악하고, 또한 이것을 사시와 연결시키며, 나아가 인간계와 자연계의 조화를 강조하고 있다. 비록 사시四時가 등장하지만 이것은 곧 오행五行과 자연스럽게 연결되어지기 때문에 음양오행설의 기초적 골격이 다 갖추어져 있다고 할 수 있다.

음양가는 주로 전국시대 말기 오덕종시설五德終始說을 주장한 추연鄒衍을 대표로 한 학파를 가리키고, 그들에 의해 음양과 오행에 대한 사고가 성행하게 되었다고 한다. 비록 음과 양의 원리에 입각해 있는 『주역』을 증거로, 훨씬 더 음양사상의 기원이 오래되었음을 말하는 사람도 있지만, 아무래도 음양과 오행사상의 성행은 전국말기의 음양가에 그 근원을 두어야 할 것 같다. 음과 양(보편적 기의 측면 혹은 양상)의 이론과 오행은 독립적으로 발전해 왔지만 기원전 3세기경에 통합되었다. 역사적 맥락에서 이러한 놀라운 통합을 이뤄낸 철학자가 바로 추연이고, 기원전 300~250년 사이에 활동하였으며, 왕실에서 그를 크게 쓰려고 했다.

음과 양의 원래 의미는 각각 산의 북쪽 부분(음지)과 남쪽 부분(양지)을 가리키는 것이었는데, 이것이 차가움(추위)과 따뜻함(더위)을 거쳐 점차 추상화 하여, 음의 성질과 양의 성질을 가리키게 되었다. 오행은 목, 화, 토, 금, 수를 가리키는데, 원래 이 개념도 인간이 살아가는 데 있어 필요한 기본 자원을 가리켰는데, 이것이 점차 특정한 기운(기氣)의

---

266 是故陰陽者, 天地之大理也, 四時者, 陰陽之大經也. 刑德者, 四時之合也. 刑德合於時, 則生福; 詭則生禍. 然則春夏秋冬將何行 (『관자』).

양태를 의미하는 것으로 전이되었다고 한다. 이 오행은 일찍이 동아시아 전통에서 행해진 넷과 다섯의 분류들과 밀접하게 연관을 갖는다. 넷의 분류로는 사계절, 네 방향 등이 있었고(넷은 중앙을 첨가하여, 다섯 개의 분류로 만들 수 있다), 다섯의 분류로는 오색五色, 오성五聲, 오미五味, 오취五臭, 오장五臟 등이 있었다. 이 오행은 일찍부터 상극과 상생의 두 순서를 가진다고 이해되었다. 자연계의 전환의 추이를 일종의 상극이나 상생의 개념으로 생각했던 것이다. 상생은 주로 계절의 추이를 토대로 이해되어졌고, 상극은 인간의 생활주변에서 관찰되는 현상(물로 불을 끄는 것과 같은)을 토대로 이해되어졌다.

음양 개념을 확연히 드러내는 책으로 『역경』과 『역전』으로 이루어진 역易을 들 수 있을 것이다. 『역경』이나 『역전』의 체계는 주로 8괘나 64괘로 이루어졌는데, 이것은 음양 개념은 포함하지만, 오행은 빠져 있다. 오행이 기氣의 운행과 연관이 있다는 최초의 언급은 『좌전』, 『장자』 등에 보인다.

> 천天은 육기六氣를 가지고, 그것은 아래로 오미五味를 낳고, 오색五色을 산출하며, 오성五聲에 의해 보여지고, 지나치면 육질六疾을 산출한다. 육기는 음陰, 양陽, 풍風 우雨, 회晦, 명明 이다. 그것들은 사시四時로 나뉘고, 차례로 오절五節을 만들고, 지나치면 재앙을 가져온다.[267]

> 그러므로 하늘과 땅은 형태의 지극한 것이고, 음양은 기운의 지대한 것이다.[268]

---

267 天有六氣 降生五味 發為五色 徵為五聲 淫生六疾 六氣日陰陽風雨晦明也 分為四時 序為五節 過則為菑 (『左傳』「소공원년」).

268 是故天地者 形之大者也 陰陽者 氣之大者也 (『장자』「則陽」).

위의 인용에서 보듯이 음양은 바람, 비 등과 같은 육기六氣 중에 포함되어 있는 것이고, 따라서 이것은 후에 발전된 음양설에서 음양 이기二氣로 모든 것을 설명하는 방식과는 차이가 있다. 육기가 산출하는 오미五味나 오색五色 등도 목화토금수라는 기氣의 양상으로 만물을 설명하는 오행설의 오행과 동일시할 수 없다.

– **추연**鄒衍

음양가의 대표적 인물인 추연은 전국말의 사람으로 이른바 오덕종시설五德終始說[269]을 제안했다 오덕종시설이란 왕조의 성쇄가 오행의 상극관계에 따라 이루어진다는 것이다. 오행의 상극 순서는 토土 → 목木 → 금金 → 화火 → 수水이다. (여기서 a → b은 'a는 b에 의해 극복된다' 이다). 아래의 도표가 그들이 본 왕조의 변천과 오행의 상극관계를 나타낸다.

黃帝	夏	商, 殷	周	다음 왕조
土	木	金	火	水
黃	綠	白	赤	黑

『여씨춘추』

이러한 상극관계는 아마도 농경문화에서 흔히 볼 수 있는 현상들로부터 온 것일 것이다. 예컨대, 물은 불을 끄고 (수극화水克火), 불은 금속을 녹이고 (화극금火克金), 금속은 나무를 자르고 (금극목金克木), 나무는 흙을 뚫고 나오고 (목극토木克土), 흙은 물을 막는다 (토극수土克水)이다. 여하간 진시황은 바로 이런 추연의 오덕종시설의 추종자로서 진

269 이것은 일종의 오행상극설인데, 바이시는 다른 전적을 토대로 추연이 오행상생설도 주장했다고 주장한다. 바이시, 『직하학』, 490–499.

제국의 정사를 수의 덕에 맞추어서 펼쳤다. 추연의 추종자들은 “방사”라고 불리어지는데, 그들은 진시황제에게 불로초를 약속한 사람들이었다.

물론 앞서 말한 대로 오행에는 상극만이 아니라 상생의 관계도 있다. 이의 예로는 사시四時의 변화가 있다. 즉 상생의 순서는 목木 → 화火 → 토土 → 금金 → 수水인데, 봄 여름 가을 겨울의 사시 변천이 바로 이 상생의 순서라고 생각하는 것이다. 네 계절 중의 늦여름이 바로 토의 덕에 해당하는 계절이다. 아래의 표가 이 관계를 나타낸다.

春	夏	中夏	秋	冬
木	火	土	金	水

음양 오행이론은 의학, 천문, 음악, 윤리 등등에 걸쳐 인간과 자연 사이의 거대한 상관적 질서를 만들었다. 다음은 한대漢代에 완성된 이런 거대한 체계를 보여주는 도표이다.

	A	B	——	C	D
五行	木	火	土	金	水
四季	春	夏	—	秋	冬
四方	東	南	中	西	北
五色	綠	赤	黃	白	黑
五臟	肝	心	脾	肺	腎
五倫	仁	禮	信	義	知

(『백호통白虎通』)

음양 오행설은 다양한 생활현상에 대한 초기의 분류방식이 음양 이기와 오행의 기의 양상으로 통합 발전되었음을 의미한다. 하여간 전국시대 말에 음양, 오행, 그리고 『역경』의 대두는 분명 중국역사에 있어서 지성적인 퇴보를 반영한다. 상관적 사고는 과학적인 것처럼 보이지만 사실은 음악과 춤의 직관적 미학에 가깝다. 그것은 인과적이거나 논리적이고 분석적인 사고라기보다는 사실과 우리의 희망사항을 명확히 구분하지 않는 상관적 사고이다. 먼저 그것이 인과적이지 않다는 것은 후기묵가의 인과적 사고와 비교해보면 잘 알 수 있다.

후기묵가의 인과적 사유는 그들이 오행상극설을 의식해서 "오행은 항상 이기지 않는다 그 이유는 양量에 있다"라고 할 때, 잘 드러난다. 흔히 오행상극설에서 물은 불을 이기고, 불은 금을 이긴다고 하는데, 후기묵가가 보기에 물이 불을, 불이 금을 항상 이기는 것은 아니다. 후자가 양적으로 더 많으면 결코 이런 상극의 관계가 성립되지 않는다. 그것이 성립하는 것은 적절한 정도의 물, 불, 금속의 양이 주어졌을 때이다. 이처럼 어떤 물질들이 같이 주어졌을 때, 의도된 변화가 오는 것은 그것들의 양이 적절할 때이다. 후기묵가는 일반적으로 물질들의 관계가 '필연적'일 때와 '적정할' 때를 구분하는데, 아마도 인과적 관계가 필연적일 것이고, 상관적 관계는 적절한 것으로 그렇게 필연적인 것이 아니다. 후기묵가에서 다른 학파에서는 보이지 않는 인과적 관계를 인지하게 된 것은 그들이 실제 물건을 만들어내는 기술자, 과학자였기 때문이다. 상관적 관계에 주목해서는 어떤 사물을 만들어낼 수 없다.

후기묵가는 과학이나 기술의 영역에서는 인과적 사고의 모습을 보여주었지만, 논리적 영역에서는 여전히 상관적 사고를 하고 있다. 후기묵가의 상관적 사고가 논리적이거나 분석적이 아니라는 것은 그들의 사고가 기본적으로 유비적이라는 것이다. 후기묵가의 사유가 유비적이라는 것이 그들의 사고가 이성적이 아니라는 것은 아니다. 유비적 사고는 이성적 사고이다. 아니 적어도 후기묵가의 유비적 사고는 이성적 사고이다. 내가 생각하는 이성적 사고는 '주장–근거'의 구조로 되어있는 사유형태이다. 예컨대, x가 소다 혹은 아니다의 논쟁이 벌어졌을 경우, 후기묵가가 내놓은 논쟁 해결방식은 한마디로 '소의 법法(기준)'을 통해 논쟁을 해결하는 것이다. 후기묵가가 내놓은 기준은 주로, 소의 정의定義이거나 '구체적 소'인데, 이 기준들은 논쟁 당사자들에게 다 소로 받아들여지는 것이어야 한다. 그리고나서 이 소의 기준과 문제의 x 사이에 어떤 유사성이 있으면, 소가 되고, 그렇지 않으면 소가 아닌 것이 된다. 이런 논쟁 해결방식은 주장을 그에 적절한 근거를 통해 옹호하려는 이성적 방법이라고 할 수 있다. 그러면 이것이 왜 논리적이거나 분석적이지 않는가? 아마도 이런 유비적 방식이 논리적이거나 분석적인 것이 되기 위해서는 어떤 사물의 기준으로 삼는 것이 그 사물의 본질 내지 필요조건을 가리키는 것이어야 한다. 그런데, 묵가의 기준은 구체적 사물을 포함할 정도로 본질 내지 필요조건을 가리키지 않는다. 후기묵가가 생각하는 기준의 하나인 정의도 본질 내지 필요조건이라기보다는 동의어에 불과하다. 따라서 그것이 구체적 사물이건 혹은 동의어건 묵가가 생각하는 기준은 엄격한 형상이라기보다는 느슨한 의미의 형상이다. 중국의 상관사고의 횡행과 관련이 있는 중국의 분류이론은 이처럼 느슨한 형상 개념에 기초를 둔다. 반면에 서구의 분류이론은 좀 더 엄격한 형상 개념에 기초를 둔다. 따라서 중국의 전통 과학은 서구의 그것처럼 체계적이거나 연속적이거나 혹은 단선적일 수 없었다. 이 점에서 가장 지성적이고 과학적이었던 후기묵가[270]에 있어서조차도 사실에

270 후기 묵가의 경전인 『묵경』은 광학과 역학 방면에서 인과적 설명방식에 대한 논

대한 체계적 이해를 거부한 것처럼 보이는 다음과 같은 진술을 하였다:

> 그러므로 많은 측면, 다양한 종류, 상이한 이유는 넓게 볼 수가 없다. 대개 사물은 '이것이면서 그러하고', 혹은 '이것이면서 그러하지 않고', 혹은 '한번은 두루 하지만 한번은 두루 하지 않고', 혹은 '한번 이것이고 한번 이것이 아니다'[271]

반면 서구 전통은 분석적인 것을 그 배경이 되는 상관적인 것으로부터 떼어내려고 오랫동안 노력해 왔다. 특별히 상관적인 것을 느슨한 유비로부터의 논증으로 보면서, 그것은 실제 삶에서는 필요하지만 엄격한 논리에서는 배제되어야 한다고 본다. 문자 그대로의 의미와 상징적 의미는 차이가 있다는 것이다. A. D. 1600년 경의 과학혁명은 '발견의 방법에 대한 발견'이라고 할 수 있는데, 이것은 모든 자연현상을 통제된 실험에 의해 검증 가능한 수량화된 자연법칙에 의해 설명한다는 사고의 갑작스러운 출현을 의미한다.

상관적 사고는 인간 사고에서 보편적으로 볼 수 있는 경향이다. 왜 이런 사고가 진한시기에 횡행하게 되었는가? 제국의 통일로 인해 보편적 질서가 필요했다. 왕조의 교체는 천天에 의해 이루어져야 했다. 따라서 각 왕조는 천이 부여한(자연현상에 드러난) 덕 혹은 경향(성性)을 따라야 한다는 것은 각 왕조의 고유한 제도를 정당화하는 방법이었다. 역사의 커다란 변천을 설명하는 이 상관적 원리는 매달, 매일의 인간의 일상의 세세한 부분까지를 설명해 주는 역할을 하게 되었다. 틀림없이 이런 자연과 인간의 상응체계의 우주론은 사람들에게 정신적 안정감을

의를 하고 있다. 당연히 '인과'의 개념도 가지고 있었다.

271 『묵자』「소취」.

주는 효과가 있다. 한대漢代의 안정은 바로 이런 우주론이 기반이 되었음에 틀림이 없다. 그러나 앞서 언급했듯이 상관적 사고의 횡행은 우리로 하여금 동아시아에 있어서 상관적 사고와 분석적 사고의 등장 및 그 관계, 나아가 원형과학과 근대과학의 관계라는 중요한 문제를 상기시킨다. 상관적 사고는 인과적 사고를 기반으로 하는 과학과는 다른 일종의 원형과학을 낳았다. 원형과학의 특징은 포퍼가 지적하듯이 검증이 불가능하다, 혹은 반증이 불가능하다는 데에 있다. 이것은 물론 부정적인 의미도 있지만, 초험적 존재자들에게 의존하지 않고, 관찰 가능한 현상들을 초월적인 존재들이 아닌 현상들끼리 연결시킨다는 점에서 종교와는 대조적인 일종의 과학이라는 긍정적인 의미도 가진다.

현대의 저명한 윤리학자 슬롯(Michael Slote)은 상관주의를 선양했던 음양가 철학의 현대적 의미를 다음과 같이 정리한다. 서구 전통은 '합리적 통제/자율성'(rational control/autonomy)을 그와 대응하는 '수용성'(receptivity)을 희생하면서 강조하여 왔다. 음양의 대대적 관계는 최근의 서양 철학적 사유가 인도하는 수용성과 합리적 통제 간의 대대적待對的 관계를 예견하고 명료하게 하는 것으로 바라볼 수 있다. 슬롯은 그의 최근의 저서 『계몽으로부터 수용성으로: 우리의 가치를 다시 생각함』(*From Enlightenment to Receptivity: Rethinking Our Values* (Slote 2013))이라는 저서에서 서양 철학은 합리적 통제의 대응적 가치나 미덕인 수용성을 거의 무시하고, 합리적 통제에 너무나 많은 강조와 가치를 두어 왔다고 주장하였다. 성인 인간의 삶은 수용성과 합리적 통제 사이의 균형 내지 통합을 이상적으로 드러낼 필요가 있다. 롤스(John Rawls)는 1971년에 펴낸 그의 저서 『정의론』(*A Theory of Justice*)에서 아리스토텔레스처럼 (한 사람의 전) 삶의 완전한 (실질적으로 조건지워진) 계획은 합리적으로 그리고 잘 사는 것의 조건이다라고 주장하였다. 그것은 한 예를 들면 우정과 사랑의 좋은 관계를 갖는 것은 그런 계획의 부분으로 포함되어질 필요가 있는 것들 중의 하나여야 한다는 것을 의미한다.

우리는 계획적으로 사랑에 빠지거나, 계획적으로 서로 친구나 친지를 좋아하게 된다고 생각하지 않는다. 우리는 어떤 시점에 사랑에 빠지기를 계획하거나 행복하게 결혼하기를 계획한다고 말하는 사람은 잘못 말했거나 우리가 실제로 통제할 수 없는 것들을 통제하려 노력하는 것이라고 생각한다. 이런 것들을 계획하는 것은 통제나 책임을 지려는 것에 과도한(근심이 함유된) 욕구를 표현한다. 결과적으로 그것은 그 사람으로 하여금 대부분의 우리들보다도, 그리고 어떤 사람에게도 가능할 수 있는 것보다도 미래의 삶이 가져다줄 수도 있는 것에 훨씬 덜 수용적이게 만든다.[272] 사실 합리적 통제에 대한 필요성이나 욕구는 인식론적/이론적 합리성에 있어서의 수용성의 역할이나 중요성을 과소평가하게 만들었다. 예컨대 '열린 마음'이 바로 그런 것이다. 대부분의 성인은 일(혹은 개인적 자아-성취)을 강조하거나, 가정(혹은 좀 더 일반적으로 말해서, 인간관계)을 강조하거나 혹은 그러한 관심이나 이해관계 사이에서 조화를 꾀하거나 혹은 둘 다에 곡예를 타듯 매달린다. 그 선택을 실현하는 어떤 방식의 삶이든지 일정한 정도의 합리적 통제와 일정한 정도의 수용성을 보여준다면 그 삶은 더 나은 삶이 될 것이다.

---

272 물론 프롬(Erich Fromm)은 사랑이나 우정은 갑자기 빠져드는 매혹적 느낌이 아니라 오랜 세월에 걸쳐 노력을 통해 성취되는 것이라고 주장한다. 프롬의 경우에는 사랑이나 우정에 대해 '계획'을 말할 수 있을 것이다. cf. Erich Fromm, *The Art of Loving*, Harper Perennial Modern Classics, 2006.

유교 전통에서 동중서는 사랑과 보살핌의 미덕인 인仁을 양의 덕으로 생각했는데, 이것은 음양에 대한 불안정한 윤리적 입장인 것 같다. 음과 여성성, 양과 남성성을 유지하려 한다면 양은 힘과, 음은 사랑과 연결시키는 것이 훨씬 자연스러울 것이다. 게다가 후대의 유가가 타인에 대한 인의 태도를 일반적 윤리적 미덕으로 강조하였기에 그것은 동중서의 남성/양과 여성/음 간의 윤리적 구분의 일방적 분석과 잘 조화될 필요가 없었다. 그래서 수용성과 합리적 통제의 대대성을 인간 삶의 핵심적 가치로 여김에 있어서 슬롯은 동아시아인들에게는 자율성에, 서구인에게는 수용성에 좀 더 많은 가치를 두라고 분명하게 촉구해왔다. 따라서 음양가의 진정한 통찰은 천명(수용성, 우연성)과 덕성(합리적 통제, 노력) 사이의 균형이 최고의 삶의 형태이고, 이런 점에서 인간의 최고의 미덕이란 다름 아닌 운명(우연성)을 관리하는 것 이외의 다른 것이 아니라는 점을 보인 것이다. 이런 점에서 동아시아 문화에서 많이 강조되는 삶의 태도 즉 진인사대천명을 음미할 필요가 있다. 보통의 사람들에게 그 구절은 인간으로서 모든 노력을 기울인 후에 우리는 그 결과를 받아들인다는 의미이다. 그러나 도덕적 사람들에게는 그것은 우리가 모든 적절한 노력을 기울인 후에 그 결과를 받아들인다는 것을 의미한다. 즉 보통 사람과는 달리 노력의 적절성을 문제 삼는 것이다. 따라서 운명을 관리하는 것에도 차이가 있게 되는 것이다.

제9장

순자(BCE 300-255):
성악性惡과 공공의 덕

제9장

순자(BCE 300–255): 성악性惡과 공공의 덕

1. 순자의 공공의 덕

순자는 4세기 철학자인 맹자보다 뒤에 활동한 유가철학자로, 틀림없이 원시유학의 한 축이지만, 그의 저작인『순자』는 후에 유가의 경전에 배제되어 제자백가로 분류되었다. 한마디로 정통유학으로 간주되지 않는 것이다. 특히 맹자를 유가의 정통으로 옹립한 송대 이후에는 더욱 이런 경향이 심화되었다. 이것이 순자가 처해온 역사적 상황이다. 물론 서구와의 교류 이래로, 20세기에 들어 순자의 예禮를 강조하는 태도가 맹자의 사단을 강조하는 태도보다 오히려 공자 사상을 더 잘 반영한 사상가로 평가되며 보다 현실적이고 합리적인 유가 사상가로 재평가되어 온 것도 사실이다. 순자가 현실적이고 합리적인 유가 사상가인 이유는 도가사상, 음양사상, 황로사상과 같은 당시의 자연주의를 적절히 받아들인 사상가였기 때문에도 그러했을 것이다.[273] 『순자』의 「천론」, 「성악」 편은 바로 이런 자연주의의 영향을 잘 보여준다.

그러나 순자는 단순한 자연주의자가 아니라 인위의 중요성을 강조한 인문주의 사상가였다. 그리하여 순자는 자연주의자인 도가 사상가 장자를 "천天에 치우친 사상가"로 비판하고 유가의 유연한 규범인 도덕 질서를 옹호할 수 있었다. 이런 점에서 그는 도가나 음양가가 아닌, 유가 특히 공자를 계승했다고 할 수 있다. 하지만 순자에게 천은 공자와는 달리 이미 도덕적 경향을 띠지 않은 자연에 불과했다. 도덕은 자연과는 별도의 인공물로 그려진다. 한편 순자가 또한 지성주의, 도덕 외재주의라고 불리는 이유는 묵가와 명가의 합리성을 이어받아,[274] 좋은 이론이란 객관적 사실을 잘 반영해야 하고, 실행이 가능하여야 함[275]을 강조했기 때문이다. 결론적으로 그는 전국 말의 다양한 전통을 종합한 사상가라고 할 수 있다.

순자의 철학은 유가, 묵가의 유위주의 철학과 도가, 음양가, 황로 사상가들의 무위 자연주의 철학을 통합한 것이다. 따라서 그의 철학은 크게 자연과 인위라는 두 주제로 나누어 볼 수 있다. 순자의 자연관은 그의 천天과 성性에 대한 논의에서, 순자의 인위관은 인위의 대표적 결과물인 예禮와 악樂, 그리고 그러한 인위를 가능하게 하는 심心(마음)과 언言(언어)의 탐구에서 드러날 것이다. 심心과 언言은 인지적인 것이고,

273 『사기』 「맹순열전」 참조. 여기서의 자연주의自然主義란 천天과 인人의 대립적 혹은 상관적 개념구분에서 천을 더 강조하는 사상을 가리킨다.

274 君子必辯 (『순자』 「비상」).

275 凡論者貴其有辨合, 有符驗. 故坐而言之, 起而可設, 張而可施行. 今孟子曰: 「人之性善.」無辨合符驗, 坐而言之, 起而不可設, 張而不可施行, 豈不過甚矣哉 (『순자』 「성악」).

그러면서도 윤리적 덕의 함양을 가능하게 하는 능력이다. 흥미로운 것은 이러한 심心과 언言의 개념도 그의 자연관의 영향을 받아 공자나, 맹자의 그것들과는 매우 다르다는 것이다. 한마디로 순자는 자연주의를 바탕으로 유교의 이상 즉 도덕이나 정치의 객관성과 유용성을 옹호하려 하였다.

순자의 덕은 물론 공자나 맹자의 덕과 마찬가지로 기본적으로 윤리적이고, 또한 그 윤리는 적절한 행위만이 아니고 적절한 감정을 수반함을 의미한다는 점에서 일치하지만, 그럼에도 순자의 윤리적 덕은 공자나 맹자, 특히 맹자의 윤리적 덕과는 다소간의 차이를 보인다. 맹자나 순자는 공자의 윤리적 덕을 기본적으로 계승하면서도 차이가 있는데, 맹자의 덕이 양주나 혹은 도가의 영향을 받아 육체의 생명이나, 자발성의 측면을 강조하는 반면, 순자의 덕은 묵가의 덕의 지성적 측면을 강하게 영향받아 결코 도가나 음양가 등의 자발성에 동의하지 않는다. 오히려 그는 이러한 자발성을 위험한 것으로 보아 그것을 제어하는 능력으로서의 덕을 생각했다. 또한 순자의 덕론에서 중요한 점은 순자가 덕을 개인의 품성의 특성에 국한시키지 않고 인공물이나 인공적 노력과 관련해서 설명하는 부분이다. 이것도 순자의 덕이 묵가의 지성적 덕으로부터 받은 영향이다:

> 나는 일찍이 하루 종일 생각만 해 본 일이 있었으나 잠깐 동안 공부한 것만 못하였다. 나는 일찍이 발돋움하고 바라본 일이 있었으나 높은 곳에 올라가 널리 바라보는 것만 못하였다. 높이 올라가 손짓을 하면 팔이 더 길어지는 것은 아니지만, 멀리에서도 보이며, 바람을 따라 소리치면 소리가 더 커지는 것은 아니지만 분명히 들

리며, 수레와 말을 타면 발이 더 빨라지는 것은 아니지만 천 리 길을 갈 수 있으며, 배와 노를 이용하면 물에 익숙지 않더라도 강을 건너갈 수 있다. 군자는 나면서부터 남과 달랐던 것이 아니라 외물을 잘 이용할 줄 아는 것이다.[276]

순자는 공자와 마찬가지로 덕을 얻는 방법으로 사思와 학學 사이에서 학을 더 강조하고 있다. 또한 덕을 순전한 개인의 성질이나 성향으로 보지 않은 것도 공자를 계승한다. 하지만 그는 공자를 넘어서 덕이란 인공물을 잘 이용할 줄 아는 것이라고 하였다. 이는 다분히 공구나 기준을 강조했던 묵가를 따르는 것으로, 환경을 잘 이용하는 것을 강조했던 법가의 선구라 할 수 있다. 바로 이런 환경 이용에 대한 순자의 강조가 그의 윤리적 덕을 기존 공자/맹자의 개인적인 덕이 아니라 공공의 덕으로 만들었던 것이다. 공공의 덕(civic virtue)이란 단순히 개인의 인간적 덕(human virtue)이 아니라, 공동체의 규범을 준수할 수 있는 능력 즉 덕을 의미한다. 순자의 공공의 덕을 더 명확히 하기 위해 그의 자연과 인위에 대한 생각을 살펴보자.

2. 순자의 자연관

순자의 자연관은 『순자』「천론」과 「성악」편에 드러난 그의 천天(하늘,

276 吾嘗終日而思矣, 不如須臾之所學也. 吾嘗跂而望矣, 不如登高之博見也. 登高而招, 臂非加長也, 而見者遠; 順風而呼, 聲非加疾也, 而聞者彰. 假輿馬者, 非利足也, 而致千里; 假舟楫者, 非能水也, 而絕江河. 君子生非異也, 善假於物也. (『순자』「권학」).

자연)과 성性(본성)에 대한 생각[277]을 통해 이해할 수 있다. 이에 따르면 순자에게 자연은 기본적으로 소여적所與的인 성격을 띤다.

– 천天(하늘, 자연)

대부분의 중국 사상가들이 천天과 인人의 조화를 말하는데, 순자만은 천과 인의 불일치를 말한다. 물론 노자와 장자도 때때로 천과 인의 불일치의 경우를 말하지만, 그들은 결국은 인이 천을 따라야 한다고 함으로써 천과 인의 불일치에서 천에로의 일치로 나아간다. 따라서 천 못지않게 인을 강조하면서 천인 불일치를 주장했던 것은 오직 순자뿐이라고 할 수 있다. 순자는 특별히 장자의 잘못으로 '천에 가려져서, 인을 알지 못했다'를 지적하는데, 이를 통해 순자는 천보다는 인을 지향하였음을 알 수 있다. 그렇다고 무조건 인을 강조하는 것이 아니고, 순자는 천을 소여적인 것으로 받아들이면서 그 토대 위에 인의 역할을 찾아야 한다고 주장한다. 이를 위해서는 먼저 인을 천의 영역에서 철저히 구분 짓는 것(천인분리天人分離 혹은 성위분리性僞分離)이 필요하다.

순자가 제기한 천과 인의 구분은 사실 공자와 맹자에게서도 내재적으로 있던 요소라 할 수 있다. 앞서 말했듯이 공자 이전의 사람들이 천명과 덕의 일치를 믿었던 것과 달리 공자와 맹자는 천명과 덕이 항상 일치되지는 않는다는 것을 감지하였다. 다시 말해, 가장 덕이 있는 자가 천자가 되어야 한다는 것은 일종의 희망 사항이지, 반드시 현실에서 천자가 덕이 있는 사람은 아님을 인지하였었다. 천명이 '인간이 어떻게

277 여기서 순자의 성性을 본성이라고 부르기도 한다. 본성이란 '다른 것과 구별되는 특성'이라는 의미의 본질이 아니라, '타고난 성질'을 가리킨다.

해 볼 수 없는 운명'과 '하늘이 명령한 것으로 보고 싶은 도덕'으로 나누어진 것은 자연스러운 현상이었다. 공자와 맹자는 첫째 의미로서의 천명을 받아들여서 자연스럽게 의명분리義命分離를 인정했고, 그에 따라 명命보다는 의義에 더욱 집중했었다. 하지만 그들은 점차적으로 둘째 의미의 천명을 받아들여, 천의 명령을 아는 것(지천명知天命)이 군자가 되는 첫걸음이라거나(공자), 마음을 다하고, 본성을 알아, 천을 알게 되는 것(진심지성지천盡心知性知天)이 궁극적인 길이라고 주장했던 것이다(맹자). 여기서의 천 혹은 천명은 바로 도덕적 사명 즉 의義라고 할 수 있다. 의義와 명命의 간극을 처음에는 명을 인정하면서, 의에 집중하는 방식으로, 나중에는 명을 의와 동일시하면서 메우려 했던 것이다.

이와는 달리 순자는 철저히 천과 인을 분리하여, 천에는 천의 길이 있고, 인에는 인의 길이 있다고 주장한다. 천의 운행방식을 경이롭게 생각하는 것은 가능하나, 두려워할 필요는 없다고 하였다. 순자에게 천은 그저 주어진 자연현상, 무엇을 하기 위한 재원일 뿐이다. 순자는 우리가 천의 영역을 알려고 해서는 안 된다고(불구지천不求知天) 하였다. 사실 천은 알려고 해서 알 수 있는 것도 아니다. 천의 운행의 원인은 우리가 알 수 있는 성격의 것이 아니라고 보았기 때문이다. 물론 우리가 천에 대해 아무것도 모르는 것은 아니다. 우리는 적어도 천의 운행이 어떤 지속적인 패턴이 있음을 안다. 봄에는 꽃이 피고, 여름에는 홍수가 지거나, 혹은 가뭄이 들고, 가을에는 잎이 지고, 겨울에는 눈이 오는 등등이 그것이다. 운석이 떨어지든지, 지진이 일어나든지, 혹은 늦은 봄에 눈이 오는 등의 기상이변도 있지만, 그것은 예외일 뿐이다. 아니 그런 예외도 가끔 있는 것이 천의 운행의 항상성이다. 순자가 천의 영역에 대해 알려고 하지 말아야 한다고 하는 것은 왜 여름에는 가뭄이 지는지, 왜 운석이 떨어지는지 등등에 대해 알려고 하지 않아야 한다는 것이다. 그런 것들은 노력을 통해 알려질 수 있는 것이 아니기 때문이다. 여기까지는 얼핏 공자와 맹자의 의명분리의 관점과 유사한 듯하다. 차이는 공자/맹자의 의명분리의 명과 순자의 천인분리의 천의 의미가 좀 다르다는 것이다. 공자/맹자의 의명분리의 명은 일종의 운명이고, 순자의 천인분리의 천은 그저 인공과 대비되는 자연이다.

여하간 순자는 천인분리를 하고 나서, 즉 천의 항상성을 인정하고 나서, 우리에게 중요한 것은 그 자연의 운행을 항상된 것으로 받아들이고, 그것에 대책을 세우는 것이라고 하였다. 순자에 있어서 천은 더이상 존경의 대상이 되는 영적靈的인 것이 아니고, 그저 물物적인 것으로 통제(제천制天)와 소용(용천用天)의 대상이다. 천에 전혀 도덕성이 포함되고 있지 않다. 일종의 자연천自然天의 개념이라고 할 수 있다.

순자에게 관심은 이런 자연적 재원을 어떻게 사용하느냐이다. 따라서 천의 운행의 원인은 알 필요가 없지만, 천의 운행의 항상성은 숙지할 필요가 있다. 그래야 우리가 적절히 천을 이용할 수 있기 때문이다. 순자는 이 점에서 천과 인의 구분을 아는 것이 천을 아는 것(지천知天)이라고 하였다.

비록 순자가 인위를 가능하게 하는 심心을 천군天君이라고 하고, 그 밖의 적절한 인위적 활동을 천양天養, 천정天政 등으로 말하는데, 이는 자칫하면 천에 의지하는 기존의 공자, 맹자와 같은 유가사상가들과 차별성이 없어 보일 수도 있다. 하지만 여기서 말하는 천양이나 천정 등은 천의 자원성을 인정하고, 그 위에서 인위를 강조하기 위한 것일 뿐이다. 하늘이 낳고, 인간이 완성한다는 천생인성天生人成의 정신이 순자의 천관의 핵심으로 자리 잡고 있다. 달리 말해, 여기서 천은 종교적 뉘앙스가 없이, 우리에게 주어진 자연적 재원이라는 의미로 사용된 것이다.

– 성性(본성)

순자의 성性에 대한 이론은 그의 성악설을 중심에 두어야 할 것 같다. 순자의 性(본성)을 맹자와 마찬가지로 인간과 동물을 구분하는 특성, 즉 본질로 본다면, 우리는 단순히 순자의 성을 흔히들 생각하듯이 욕구로만 볼 수 없고, 욕구와 대조되어 쓰이는 인위 즉, 사회의 위계질서(분分)를 가능하게 하는 의義의 능력도 성의 영역에 포함시켜야 할 것이다. 그렇지만 순자는 어디까지나 성性과 위僞를 철저히 구분하였으므로, 의의 능력과 같은 위는 본성개념에서 제외시켜야 한다. 이런 점에서 맹자와 순자의 성론性論의 차이는 사실 엄격히 말해 실제적인 것이 아니고, 단지 용어 개념의 규정문제일 뿐이라고 말할 수도 있다. 하지만 반드시 그렇지만은 않다.

순자가 성악이라고 할 때, 그 의미는 무엇인가? 인위의 능력과 대비되는 본성 즉 인간의 감정과 욕구가 악惡하다고 하는 것이 무엇을 말하는가? 『순자』「성악」편과 「예론」편에 나오는 구절들은 순자의 본성이 어떤 의미에서 악인지를 잘 보여준다. 먼저 순자에 있어 본성은 맹자와 같이 본질의 의미가 아니라, 타고나서 가지게 된 능력이다. 기본적으로 이런 능력 즉 인간의 본성은 욕망과 감정으로 되어있으며, 이것은 제약이 없으면 싸움, 혼란, 궁핍 즉 (사회적) 악으로 우리를 이끄는 것이다.

여기서 우리의 시선을 끄는 것은 본성과 제약, 그리고 (사회적) 악의 개념이다. 순자는 그의 성악의 주장을 통해 본성 즉 욕망과 감정이 윤리적 혹은 사회적 악이라고 하지 않았다. 다만 우리의 욕망과 감정은 제약이 없으면 싸움, 혼란, 궁핍과 같은 사회적 악으로 향한다고 하였을 뿐이다. 이런 점에서 맹자의 성선이 선에로의 경향성, 혹은 선의 가능성을 말하는 것과 유사하게 순자의 성악은 악에로의 경향성을 말한다고 할 수 있다. 물론 맹자가 선에로의 경향성을 말했다고 해서, 악에로의 경향성을 말하지 않은 것은 아니듯이, 순자가 악에로의 경향성을 말했다고 해서, 선에로의 경향성을 부정한 것도 아니다.[278] 맹자가 선에로의 경향성에 주목한 것은 그것이 인간과 동물을 구별시켜주는 부분이기 때문이라면, 순자가 악에로의 경향성에 주목한 것은 그것이 인간사회에 미치는 영향에 있어서 선에로의 경향보다 더 주동적인 것이었기 때문일 것이다.

먼저 우리의 자연적 욕망과 감정이 본성이고, 우리의 인위는 자연이 아니라는 점을 그의 성性(본성)에 대한 정의를 통해 알아보자.

> 무릇 성性이라는 것은 천天이 나아가는 방향이다. 배울 수도 없고 일삼을 수도 없다 예의禮義라는 것은 성인이 만든 것이다. 사람들이 배워서 가능한 것이고, 일삼아서 능해지는 것이다. 배울 수 없고, 일삼을 수 없는 것으로 사람에 있는 것이 성性이고, 배워서 가능하고 일삼아서 이루어지는 것이 사람에게 있는 것이 위僞이다.[279]

278 폭군의 압제 치하에 있던 백성들이 선왕의 정벌에 기꺼이 동참하는 것이 '선에로의 욕망'이 인간에게 있음을 보여준다.

279 凡性者, 天之就也, 不可學, 不可事. 禮義者, 聖人之所生也, 人之所學而能, 所事而成者也. 不可學, 不可事, 而在人者, 謂之性; 可學而能, 可事而成之在人者, 謂之僞 (『순자』「성악」).

위에서 보듯이 순자의 본성은 한마디로 배울 수 없고, 일삼을 수 없는 것이다. 이것은 형식상 맹자의 선천적 혹은 본유적 도덕 능력의 개념 정의와 매우 흡사하다.

> 맹자가 말하였다: 사람이 배우지 않았는데 능한 것은 그의 양능良能이다. 사람이 숙고하지 않았는데 아는 것은 그의 양지良知이다. 갓난아이도 그 부모를 다 사랑할 줄 안다. 성장해서는 다 그 형을 공경할 줄 안다. 부모를 친히 여기는 것은 인仁이다. 나이든 이를 공경하는 것은 의義이다. 다른 것이 아니라(이것들이) 천하에 공통된 것이다.[280]

즉 맹자도 배우지 않고 능한 것, 생각하지 않고 아는 것을 자연적 도덕 능력으로 여겼는데, 적어도 이런 형식적 개념 정의에서는 맹자의 양능良能이나 양지良知에서의 양良의 개념과 순자의 性(본성)개념이 일치되는 점이 있다. 하지만 위의 예에서 보듯이 맹자는 예컨대 아이가 부모를 사랑하는 것, 조금 커서 형을 공대하는 것, 또 유자입정에서 보이는 측은지심과 같은 사단들을 거의 성인이 가진 인의의 도덕적 능력과 유사한 능력[281]으로 볼 것인데, 순자는 이러한 원초적 도덕 감정[282]을

---

280 孟子曰:「人之所不學而能者, 其良能也; 所不慮而知者, 其良知也. 孩提之童, 無不知愛其親者; 及其長也, 無不知敬其兄也. 親親, 仁也; 敬長, 義也. 無他, 達之天下也 (『맹자』「진심상」).

281 장금장(Kim-Chong Chong)은 맹자의 이 입장을 '도덕의 유기적 이해' (organic construal of morality)라고 하였다. cf. "Xunzi's Systematic Critique of Mencius," *Philosophy East and West*, Vol. 53, No. 2 (Apr., 2003), 215-233.

282 이처럼 사실 순자의 본성이 단순히 이익을 좋아하는 것만인지는 분명치 않다. 순자는 곳곳에서 보통 사람도 '의를 좋아한다'는 표현을 하고 있기 때문이다. 따라서 순자의 성악을 단지 이기적 충동만 인정한 것으로 보아서는 안 되고, 이타적 충동도 가지고 있다고 보아야 한다. 그럼에도 이러한 이타적 충동이 도덕적 완성에 커다란 역할을 하지 않는다는 것이 순자의 생각인 것 같다.

본래의 자연적 능력으로 보겠지만, 그것을 인의의 도덕적 능력으로 보지는 않는다. 그것은 도덕적 능력이라기에는 아직 미약하거나 부족한 것으로 보았던 것 같다.

순자가 인간의 본성에 선과 악의 경향이 다 있다고 하면서도 굳이 성악이라고 한 이유는 첫째, 이기적 욕망이 이타적 욕망보다 더 주동적이고, 둘째, 어디까지나 순자의 선, 악 개념은 정치적 · 사회적 선, 악에 국한되어 있었기에, 이러한 입장에서는 개인의 이타적 본능이건, 이기적 본능이건 이러한 정치적 선을 이룩하는 데 있어, 커다란 역할을 할 수 없다는 점에 있었을 것이다. 여기서 악을 선악의 악이 아니라, 세련되지 못함, 조악함의 의미로 받아들여야 한다는 주장도 힘을 얻을 수 있을 것이다. 그러므로 순자의 성악설은 순자에게 중요한 것은 인위이지, 본성이나 자연이 아니라는 가정하에 등장한 이론이다.

순자는 맹자와 마찬가지로 성性이 천으로부터 온 것이라고 보았지만, 즉 자연스럽게 가지게 되는 것으로 보았지만, 맹자와는 달리 타고난 생물학적 과정 혹은 경향만을 성으로 보았고, 이것만을 우리가 '안에 가지고 있는 것'(내內)으로 보았다. 그런데, 순자에게도 사실 자연스럽게 가지게 된 것(천天에 의해 주어진 것)인 성性이 그 자체 나쁜 것이라고는 할 수 없었다. 사실 어쩔 수 없이 주어진 것이기 때문에, '나쁘다'라는 가치평가를 내릴 수 있는 것도 아니다. 엄밀히 말하면 가치중립적인 것이다라고 할 수 있다. 이런 점에서, 순자의 성악설에서의 악惡의 의미는 나쁜 것이라기보다는 충분치 못한 것 즉 세련되지 못한 것의 의미이다. 조악粗惡의 의미인 것이다. 순자의 성은 그 자체가 윤리적 혹은 사회적 의미로 나쁘다기보다는 그대로 놓아두면 자연스럽게 나쁜 쪽으로 나아갈 것이라는 의미에서 '성악'이라고 했는데, 그 의미는 '성은 나쁘다'가 아니라 '성은 조악하다'라는 것이다.

> 맹자가 "사람의 성은 선한데, 그 성을 잃어버렸기 때문에 악한 것이다"고 말하였다. 그런데 이렇게 말하면 잘못이다. 사람의 성은 태어나서 그 질박함(박朴), 그 본바탕(자資)을 떠나게 되어 반드시 그 성을 잃어버리게 된다. 이것으로 본다면 성은 악한 것이 분명하다.[283]

위에서 순자는 사람이 태어나서 그 질박함, 그 본바탕을 떠나게 된다고 표현한다. 이것은 얼핏 순자도 노자나 장자처럼 인간의 본성을 '본래의 질박함'으로 본 것 같으나, 순자의 본성이 가리키는 것은 '그 질박함'이 아니라 '그 질박함으로부터 자연스럽게 떠나가는 경향'이다. 따라서 순자에게 본성은 외부로부터 그런 경향을 교정해 줄, 뭔가 제련이 필요한 것이다. 결국 순자가 도덕에 책임이 있는 것으로 본 것은 순전히 외부에서 온 것 즉, 본성本性을 제련하는 방식인 인위人爲였다

> 그러므로 감정과 본성을 따르면 곧 사양하지 않게 되며, 사양을 하면 곧 감정과 본성에 어긋나게 된다. 이로부터 보면 사람의 본성이 악한 것이 분명하며, 그것이 선한 것은 인위적인 노력에 의해서이다.[284]

이 인위人爲가 바로 예禮이다. 예는 인간의 자연성을 억제하는 동시에 길러주는 역할을 한다. 이 예는 바로 성인의 인위 즉 심心에 의해 만

283 孟子曰 今人之性善, 將皆失喪其性故也. 曰若是則過矣今人之性 生而離其朴,離其資, 必失而喪之. 用此觀之, 然則人之性惡明矣 (『순자』「성악」).

284 故順情性則不辭讓矣, 辭讓則悖於情性矣. 用此觀之, 然則人之性惡明矣, 其善者僞也 (『순자』「성악」).

들어졌다. 그런데, 또 순자에게 흥미로운 것은 인간은 후천적으로 성인이 만든 예의의 학습을 통해 누구나 성인이 될 수 있다고 한 것과, 인간 누구에게나 도덕적인 것을 알 수 있는 인식능력과 실천능력이 있음을 긍정하는 점이다.

일반적으로 우임금이 우임금이 되었던 까닭은 그가 인仁, 의義, 법法, 정正을 실천했기 때문이다. 따라서 이것들에는 인식할 수 있고, 실천할 수 있는 패턴이 존재한다. 그래서 보통 사람들은 모두 그들 안에 '이것들을 인식할 수 있는 재질'(가이지인의법정지질可以知仁義法正之質)과 '이것들을 실천할 수 있는 자원'(가이능인의법정지구可以能仁義法正之具)을 갖고 있다. 따라서 그들이 우임금이 될 수 있는 것은 분명하다

누구나 배움을 통해 성인이 될 수 있고, 또 우리에게 그런 내재적 능력이 있다면, 맹자와 순자의 차이는 실제적으로 그다지 크지 않다고 할 수 있다. 이는 성性과 의義의 개념으로 살펴볼 수 있다. 먼저 인간 본성론을 다룰 때 많은 사람들은 성의 개념에 주목해서 순자의 인간 본성론을 성악설이라고 주장한다. 성악설이란 인간의 본성은 기본적으로 조악한데, 그럼에도 선한 사람이 있는 것은, 바로 인위(僞) 때문이라고 주장한다. 그런데, 순자에는 또한 인간이 다른 동물들과 차이가 나는 점으로 의義를 주장하는데, 이것은 일종의 도덕적 능력을 말한다. 의가 이처럼 사람과 동물을 구분 짓는 것이라면, 순자는 왜 의를 인간 본성으로 보지 않았나? 아마도 순자에게 의는 맹자와 같이 내용을 가진 것이 아니고, 내용을 받아들일 수 있는 능력이기 때문일 것이다. 니비슨은 다음과 같이 맹자와 순자의 차이를 예시한다:

ex) a. 내가 할 수 있는데, 하고 있지 않는 것이 있다. 나는 고통스럽지만 이것을 의식한다. (순자)

b. 그것을 하려는 충동이 내 안에 있다. 내가 그것을 하지 않는다면 기분이 나쁘거나 부끄럽다. (맹자)[285]

본성은 순자에게 있어서도 맹자와 마찬가지로 천天에 의해 주어진 것이었다. 그렇지만 맹자가 주어져서 바꿀 수 없는 명命과의 비교를 통해, 우리가 노력에 의해 발전시킬 수 있는 부분을 性(본성)이라고 보았던 것과는 달리, 순자의 본성은 일삼을 수도, 배울 수도 없는(불능사不能事, 불능학不能學) 것이었다. 반면 일삼을 수도 배울 수도 있는 것이 인위(僞)이다. 우리는 사실 순자에 대해 다음과 같이 의문을 제기할 수 있다. 사실 순자가 '일삼을 수도, 배울 수도 없다'고 본 시력과 청력, 혹은 미각이라도 '일삼아서, 혹은 배워서 발전시킬 수 있는 것'이 아닌가 하는 것이다. 물론 시력과 청력의 발전 가능성과 도덕적 능력을 포함한 인위적 기술의 발전가능성이 차이가 나기 때문에, 여전히 순자는 시력은 상대적으로 '일삼을 수도, 배울 수도 없는 것'이라 할 수 있을 것이다. 그럼에도 순자에 대한 일말의 의심이 타당한 것이라면, 우리는 왜 맹자가 굳이 발전가능성이 큰 도덕적 능력을 성으로 보았는지 이해할 수 있다. 그리고 왜 맹자가 시력과 같은 것에도 성과 명의 요소가 다 있고, 도덕적 능력에서도 성과 명의 요소가 다 있지만, 군자는 전자는 명, 후자는 성이라고 했는지 이해할 수 있다.

285 Nivison, *The Ways*, 211.

3. 순자의 인위관

순자에 있어서의 인위는 앞서 말한 천과 성 개념과의 상대개념으로 나타난다. 천과 성이 각각 소여적인 것, 즉 배울 수 없는 것 · 일삼을 수 없는 것이라면 인위는 이와 반대로 획득된 것, 즉 배울 수 있는 것 · 일삼을 수 있는 것일 것이다. 이것은 구체적으로 예禮(예의), 악樂(음악), 그리고 언言(언어)으로 표현된다. 그리고 이 모든 구체적 인위의 표현을 가능하게 하는 것이 아마도 심心(마음)일 것이다. 그러므로 마음이 바로 인위를 가능하게 하는 기관이다. 여기서는 예禮(예의)와 심心(마음)을 중심으로 위僞(인위)를 살펴본다.

– 예禮(예의)

공자가 예禮와 인仁, 맹자가 인仁과 의義의 윤리적 덕을 강조하였다면, 순자가 강조한 윤리적 덕은 예[286]와 의[287]다. 인이 상대적으로 약화된 것이다. 인은 공자나 맹자에게서 가장 중요시되었던 인자함의 덕이다. 순자는 묵가를 따라 인자함(仁)보다는 옳음(義)에 더 비중을 두었다. 또한 의를 표현하는 수단인 예도 맹자에게서는 마음, 즉 공경지심에 그 뿌리를 둔 것과는 달리, 순자는 예를 인간의 욕망과 제한된 재화 사이의 불균형 및 인간과 인간 간의 상호 교류를 원만하게 하는 제도로 생

286 예禮는 종종 예의禮儀로 표현되는데, 예는 의례 일반을, 의는 구체적 의식을 가리키기도 하고, 때로는 예는 특정한 의례, 의식을, 의는 그런 특정한 의례, 의식에 함유된 보편적 덕목을 가리키기도 한다. 의儀는 의義로 표현할 수도 있다.

287 의義는 순자에게 있어서 인간을 동물로부터 구별해 주는 도덕적이고 지성적인 능력이다.

각했다.[288] 특히 욕망과 재화의 불균형을 해소하는 방식은 지성적 방식이기에, 순자에 있어서 도덕성은 지성과 관련이 있게 된다. 이 점에서 순자는 도덕성을 지성보다는 인간의 측은지심과 같은 도덕적 정감으로 표현한 맹자와 미묘하게 갈라진다. 이것이 우리가 순자의 덕을 단순히 윤리적 덕보다도 공공의 덕(civic virtue)이라 표현하는 이유이다. 공공의 덕은 윤리적 덕보다 더 지성의 힘을 필요로 한다. 개인의 마음보다는 제도, 따뜻함보다는 냉철한 인식을 강조하는 순자의 이러한 지성적 태도로 말미암아, 우리는 순자의 철학을 맹자의 이상주의, 감성주의, 내면주의에 비해 현실주의, 지성주의, 외면주의라 말하여 왔다. 사실 순자의 이런 방향 전환은 맹자의 내면의 덕으로부터, 공자에게로 혹은 공자 이전의 공공의/시민적 덕의 측면으로 돌아가는 것이다. 맹자가 틀었던 마음의 내면 상태로서의 덕으로부터 공자나 공자이전에 볼 수 있었던 객관적 행위로서의 덕의 방향으로 순자는 다시 나아갔던 것이다.

공자가 의義와 인仁을 중시했다면, 맹자는 인에 더 충실했고, 순자는 의에 더 충실했다고 거칠게 말할 수 있다. 좀 더 자세히 말해보면, 맹자는 사실 인을 강조하고, 나아가 의를 강조한다. 맹자에게 인의예지仁義禮智의 사덕은 종종 인과 의의 두 가지 덕으로 수렴되어 사용되고, 인과 의에 대응하는 측은지심과 수오지심만이 사단 가운데에서 분명하게 예를 들어 설명하는 데에서도 알 수 있듯이[289] 인과 의의 두 덕목은 맹자에게 중요하다. 인과 의는 묵가의 영향을 받아 각각 '자애로움'과

288 아래에서 말하는 대로 예禮에는 욕구의 제한, 욕구의 충족 및 욕구의 양육 기능이 있다.

289 김명석은 시비지심의 예도 『맹자』 원문에서 어렵지 않게 발견할 수 있다고 한다.

'옳음'(도덕성)의 뜻을 갖는다. 맹자는 묵가가 인보다 의를 중시하는 것에 맞서, 의보다 인을 더 강조하고 있으나, 그러나 그에게도 여전히 의는 중요한 덕목이었다. 이는 시대의 영향일 것이다. 순자는 이런 내면주의에 대해 시대의 흐름인 외면의 길로 다시 나아갔다. 따라서 인仁보다는 예禮에 치중을 한다고 할 수 있는데, 이 예의 근본으로 의義가 강조되었던 것이다. 여하간 공자와 순자에게 공히 예는 인간의 내적 미덕이라기보다는 객관적 의례, 의식의 의미가 강하고, 이런 의례, 의식의 근본은 각각 인仁과 의義로 규정되었다.

순자의 의義는 예禮의 근본이지만, 또한 인간과 동물을 가르는 인간의 특성이기도 하다. 학자들은 이를 일종의 도덕감이라고 해석하는데, 그들에 따르면 순자는 인간만이 이런 도덕감을 가지고 있고, 이를 통해 위계질서(분分)가 잡힌 군집생활이 가능하다고 한다. 마치 묵가의 의義와 같다.

> 물과 불은 기氣는 있지만 생生이 없고, 풀과 나무는 생生은 있지만 지知가 없고, 새와 동물은 지知는 있지만 의義가 없고, 인간은 기氣, 생生, 지知, 또한 의義를 모두 갖고 있다. 따라서 천하에 있는 모든 것들 중 인간이 가장 귀하다. 인간의 힘은 소만 못하고, 말처럼 빠르게 달리지 못하지만 소와 말이 인간을 위해 쓰이는 것은 왜 그럴까? 인간은 군집할 수 있지만 그것들은 군집할 수 없기 때문이다. 인간은 어떻게 해서 군집할 수 있는가? 위계질서의 나눔(分)에 의해서이다. 위계질서의 나눔은 어떻게 해서 실행될 수 있는가? 도덕(義)에 의해서이다.[290]

290 水火有氣而無生 草木有生而無知 禽獸有知而無義 人有氣 有生 有知 亦且有義 故最為天下貴也 力不若牛 走不若馬 而牛馬為用 何也 曰人能群 彼不能群也 人何以能群 曰分 分何以能行 曰義 (『순자』「왕제」).

의를 통해 인간 공동체의 위계질서가 가능하다고 했는데, 바로 이러한 의가 외적으로 표출된 것이 예禮이다. 예는 인간이 가진 욕구의 성격 때문에 생긴다.

> 예는 어디에서 일어나는가? 인간은 나면서 욕구를 가지고 있다. 욕구가 있는데 그 욕구의 대상을 갖지 못하면, 그 욕구를 충족할 방법을 찾지 않을 수 없다. 찾는데, 수단이나 한계가 없다면 싸울 수밖에 없다. 싸우면 혼란해지고, 혼란해지면 궁해진다. 선왕이 그 혼란을 싫어해서 예의를 제정해서 재화를 나누고, 사람들의 욕구를 기르고, 사람들의 욕구를 만족시킨다. 욕구로 하여금 재화에 의해 다하지 않게 하고, 재화로 하여금 욕구에 의해 줄어들지 않게 한다. 양자가 서로 지지해서 성장하게 한다. 이것이 예의 기원이다.[291]

쿠아(A. S. Cua)는 위의 구절에서 순자가 예의 기능을 세 가지로 보았다고 주장하였다. 즉 예에는 욕구의 제한(delimiting), 욕구의 충족(supportive), 욕구의 양육(ennobling) 기능이 있다고 한다.[292] 순자가 예와 같은 도덕성의 표현들이 욕구의 무한정 추구에서 빚어지는 혼란을 극복하기 위해 생겨났고, 그 내용은 위계적 구분이라고 말한 것이 흥미롭다. 이것은 다분히 정치적 관점에서 도덕적 행위를 바라본 것이다. 도덕은 순수히 지성의 산물이라고 본 점에 순자 도덕, 정치철학의 특성이 있다. 그렇다면 순자에게 지성은 무엇인가?

---

291 禮起於何也?曰: 人生而有欲, 欲而不得, 則不能無求. 求而無度量分界, 則不能不爭; 爭則亂, 亂則窮. 先王惡其亂也, 故制禮義以分之, 以養人之欲, 給人之求. 使欲必不窮乎物, 物必不屈於欲. 兩者相持而長, 是禮之所起也 (『순자』「예론」).

292 Antonio S. Cua, *Human Nature, Ritual and History: Studies in Xunzi and Chinese Philosophy,* Washington D. C.: The Catholic University of America Press, 2005, 164–168.

* 순자의 인식심認識心

순자의 심心(마음)은 본성인 욕欲(욕구)과 인위의 체계인 예禮(예의)를 연결시키는 주체로 절대적 권위를 지닌다. 심은 몸의 주인이고, 명철한 인식의 주체이다. 그것은 몸처럼 누구의 명령을 받지도 않고, 스스로 움직이고, 결정하는 기관이다. 순자는 심의 기능을 실상을 그대로 비추는 맑은 거울에 비교하는데, 심의 기능을 외부의 사물을 인식하는 것으로 생각한 것은 도가로부터 온 것이다. 흔히들 순자의 심을 맹자의 도덕심과 비교하여 인식심으로 말하는 것은 이 때문이다. 따라서 완벽한 인식을 위해서, 도가와 마찬가지로 허일이정虛壹而靜의 상태를 강조한다. 그러나 도가의 허일이정과는 달리 순자의 허일이정은 좀 더 적극적이고, 구성적이며, 개별적이다.

> 인간은 도를 어떻게 아는가? 마음으로써 안다. 마음은 어떻게 아는가? 허虛, 일壹, 정靜으로써 안다..... 이미 채워진 것으로써 앞으로 받아들일 것을 방해하지 않는 것을 일러 허라고 한다.... 저 하나로써 이 하나를 방해하지 않는 것을 일러 일이라고 한다.... 꿈과 활동으로써 지식을 혼란시키지 않는 것을 일러 정이라고 한다.[293]

한마디로 도가가 어떤 선입견이 없이 만물을 거울처럼 비추는 것을 인식의 완전성으로 생각했다면, 순자는 각각의 개별적 지식들이 통일성을 지니면서, 체계적으로 수용되는 것을 인식의 완전성이라고 보았다. 순자의 지식이 도가와는 달리 개별적 지식들을 부정하지 않고, 그 개별적 지식들을 기반으로 보다 통합적 지식의 대상으로 나아가려

293 人何以知道?曰: 心. 心何以知?曰: 虛壹而靜... 不以所已臧害所將受謂之虛...不以夫一害此一謂之壹... 不以夢劇亂知謂之靜. (『순자』「해폐」).

했다는 것이 중요하다. 그러기에 순자의 마음에 의한 지식은 도가와는 달리 구성적이고, 자발적이며, 개별적이었다. 심이 수동적인 것이 아니라, 자발적, 능동적이라고 생각했던 것은 순자만이 아니고, 맹자도 그러하였다. 그러나 맹자가 도덕적 욕구의 수용을 마음의 주요 기능으로 본 반면, 순자는 도덕적 진리에 대한 인식을 마음의 주요 기능으로 본 특징이 있다.

제10장

법가:

법法과 제도 운용의 덕

제10장
법가: 법法과 제도 운용의 덕

1. 법가의 제도 운용의 덕

법가는 흔히 관중, 상앙 신불해, 신도, 한비 등의 사상을 가리키는데, 주로 한비에 의해 이들의 사상이 통일되었으므로 한비의 저작이라 믿어지는『한비자』를 중심으로 법가를 다뤄 볼 수 있을 것이다. 이들 법가 사상가들은 대개 전국 말에 등장해서 진시황의 중국 통일에 결정적 역할을 했다고 한다. 하지만 이들의 사고 경향은 치국의 비방으로서 그 훨씬 이전부터 존속해 왔다고 할 수 있다.

실제로 공자나 맹자가 천하를 주유하면서 제후를 설득했을 때, 공자나 맹자의 생각이 너무 이상적이고 현실적이지 않다고 제후들은 생각했다. 한마디로 공자의 정명正名을 우원하다고 생각했던 자로나, 인정仁政을 말하는 맹자에게 자신들의 꿈은 부국강병에 있다고 말했던 제

선왕이나 양혜왕과 같은 이들은 바로 이런 법가적 사고가 추구하는 것을 마음에 담고 있었다고 할 수 있다. 즉 법가적 사고는 당위성이 아닌 현실적인 것, 도덕이 아닌 현실 정치를 기본으로 하는 사고였다.

맹자는 일찍이 "사람을 죽이기를 좋아하지 않는 자가 세상을 통일할 수 있다"[294]고 했는데, 이 말은 실제 역사상, 법가 사상을 기반으로 했던 진秦이 중국을 통일하면서 잘못된 예언으로 드러났다. 실제 역사는 맹자의 도덕적 이상주의와는 달리, 문文(문화)이나 의義(도덕)보다는 무武(무력)나 이利(이익, 편의)를 강조하는 방식의 통일을 지지했던 것이다. 하지만 진의 갑작스러운 멸망에 뒤이어 문文이나 도道와 덕德을 표방한 한漢의 재통일은 맹자가 완전히 잘못 말한 것은 아님을 보여준다.

구체적으로 법가적 사유의 발단이라고 할 수 있는 것은 공공법의 법전화였다. 『좌전』에는 BCE 6세기경의 법전화 경향에 대해 공자가 우려했다고 하고, 숙향叔向의 다음과 같은 말이 그 우려를 잘 표현하였다고 한다.

> 사람들이 법령을 안다면, 윗사람을 두려워하지 않을 것이고, 경쟁하는 마음을 가질 것이다. 쓰인 것에 근거해서, 스스로 이루려고 모든 시도를 할 것이다. 이들을 다루는 것은 불가능하다.[295]

여기서 보이는 것은 인간과 인간 사이의 관계를 비개인적인 법으로 다스리려는 시도의 위험성이다. 실정법에 의한 통치는 봉건제도가 기반을 둔 인간과 인간 사이의 관계를 무너뜨릴 수 있다. 윗사람에 대한 신비감이 없어진 곳에서, 즉 두려움이나 존경심이 없어진 곳에서 통

294 不嗜殺人者能一之 (『맹자』「양혜왕상」).

295 Graham, *Disputers*, 276에서 재인용.

치가 이루어질 수 없다는 두려움이었다. 그러나 이런 우려에도 불구하고, 꾸준히 진행된 법전화의 진전은 법가의 사상을 꽃피웠고, 진秦은 마침내 이런 법가의 사상을 이용하여, 전국시대를 마감하고, 이후의 관료제로의 길을 예비하였다.

흔히들 법가는 동아시아에 전제 군주국가의 이념을 완성한 사상으로 그려진다. 헤겔이 중국은 한 명의 자유인과 대다수의 노예로 이루어진 사회였다고 했을 때, 그가 생각한 중국의 통치형태는 절대적 전제군주정이었다. 설사 이렇게까지는 아니더라도 법가의 혹독한, 혹은 몰인정한 통치체제는 비록 그것을 채용한 진에 중국통일의 위업을 가져다주었지만, 급격한 몰락을 가져오게도 했다고 말해진다. 또 한편으로 법가가 강조한 술術(관리를 다루는 방법)과 세勢(형세, 권력기반)의 방식은 그저 군주와 소수 특권층의 이익을 유지하기 위한 술수나 권세로 인지되어 온 것도 사실이다. 여기서는 이런 부정적 평가를 염두에 두고, 법가가 가진 긍정적 측면도 아울러 제시해보려고 한다. 다시 말해, 법가의 사상은 객관적 사실에 입각해 제국을 통치하려는 이념이고, 또한 군주나 귀족의 자의적 권력행사를 제한하고, 그 대신 공정한 법과 제도에 의해 국가를 통치하려는 긍정적 이념을 제시한 사상이기도 하다는 것이다. 하지만 여기서 강조하는 것은 단순히 법가가 긍정적 측면이나 부정적 측면을 가지고 있다는 것이 아니고, 법가가 제시한 것이 단순히 제도를 강조한 법치가 아니라, 제도 운용의 덕을 강조하는 인치라는 것이다.

먼저 긍정적 측면을 말해보자. 법가는 좋은 정부는 유가나 묵가가 생각하듯이 개인의 도덕적 능력에 의해 성취되는 것이 아니라, 그보다는 법과 같은 제도의 작용에 의해 이루어진다고 믿었다. 원래 법이란 말은 묵가 특히 후기묵가에서 일종의 '판단 기준'(소약이연야所若而然也 이와 같으면 그러하다)[296]을 가리키는 의미로 사용되었는데, 이것이 순자나 법가에 오면 개별적 인간과 대비되는 일종의 제도로 확장되어 사용된다.[297] 여하간, 즉 유가와 묵가가 이상적 통치자 즉 인자仁者에 의한 통치, 인자를 기준으로 하는 통치를 통해 천하가 다스려지는 도를 강조한다면, 법가는 이런 이상적 통치자의 미덕에 의존하는 통치를 비판한다. 인자란 인류역사에서 늘 소수이기 때문이다.

> 더구나 만일 요堯, 순舜, 걸桀, 주紂와 같은 사람들이 천 세대에 한번 등장한다면, 이것은 어깨를 나란히 하고, 발 뒤꿈치를 잇대어 태어나는 것이지만, 다스려진 세대는 그 사이에서 끊이지 않았다. 권력기반(勢)에 대해서 말할 때의 나의 관심은 그 사이에 있었던 군주들이다. 그 사이에 있었던 군주들은 요와 순만큼 높아지지도 않았고 걸과 주만큼 추락하지도 않았다. 법을 끌어안고 권력기반을 차지했을 때는 다스려졌고, 법을 거부하고 권력기반을 상실했을 때는 혼란이 일어났다. 이제 만일 권력기반을 포기하고 법을 거부한 채 요와 순이 나타나면 다스려지리라고 기대한다면, 천 세대가 혼란스러운 가운데 한 세대만 다스려질 것이다. 만일 법을 끌어안고 권력기반을 차지한 채 걸과 주가 나타나면 혼란이 발생하리라고 기대한다면, 천 세대가 다스려지는 가운데 한 세대만 혼란스러울 것이다.[298]

---

296 『묵자』「경상」.

297 앞서 말한 대로, 순자가 '법은 홀로 설 수 없다'거나 '다스리는 법은 없지만, 다스리는 사람은 있다'라고 하면서 법法과 인人을 대비시키면서 후자를 강조하거나, 법가가 법의 의미로 '법제도'(法)는 물론이고 '형세 혹은 권력기반'(勢)이나 '술수'(術)를 포함시킨 것에서 잘 알 수 있다.

298 且夫堯、舜、桀、紂千世而一出, 是比肩隨踵而生也, 世之治者不絕於中. 吾所以為言

> 신도가 말했다. 구름을 타고 나는 용이나 안개 속을 노니는 뱀이 만일 구름이 사라지고 안개가 걷히면 용과 뱀은 지렁이나 개미와 같게 되는데, 이것은 탈것을 상실했기 때문이다.... 이로 보건데 현자와 지자는 대중을 복종시키기에 부족하고, 형세(勢)와 지위(位)는 현자를 굽히게 할 수 있다.[299]

다시 말해 법가는 제도만 정비되면 모든 혼란이 사라지리라고 보는 것이 아니고, 제도가 잘 정비되어 있어도 폭군이 등장하면 혼란이 오는 것을 인정한다. 제도 만능주의는 아닌 것이다. 하지만 성인이나 폭군의 출현은 드문 경우이고, 대개의 경우는 보통의 군주가 있기에, 이 보통의 군주를 대상으로 한 제도의 정비는 나라를 늘 혼란에 빠뜨리지 않게 만드는 최선의 방책으로 본 것이다. 따라서 법가가 보기에 유가의 덕은 비록 훌륭한 것이지만, 복잡하고 다원화된 세상을 변화시키기에 부족하다. 유가의 덕은 기껏 몇 사람에게 영향을 줄 뿐이다. 그에 반해, 법가가 생각한 제도개선의 방식은 보다 항구적이고, 보다 많은 사람들에게 영향을 줄 수 있는 효과적인 것이었다.

> 옛날에는 남자들이 밭을 갈지 않았는데, 그 까닭은 풀과 나무의 열매들이 음식으로 충분했기 때문이다. 여자들도 길쌈을 하지 않았는데, 그 까닭은 동물과 새들의 가죽이 의복으로 충분했기 때문이다. 힘써 일하지 않아도 양식은 충분했으며, 인구는 적은데도 자원에 여유가 있었다. 따라서 사람들은 서로 경쟁하지 않았다. 바로 이 때문에 후한 상을 주지 않고, 중벌을 사용하지 않아도 사람들은 스

勢者, 中也. 中者, 上不及堯､舜, 而下亦不為桀､紂. 抱法處勢則治, 背法去勢則亂. 今廢勢背法而待堯､舜, 堯､舜至乃治, 是千世亂而一治也. 抱法處勢而待桀､紂, 桀､紂至乃亂, 是千世治而一亂也 (『한비자』「난세」).」

299 愼子曰:「飛龍乘雲, 騰蛇遊霧, 雲罷霧霽, 而龍蛇與螾螘同矣, 則失其所乘也... 由此觀之, 賢智未足以服眾, 而勢位足以詘賢者也. (『한비자』「난세」).

스로 질서를 지켰다. 요즈음 사람들은 다섯 명의 자녀를 많다고 생각하지 않는데, 그 자녀들이 다시 다섯 명의 자녀를 두어, 할아버지는 아직 돌아가시지 않았는데 이미 스물다섯 명의 손자가 있다. 사람은 많은데 자원은 적고, 힘써 일하는데도 양식이 부족한 것은 바로 이 때문이다. 따라서 사람들은 경쟁을 하고, 그리고 비록 보상을 배로 하고 처벌을 가중해도, 혼란을 피할 수 없다.... 이 때문에 옛날에 있어 자원에 관대했던 것은 박애가 아니라 자원이 많았기 때문이다. 오늘날의 경쟁과 탈취는 부정직이 아니라 자원이 적기 때문이다.[300]

따라서 상고의 시기에는 사람들이 친친親親했고, 자신을 사랑했으며, 중세에는 현자를 높이고 인仁을 즐거워하였으나, 최근에는 계급을 중시하고 관료를 존중한다.[301]

그러므로 문왕이 인의仁義를 행하여서 천하의 왕자가 되었으나 언왕偃王이 인의를 행하였지만 그 나라를 잃었다. 이것은 인의는 옛적에 통용되지, 현재에는 통용되지 않음을 보여준다... 상고에는 경쟁적으로 도덕道德으로 나아갔고, 중세에는 경쟁적으로 지모智謀에로 나아갔고, 현재는 경쟁적으로 기력氣力(기운과 힘)으로 나아간다."[302]

법가가 개인보다 제도에 주목한 이유는 정치적 안정과 혼란의 문제를 단지 치자의 도덕성의 문제로 보지 않고, 당시의 시대적 상황, 즉

---

300 古者丈夫不耕, 草木之實足食也; 婦人不織, 禽獸之皮足衣也. 不事力而養足, 人民少而財有餘, 故民不爭. 是以厚賞不行, 重罰不用而民自治. 今人有五子不為多, 子又有五子, 大父未死而有二十五孫, 是以人民眾而貨財寡, 事力勞而供養薄, 故民爭, 雖倍賞累罰而不免於亂...是以古之易財, 非仁也, 財多也; 今之爭奪, 非鄙也, 財寡也 (『한비자』「오두」).

301 然則上世親親而愛私, 中世上賢而說仁, 下世貴貴而尊官 (『상군서』「開塞」).

302 故文王行仁義而王天下, 偃王行仁義而喪其國, 是仁義用於古不用於今也. ....上古競於道德, 中世逐於智謀, 當今爭於氣力. (『한비자』「오두」).

예컨대, 인구의 증가에서 기인하는 것으로 보았기 때문이다. 법가의 사회적이고, 과학적인 혼란 극복의 방책을 보면, 그레이엄이 왜 그들의 생각을 철학이나 인문학이 아니라 현대의 사회과학에 비견되는 "치국책에 대한 무도덕적 과학"(an amoral science of statecraft)라고 칭했는지 이해가 된다. 그들은 인간의 행위를 도덕적 관점, 인문학적 관점이 아니라 사회학적 관점에서 생각하였던 것이다.

그들에게 핵심적인 문제는 개별적 인간이 선한가 혹은 악한가의 인간 본성의 문제가 아니라, 개별적 인간들이 모인 사회를 어떤 식으로 다스리는 것이 효과적인가의 문제였다. 비교적 제도를 강조했던 순자조차도 '법은 홀로 설 수 없다'(법불능독립法不能獨立)고 주장하여, 법을 운용할 덕을 가진 군자의 필요성을 주창했는데, 법가는 한 걸음 더 나아가 군자가 아닌 보통 사람에 의한 통치가 안정적일 수 있는 방안을 모색하였던 것이다. 그러나 나라를 다스림에 덕이 필요 없다는 그들의 사고와는 달리 법가의 법을 운용함에도 여전히 사람의 역할이 중요하다는 점에서, 그들이 유가의 덕과는 다르지만, 그렇다고 넓은 의미의 덕을 완전히 탈피는 못하였다는 것이 나의 생각이다.[303] 이 점이 여전히 법가를 인치의 하나로 보는 이유이다.

다시 말해, 내가 이 책에서 법가의 제도에 의한 통치를 여전히 제도운용의 덕으로 바라보려 하는 것은 '법가의 통치가 여전히 인치'라고 생각하기 때문이다. 흔히들 법가를 순자의 인치를 극복한 법치를 주장한 사람들로 인식해 왔다. 즉 법가는 사람의 자의적 판단이 아니라, 객

303 예컨대, 한비에게서도 '명군'(明君)이라는 개념이 있다. 명군은 術의 방법으로 신하를 적절히 잘 다스리는 자이다.

관적 제도에 의한 통치를 주장했다고 하는데, 이것은 일면 타당하지만, 좀 더 심층적으로 살펴보면 꼭 그렇지만은 않다는 점을 말할 수 있다.

먼저 법치와 인치의 대비에 대해 살펴보면, 이 두 개념이 충돌하는 경우는 사람의 덕이 없이 단지 제도의 개선만으로 더 나은 사회가 가능할 것인지에 대한 질문의 답변에 있어서 일 것이다. 다른 경우에 있어서는 법치와 인치가 충돌되지 않는다. 법치를 주장하는 사람이건, 인치를 주장하는 사람이건, 틀림없이 제도의 개선과 그 제도를 운용하는 사람의 덕이 더 나은 사회의 성취에 도움이 될 것이라 믿을 것이기 때문이다. 이런 점에서 옳은 법의 강제적 시행이 사람들의 도덕적 발전에 필수적이라는 아리스토텔레스의 사고는 틀림없이 제도를 강조하는 법치의 입장일 것이다. 그러나 앞서 말했듯이 이런 의미의 법치주의자나 제도주의자에 법가는 속하지 않는다. 법가는 유가가 그렇듯이 법과 사람이 둘 다 사회 안정에 도움이 된다고 주장하기 때문이다. 그리고 법의 의미도 법法은 물론이고, 사람이 주도적 역할을 하는 술術이나 세勢를 포함한다는 점에서 법가는 강력한 인치적 요소를 가진다. 법의 이 세 가지 개념은 각각 상앙의 법, 신도의 세, 신불해의 술에 그 연원을 둔다. 또 그 과정에서 한비는 이병二柄(상벌賞罰)의 적절한 사용을 통치 방법으로 구사하고 있다.

첫 번째 제도(법)의 의미는 상앙이 제창한 법法이다. 상앙은 변법을 통해 진의 제도를 일신하였고, 따라서 진이 전국을 통일하는 데, 밑거름이 되었다고 할 수 있다. 그는 무엇보다도 법 앞의 평등을 내세웠다. 상앙은 죄를 저지른 태자에 대해서도 처벌을 하여야 한다고 하였는데, 결국 태자의 사부를 처형함으로써 이를 관철시켰다. 전통적으로 중국에는 귀족 계층에게는 죄를 지어도 형벌을 지우지 않았는데, 이는 그들에게 자존심을 북돋고, 보통 사람의 존경을 잃어버리지 않게 하는 방법이었다. 법가의 귀천 없는 법 적용의 개념은 이런 신분의 귀천을 훼손시킨 측면이 있다. 법가는 또한 법은 가혹하게 할수록 좋다고 생각했다. 그것은 박애나 정직과 같은 덕목들이 사람들을 의지하게 만들어 약하게 만드는 반면, 가혹한 법은 사람들을 자립적이고, 강하게 만든다는 것이다.

> 이제 생계를 유지하는 가족에 있어, 만일 배고픔과 추위에 대해 서로 둔감하고, 서로를 강요하여 힘써 일하면, 비록 군사적 점령의 어려움과 가난의 재난을 당하더라도 따뜻한 의복과 좋은 음식을 차지하는 집은 반드시 이 가족일 것이다. 여기에서 만일 이들이 서로 가엽게 여겨서 송을 해 입고 음식을 해 먹으며, 서로 친절을 베풀어 즐긴다면, 흉년의 기근 속에서 부인을 다른 데로 시집보내고 자식을 팔아치우는 집은 반드시 이 가족일 것이다. 따라서 법의 본연의 도는 처음에는 엄격하지만 결국에는 이익을 주는 것이며, 박애의 본연의 도는 잠시 즐기다가 그 후에는 궁핍에 빠지는 것이다. 성인은 경중을 저울질하여 가장 이로운 것을 추출한다. 따라서 그는 법의 둔감함을 사용하고 박애적 인간의 연민을 거부한다.[304]

두 번째 제도(법)의 의미는 신도의 세勢이다. 신도의 세는 전장에서의 전략적 위치와 같이, 상황에 따른 어떤 유리한 혹은 불리한 입지조건을 가리킨다. 신도는 세와 도덕적 감화력의 관계를 말한다. 신도는

---

304 今家人之治產也 相忍以飢寒 相強以勞苦 雖犯軍旅之難 饑饉之患 溫衣美食者 必是家也 相憐以衣食 相惠以佚樂 天饑歲荒 嫁妻賣子者 必是家也 故法之為道 前苦而長利 仁之為道 偷樂而後窮 聖人權其輕重 出其大利 故用法之相忍 而棄仁人之相憐也 (『한비자』「육반」).

용의 예를 들며, 이 용이 용으로 대접받는 것은 용 주위의 구름이나 안개 때문이지, 이것이 없다면 용은 조금 큰 지렁이에 불과하다고 주장한다. 이에 대해 유가측 입장은 비록 용이 구름의 도움에 의존한다고 해도, 용이 구름을 이용할 수 있는 것은 용의 우수한 자질 때문이라고 주장한다. 한비는 이런 논쟁에 대해 만약 정치를 군주의 도덕적 덕목에 의존한다면 천하를 혼란에 빠지게 할 뿐이라고 한다. 훌륭한 군주는 쉽게 출현하지 않기 때문이다.

형세에 대한 한비의 입장의 특징은 그 형세가 자연적으로 출생에 의해 가지게 된 것이 아니라, 인간의 노력으로 이루어지는 형세라는 점이다.

> 세勢(형세)는 이름은 한 글자이지만 그 변화는 무수하다. 만일 이것이 자연적인 것으로부터 유래한다면 세에 대해 말하는 것은 무의미할 것이다. 내가 말하는 세는 인간들에 의해 만들어진 것을 말한다. 이제 그가 말하기를 요순이 세를 얻었을 때는 다스려졌고, 걸주가 그것을 얻었을 때는 혼란에 빠졌다고 했는데, 내가 그것을 부정하는 것은 아니다. 내가 말하려고 하는 것은 비록 그렇지만 이것이 한 사람이 만들 수 있는 것은 아니라는 것이다. 요와 순이 태어나서 왕위에 있을 때는 비록 열 명의 걸과 주가 있더라도 혼란을 일으킬 수 없는 것은 세가 질서 잡혀있기 때문이다. 아울러 걸과 주가 태어나서 왕위에 있을 때는 비록 열 명의 요와 순이 있더라도 다스려질 수 없는 것은 세가 혼란스러울 것이기 때문이다.[305]

305 夫勢者 名一而變無數者也 勢必於自然 則無為言於勢矣 吾所為言勢者 言人之所設也 今日堯舜得勢而治 桀紂得勢而亂 吾非以堯桀為不然也 雖然 非一人之所得設也 夫堯舜生而在上位 雖有十桀紂不能亂者 則勢治也 桀紂亦生而在上位 雖有十堯舜而亦不能治者 則勢亂也 (『한비자』「난세」).

세 번째 제도(법)의 의미는 신불해의 술術이다. 유가의 덕이나 예에 입각한 정치는 보다 근본적인 개선을 통한 정치적 안정을 기하는 데 반해 법가는 보다 효과적인 정치적 안정을 이루려고 한다. 보다 효과적인 정치는 이병二柄(두 자루) 즉 상과 벌을 통해 이루어진다. 군주는 신하들로 하여금 자신이 할 수 있는 일을 말하게 하여 그 말에 부합하는 임무를 주고, 그 임무의 성취(형形, 사事)를 원래의 목표(명名, 언言)와 비교하여 상과 벌을 주게 된다. 이것이 명名에 따른 형形의 배분, 즉 형명形名의 일이다. 이러한 형명의 일을 하는데, 유가나 묵가의 군자가 갖추어야 할 덕은 필요치 않다. 이런 제도는 보통의 능력을 가진 군주에 의해서도 기계적으로 작동 가능하기 때문이다.

흔히들 법가의 통치는 법 앞에서의 평등 즉 법치의 이념을 함축하는 것으로 말해진다. 하지만 위의 세 가지 법의 개념은 법가가 원래 생각하듯이 보통의 능력을 갖춘 사람에 의한 원활한 정치의 작동을 보장하지 않는 것처럼 보인다. 법은 그렇다 쳐도 술과 세의 개념은 결국 각각 '군주의 관리 조정능력,' '스스로 관계를 만들어내는 능력'을 가리키기에 군주의 특수한 능력을 가리킨다. 또한 적어도 법은 현재의 군주에게만 적용되지 않는 것이 아니고, 상앙의 예에서 보여주듯이 미래의 군주에게도 적용되지 않는다. 법가가 단순히 '모든 사람의 법 앞에서의 평등' 내지 '법의 공정한 적용'을 의미한 법치주의자, 제도주의자가 아님을 보여준다. 이처럼 정치적 안정을 이끄는 데 필요한 것은 단순한 제도가 아니라, 그 제도를 운용하는 사람이고, 또한 군주나 태자가 그 제도의 적용에 있어서 예외가 된다는 점에서, 또한 얼마든지 제도가 군주의 자의에 의해서 변경될 수 있다는 점에서 법가의 통치는 여전히 인치이다.

개인의 개별적 덕을 불신하고, 제도와 그 제도의 운용에 주목을 한 점에서 순자와 법가는 같은 길을 갔다. 그렇지만 이들은 제도 운용을 어떻게 하는가에 있어서 다른 길을 가게 된다. 법가가 임금의 통치방식은 비밀스럽게 해야 하고, 은밀하게 해야 한다고 주장하는 데 반해 순자는 임금의 통치방식은 분명하게 이루어져야 한다고 주장하였다.[306] 한마디로 도덕적 모범의 길을 통하여 백성들을 인도하는 것이 순자가 옹호하는 통치방식이라면, 법가는 그런 방식보다는 은밀하고도 간접적인 방식으로 백성들을 통솔하려 하였다고 할 수 있다. 이것은 아마도 법가가 도가의 간접적 설득방식을 더 선호하였기 때문이었을 것이다.

2. 법가와 유가: 공사관계

다음은 법가의 대표적 문헌 『한비자』와 유가의 대표적 문헌 『논어』에서 뽑은 글들이다:

> 초나라에 직궁直躬(정직한 자)이 있었다. 그의 아버지가 양을 훔치니 그것을 관리에게 보고했다. 영윤令尹(재상)이 말하기를, "그를 죽여라" 하였다. 군주에게는 정직하였지만 자기 아버지에 대해서는 정직하지 않았다고 생각하여 그에 따라 벌을 주었다...... 노나라 사람이 임금을 따라 전쟁에 나가, 세 번 싸움에 나가 세 번 도망쳐 왔다. 공자가 그 까닭을 추궁하였더니 대답하기를 "저에게는 늙은 아

306 『순자』「정론」.

비가 있습니다. 제가 죽으면 봉양할 사람이 없습니다." 공자는 효자라고 생각하고 천거해서 그의 계급을 올려주었다.... 그러므로 영윤이 아버지를 고발한 아들을 죽인 뒤로 초나라에는 다시는 간악한 자를 고발하는 일이 없어졌고, 공자가 도망병의 계급을 올려준 뒤로는 노나라의 백성은 항복하고 달아나는 것을 예사로 생각했다. 상하의 이익은 이와 같이 서로 다르다. 임금이 필부의 행실 하나하나를 들어 모두 이유 있다고 받아들이면서 사직의 복리를 이룩하고자 한다면 반드시 되지 않을 것이다. 옛날 창힐蒼頡(한자漢子를 만들었다고 믿어지는 사람)이 글자를 만드는데, 스스로 에워싸는 것(스스로 자신의 이익을 꾀하는 것이라고도 함)을 가리켜 사私(私라의 옛날 글자모양은 사厶과 같았다)라고 하고, 이 사私에 반대된다는 뜻(팔八이 반대한다는 뜻이다)으로 (厶에 八를 더해) 공公을 만들었으니, 공사가 서로 배치됨을 창힐도 본디부터 알고 있었다고 하겠다. 그럼에도 지금 공사의 이익이 같다고 생각하는 것은 잘 살피지 못한 데서 연유하는 환란이다. 그런즉 필부를 위한 계책으로는 인의를 닦고 문학을 익히는 것 만한 게 없다. 인의가 닦여지면 신임을 받고, 신임을 받으면 일이 주어진다. 문학이 익혀지면 현명한 스승이 되고, 현명한 스승이 되면 명예와 영화를 누리게 된다. 이것은 필부가 아름답게 여기는 일이다. 그러면 공적이 없이도 일이 주어지고, 벼슬이 없이도 명예와 영화를 누리게 된다. 정치를 이같이 하면 나라는 반드시 어지러워지고 임금은 반드시 위태로워지게 마련이다. 그러므로 서로 용납할 수 없는 것은 양립할 수 없다. 적을 벤 사람이 상을 받으면서도, 자혜慈惠로운 행위를 또한 높이 평가한다. 성을 함락한 사람이 벼슬을 받으면서도, 모두를 사랑하라는 겸애兼愛의 설을 신봉한다. 갑옷을 튼튼히 하고 무기를 날카롭게 갈아 난을 대비하면서도 선비의 차림을 아름답게 여긴다. 나라를 부하게 하기는 농사로 하고 적을 물리치는 데는 군사를 믿으면서도 문학하는 선비를 귀하게 여긴다. 윗사람을 공경하고 법을 두려워하는 백성을 버리면서도 협객과 자객의 무리들은 기른다. 행하는 것이 이 같으

> 면 나라가 잘 다스려지고 군대가 강성해질 수는 없다. 나라가 무사하면 선비와 협객을 기르고, 어려움이 닥치면 갑옷 입은 군사를 쓴다. 평소에 이롭게 해준 자는 쓸모가 없고, 쓸모가 있는 자는 평소에 이롭게 해준 자가 아니다. 그러므로 일에 종사하는 자는 그 일을 소홀히 여기고, 놀고 배우는 자가 날로 많아진다. 이것이 세상이 어지러워지는 까닭이다.[307]

> 섭공이 공자에게 말하였다. '우리 무리에 직궁直躬(정직한 자)이 있으니, 그의 아버지가 양羊을 훔치자, 아들이 그것을 증거했습니다.' 공자가 말하기를 '우리 무리의 정직한 자는 이와 다릅니다. 아버지는 자식을 위해 숨겨주고, 자식은 아버지를 위해 숨겨주니 정직은 그 가운데 있습니다.[308]

위의 글에서 보듯이 유가와 법가는 공적公的인 것과 사적私的인 것의 관계에 대해 상반된 생각을 하고 있다. 법가가 공적인 것과 사적인 것의 양립 불가능성을 말하는 반면, 유가는 사적인 것이 공적인 것과 밀접하게 연결되어 있음을 강조한다. 이러한 공사관계公私關係에 대한 입장의 차이는 국가라는 공적 영역을 운영하는 데 있어서, 예禮와 도덕道德을 강조하느냐 혹은 법法을 강조하느냐의 차이로도 나타난다. 거칠게 말해서 예와 도덕을 개인과 가족이라는 사적인 영역의 규율로, 법을 사회나 국가라는 공적인 영역의 규율로 볼 수 있다면, 유가는 개인과 가족의 규율이 사회나 국가에로 확장되어야 한다고 함으로써 공적인 것과 사적인 것이 밀접히 연결되어 있음을 보이고 있고, 법가는 개인과 가족의 규율이 사회나 국가에로 확장되어서는 안 된다고 함으로써 공

307 『韓非子』「五蠹」.

308 『논어』「자로」.

적인 것은 사적인 것과 충돌된다고 말하고 있다. 이러한 양측의 입장 차이를 보다 명확히 이해하기 위해 각각의 입장을 주장과 이유의 구조로 정리하여 보자.

먼저 유가의 입장을 주장과 이유의 구조로 정리하면 다음과 같다:

주장:

공적인 것과 사적인 것은 서로 밀접히 연결된다. 개인, 가족, 사회를 지탱하는 규율은 강제적이고 규제적인(regulative) 규범인 법法이 아니라, 자발적이고 구성적인(constitutive) 규범인 예나 그것의 근거인 도덕이 되어야 한다.

이유:

1. 국가와 같은 공적인 영역에서의 미덕美德은 개인과 가족과 같은 사적인 영역에서의 미덕을 확장한 것이다.
2. 인간은 본래 도덕적 경향을 지닌 존재이고, 인간이 가장 인간적일 수 있는 상태는 이러한 도덕적 경향의 계발 내지 완성이다.
3. 그러므로 사적인 영역에서의 미덕, 나아가 공적인 영역에서의 미덕을 기르는데 가장 효과적인 방법은 강제나 규제보다는 솔선수범과 자발성을 통해 이루어져야 한다.

법가는 다음과 같이 정리할 수 있다:

주장:

공적인 것과 사적인 것은 충돌된다. 평화롭고 풍요할 때에 개인과 가정에서 적용될 만한 개인적 규율 즉 도덕이나 예의를 국가나 사회를 운영하는데 적용해서는 안 되고, 국가나 사회는 공적 규율인 법으로 통치해야 한다.

이유:

1. 인간은 기본적으로 이기적 존재이며, 수동적 존재이다.
2. 도덕은 주변의 여건이 좋을 때 생기는 자선慈善이고, 또 기본적으로 개인이나 가정의 규율이다.
3. 현재와 같이 물자가 부족하고, 경쟁이 치열할 때는 개인이나 가족의 규율인 도덕을 강조해서는 안 되고, 공적 규율인 법을 강조해야 한다.
4. 국가가 강해지기 위해서는 군사력과 농업이 크게 일어나야 하는데, 이것은 도덕이 아니라 법에 의해서 증강되는 것이다.

유가와 법가의 입장 차이는 그들 각자의 인간관, 교육관, 가족관, 국가관이 다르기 때문이다. 유가가 도덕적 인간관, 솔선수범과 자발성을 강조하는 교육관, 가족의 확장으로서의 국가를 강조한다면, 법가는 이기적 인간관, 수동적이고 강제성을 강조하는 교육관, 가족과 국가 사이의 차이를 강조하고 있다. 앞서 말했듯이 두 학파의 차이는 국가와 같은 공적인 것과 개인이나 가족과 같은 사적인 것의 구분을 어떻게 받아들이냐에 달려있는 것이다. 법가가 보기에 유가의 문제점은 공적인 것과 사적인 것의 구별을 혼동하고, 공적인 것보다 사적인 것을 앞세우는 것이다. 위의 텍스트에서 유가가 죄를 지은 자신의 아버지를 감싸는 모습은 법가가 보기에 대표적으로 사적私的인 인정人情을 앞세워 국가의 공적公的 책무責務를 소홀히 하는 것으로 국가를 혼란케 하는 요인이다. 이것은 마치 우리가 각종 지연, 학연, 혈연에 의해 국가의 공적인 업무가 공정히 처리되지 못하는 현재의 우리 상황을 비판하듯이 얼마든지 가능하고 설득력 있는 비판이다.

그런데, 공자 아니 유가는 정말 공사公私의 구분은 무의미하며, 나아가 공과 사가 충돌될 때는 항상 사를 앞세우라고 한 것일까? 유가는 정말 자신의 친족의 죄에 대해서는 고발하지 말고, 감싸주기만 하면 우리는 모든 책임소재에서 자유롭고, 모든 일이 다 잘 되는 것으로 본 것일까? 내가 보기에 유가는 법가의 비판과는 달리 공사의 구분을 혼동한 것도 아니고, 또 공적인 것에 대해 사적인 것을 항상 앞세우고 있는 것도 아니다. 공자가 아버지의 죄는 고발하지 않고, 감싸야 한다고 말한 이유는 사적인 것, 즉 아버지에 대한 충성이 공적인 것 즉 국가에 대한 충성보다 항상 앞선다고 보았기 때문이 아니다. 공자는 혹시 국가에 대한 충성이 아버지에 대한 충성보다는 중요하다고 생각하였지만, 국가에 대한 충성을 너무 강조한 나머지 부자 사이의 신뢰가 가볍게 취급되는 상황만은 반대하는 것이 아닐까? 다시 말해서 국가에 대한 충성은 부자 사이의 신뢰보다 더 중요한 것이라고 믿었지만, 그것은 결코 부자간의 신뢰를 무너뜨리면서까지 얻어서는 안 된다고 생각했던 것이 아닐까? 그러므로 유가의 입장은 공사의 구분이 중요하지 않다는 것도 아니고, 공적인 것보다 사적인 것이 더 중요하다고 하는 것이 아니라, 공公은 사私보다 중요하지만, 사의 희생에 의해 얻어져서는 안 된다는 점을 강조하는 것으로 보아야 할 것 같다.

다시 말하지만, 유가의 궁극적 목표는 법가와 마찬가지로 공적인 것의 완성이다. 이 점은 유가의 지향점을 잘 보여준다고 믿어지는 『대학』의 팔조목八條目이 강조하는 마지막 단계가 수신修身이나 제가齊家가 아니라 평천하平天下라는 사실로써 잘 알 수 있다. 그러므로 유가와 법가의 차이는 법가가 공적인 것의 우월성만을 강조한다면, 유가는 그러한 공적인 것의 우월성 이외에 그러한 것을 이루기 위한 단계적 지침도 강조한다는 것에 있다. 유가의 표현을 빌리면 "물건에는 근본과 가지가 있고, 일에는 시작과 끝이 있으니, 먼저하고 뒤에 할 것을 알면 도에 가깝다' (『대학』)이다. 수신과 제가는 가치상으로는 평천하에 못 미치지만, 논리적으로는 평천하에 앞서 이룩해야 할 일들이다. 그러므로 대학의 8조목은 다음과 같이 전개된다: "옛날에 명덕明德을 천하에 밝히고자 하는 자는 먼저 그 나라를 다스리고, 그 나라를 다스리고자 하는 자는 먼저 그 집안을 가지런히 하고, 그 집안을 가지런히 하고자 하는 자는 먼저 그 몸을 닦고, 그 몸을 닦고자 하는 자는 먼저 그 마음을 바르게 하고, 그 마음을 바르게 하고자 하는 자는 먼저 그 뜻을 성실히 하고, 그 뜻을 성실히 하고자 하는 자는 먼저 그 지식을 지극히 하였고, 지식을 지극히 함은 사물의 이치를 궁구함에 있었다. 사물의 이치가 궁구함에 이른 뒤에 지식이 지극해지고, 지식이 지극해진 뒤에 뜻이 성실해지고, 뜻이 성실해진 뒤에 마음이 바르게 되고, 마음이 바르게 된 뒤에 몸이 닦아지고, 몸이 닦아진 뒤에 집안이 가지런해지고, 집안이 가지런해진 뒤에 나라가 다스려지고, 나라가 다스려진 뒤에 천하가 태평해진다" (『대학』) 공자는 이러한 생각을 대표적 가족윤리인 효제孝悌(부모에 대한 효도와 형제간의 우애)는 근본적 도덕성인 仁(인자함)의 시작이지 인의 완성이 아니라고 표현한다. 또 공자나 맹자에게서 근본적 도덕성인 인仁이 '자신에 대한 성실성'(忠) 이라는 덕목 외에 그것을 확장하는 능력인 '미루어 짐작함'(恕)으로 정의되는 것은 이러한 유가의 단계적 사유방식의 관점에서 이해해야 할 것 같다. 공적인 것과 사적인 것이 단계적으로 연결되어 있다는 유가의 입장은 한 걸음 나아가 공적인 것과 사적인 것의 일치에까지 이른다. 공자는 궁극적으로 수신修身과 가족에 대한 사랑이 바로 정치를 하는 것이라고 말하게 된다:

> 『서경』에 효도에 대하여 말하였다. "효도하며, 형제간에 우애하여 정치에 베푼다. 이러한 일이 또한 정치를 하는 것이니, 어찌 꼭 벼슬해서 정치하는 것만이 정치이겠는가?"[309]

앞서 말했듯이 유가와 법가의 차이는 도덕을 개인이나 가족을 넘어 사회에로 확장시킬 수 있느냐 없느냐에 달려 있다. 저명한 사회학자 퇴니스(Tonnis)는 공동사회와 이익사회를 구분함으로써, 가족과 사회 공동체가 다른 모형임을 분명히 했다. 따라서 그의 사고방식은 공사의 일치를 주장한 유가보다는 공사를 엄격히 구분한 법가에 후한 점수를 주고 있다. 어쨌든 퇴니스(Tonnis)의 이러한 공동사회와 이익사회의 구분은 사회와 국가를 이해함에 있어서 목적이나 당위를 문제 삼기보다는 있는 그대로의 현상들만을 따져야 한다는 근대의 사유 노선과 궤를 같이 한다. 정치, 경제, 사회의 제 분야에서 올바른 목표, 도덕적 당위를 따지는 일은 더 이상 타당한 방식이 아니다. 이 때문인지 동아시아 유교권 국가에서 얼마 전까지도 종종 회사는 하나의 가정이다라고 하는 주장들이 나오기도 했지만, 기껏해야 하나의 수사적이고 선동적 표현으로만 이해되었지, 실체가 있는 사유로는 생각되지 않았었다.

309 『논어』「위정」.

그런데 최근에 미국의 저명한 경영 컨설턴트인 스티븐 코비(Stephen R. Covey) 박사는 흥미롭게도 개인과 가족의 운영원칙을 기업사회에까지 확대 적용할 수 있다고 주장하며, 실제로 이의 성공사례들을 소개하고 있다. 그에 따르면 인간사회는 기본적으로 자연의 법칙과 같은 어떤 원칙에 의해 지배되는데, 이것은 개인, 가족, 사회에 두루 적용될 수 있는 것이라는 것이다. 재미있게도 이 원칙은 그 지향점을 대인관계 즉 공적인 영역에 두면서도 그 출발점을 개인과 가족에 두고 있다는 점에서 여러 가지로 유가의 입장과 일치를 보고 있다. 우리는 대체로 유가와 코비(Stephen R. Covey) 박사의 프로그램을 내면주의, 개인주의, 혹은 가족주의로 볼 수 있는데, 이것은 근세 이후의 서구 사회과학자들 혹은 동양전통의 법가가 가진 전체주의나 외면주의의 접근방식과는 다른 것이다.

이른바 공적인 것과 사적인 것의 구분을 둘러싼 유가와 법가의 논쟁은 또 최근의 도덕철학 혹은 사회철학의 한 논쟁거리인 충성(loyalty)과 정의(justice) 사이의 관계를 둘러싼 논쟁을 연상케 한다. 혈연, 지연, 학연을 강조하는 것은 가까운 사람에 대한 충성으로 중요한 개인적 미덕 중의 하나이지만, 이것이 공적인 영역에서 바라보았을 때에도 미덕인지의 문제에 대해서는 논쟁의 여지가 있다. 충성보다는 정의를 강조하는 현대의 자유주의자들의 입장이 법가의 입장과 유사성이 있는 것으로 볼 수 있다면, 정의와 충성은 결코 충돌되는 것이 아니라, 오히려 서로 보완의 관계에 있고, 정의는 단지 충성의 확장일 뿐이라며 충성의 중요성을 강조하는 공동체주의자들의 입장은 유가와 유사한 것으로 볼 수 있을 것이다.

공公과 사私에 대한 법가와 유가의 논쟁은 그 역사적 의의 이외에 오늘날 우리에게도 시사하는 바가 크다. 우리는 여전히 자유를 가진 개인으로서, 한 가족의 일원으로서, 여러 공동체의 구성원으로서 살아가야 하기 때문이다. 우리는 분명히 가족이나 개인과 같은 사적인 영역과 여러 조직사회와 같은 공적인 영역이 똑같이 우리 삶을 구성하는 소중한 부분들로 여기면서도, 여전히 이것들을 조화롭게 만들어내기가 힘들다고 느낀다. 가족이나 개인과 같은 사적인 것만을 추구하다가는 자칫 회사와 같은 공적 영역에서 남들에 뒤 처질 것 같고, 사회와 같은 공적인 부분만을 지나치게 강조하다가는 정작 중요한 부분들인 가족, 개인과 같은 사적 영역을 잃어버릴 것 같은 생각을 하는 것이다. 우리는 어떻게 자신과 가족에 충실하면서 사회에 능동적으로 참여하고 기여할 수 있을 것인가? 이것은 정말 가능한가? 가능하다면 어떻게 가능한가?

웨스트민스터 대성당의 지하묘지에 있는 영국 성공회주교의 다음과 같은 묘비명은 하나의 해결책을 적극적으로 옹호하는 것 같다:

> 내가 젊고 자유로워서 상상력의 한계가 없을 때 나는 세상을 변화시키겠다는 꿈을 가졌었다. 그러나 좀 더 나이가 들고 지혜를 얻었을 때 나는 세상이 변하지 않으리라는 것을 알았다. 그래서 내 시야를 약간 좁혀 내가 살고 있는 나라를 변화시키겠다고 결심했다. 그러나 그것 역시 불가능한 일이라는 것을 알았다. 나는 마지막 시도로 나와 나의 가장 가까운 내 가족을 변화시키겠다고 마음먹었다. 그러나 아 아, 아무도 달라지지 않았다. 이제 죽음을 맞이하기 위해 자리에 누운 나는 문득 깨닫는다. 만약 내가 내 자신을 먼저 변화시켰더라면, 그것을 보고 가족이 변화되었을 것을, 또한 그것에 용기를 내어 내 나라를 더 좋은 곳으로 바꿀 수도 있었을 것을, 그리고 누가 아는가, 세상까지도 변화되었을는지…

제11장

결론:

제자백가의 융합

제11장

결론: 제자백가의 융합

기원전 221년 진시황의 중국통일로 인해 전국시대가 갑자기 막을 내리자, 이른바 제자백가 시대도 그 종말을 맞이했다. 진시황의 정치적 통일은 법가에 의해 이루어졌다고 하지만, 또한 제자백가 사상의 융합과 더불어 가능해졌다. 사실 사상의 통일이 먼저인지, 혹은 정치적 통일이 먼저인지 그 둘 사이의 인과관계 내지 연관관계를 따지기는 힘들지만, 두 과정의 통일이 동시적으로 진행된 것은 사실인 것 같다. 그렇다면 진시황의 정치적 통일의 의미는 무엇이고, 그와 같이 이루어지는 제자백가 사상의 융합이 의미하는 것은 무엇일까? 먼저 진시황의 중국통일은 역사상 유례가 없는 것이었다. 이것이 진시황이 자신을 '시황始皇'(첫 황제)이라고 칭하게 된 배경이었다.

> 옛날에(전설상의 임금들인) 오제五帝 때에는 땅이 사방 천리에 지나지 않았고, 그 바깥에는 후복, 이복 등의 제후가 있었는데, 그

> 들이 어떤 때에는 조현하고 어떤 때에는 조현하지 않아 천자는 그들을 제압할 수 없었습니다. 이제 폐하께서 의로운 군사를 일으키어 잔적을 토벌하시고, 천하를 평정하여, 전국에 군현을 설치하고 법령을 하나로 통일시켰으니 상고 이래로 일찍이 없었던 일로 오제라고 할지라도 미치지 못할 것입니다.[310]
>
> 나는 첫 번째 황제가 될 것이며 후세에는(나로부터) 수를 세어서 2세, 3세, 만세에 이르기까지 끝없이 전해지도록 하라![311]

사상의 통일은 일종의 혼합주의의 등장이다. 그레이엄은 이 혼합주의의 등장에 대해 다음처럼 설명한다:

> 기원전 3세기를 기점으로, '너는 틀렸고 나는 옳다'에서 '너의 관점은 좁고, 나의 관점은 넓다'에로의 일반적인 변화가 있어왔다. 우리는 이것을 B를 제거하기보다는 A를 B의 위에다 놓는 중국적 경향의 또 다른 실례로서 해석할 수 있다. 다시 말해 중국이 안정성을 끈질기게 유지할 수 있었던 요인은 충돌하기보다는 타협하는 경향이었다는 점을 지적할 수 있다.[312]

이 제자백가의 통합은 결국 기원전 100년경부터 동중서의 주도에 의한 유학에 의해 최종적으로 이루어지지만 이러한 통합의 과정은 점진적이었다. 아마도 유가에 앞서 이런 통합을 주도한 것은 도가일 것이다. 앞서 말한 대로 제자백가의 학파분류를 시작한 사람이 한대漢代의 역사가 사마담이고, 그의 제자백가에 대한 평가는 도가를 중심으로

---

310 昔者五帝地方千里, 其外侯服夷服諸侯或朝或否, 天子不能制. 今陛下興義兵, 誅殘賊, 平定天下, 海內為郡縣, 法令由一統, 自上古以來未嘗有, 五帝所不及 (『사기』「진시황본기」).

311 朕為始皇帝. 後世以計數, 二世三世至于萬世, 傳之無窮. 」(『사기』「진시황본기」).

312 Graham, *Disputers*, 378.

이루졌었다. 이것은 일종의 황로사상黃老思想이라 할 수 있는 경향이었다. 황로사상은 기원전 2세기 한초漢初의 지배적인 정치철학이었지만 그 사상적 경향은 이미 기원전 3세기 전국 중후기에 그 싹을 보였다고 할 수 있다. 이것은 일종의 노자와 법가의 종합인데, 법가의 법에 따른 상벌과 형명사상의 원리를 道 자체와 일치시키고, 이러한 국가의 비인격적인 메커니즘에 지도자가 간섭하지 않는다는 도가 성인의 무위無爲사상을 연결시킨 것이었다. 물론 이런 도가와 법가의 혼합이라는 주도적 경향에다가 음양가의 음양 이원론이나 약간의 유가의 도덕적 용어들이 첨가되어 황로사상이라는 혼합주의를 이루었던 것이다.[313] 혼합주의의 좀 더 정교한 형태는 황로사상 이외에 『회남자』나 『장자』에서도 이루어지는데, 특별히 『장자』에서 보다 종합적인 혼합주의가 보인다.[314] 『장자』「천도」편에서는 상벌이 법가의 기계적인 모델로부터 분리되어 도가에서 보여지는 도의 자연성에 종속되어진다. 다음은 『장자』「천도」편에서 말해지는 '어떻게 통치를 배울 것인지'의 9단계이다:

> 이런 까닭에 옛날 대도를 밝히는 사람은 먼저 천天을 밝게 하고 도덕을 그 다음으로 하며, 도덕道德이 이미 밝아지면 인의仁義를 그 다음으로 하고, 인의가 이미 밝아지면 분수分守를 그 다음으로 하고, 분수가 이미 밝아지면 형명形名을 그 다음으로 하고, 형명이 이미 밝아지면 인임因任을 그 다음으로 하고, 인임이 이미 밝아지면 원성原省을 그 다음으로 하고, 원성이 이미 밝아지면 시비是非를 그 다음으로 하고, 시비가 이미 밝아지면 상벌賞罰을 그 다음으로 한

313 바이시, 『직하학』, 190-196.

314 그 밖에 『순자』「비십이자」에서도 제자백가의 종합이 이루어진다.

다.[315]

위의 구절로부터 우리는 통치의 9단계를 다음처럼 추출해 낼 수 있다.

1. 천天(하늘 Heaven) 2. 도덕道德(도와 덕 the way and the virtue) 3. 인의仁義(인자함과 의로움 benevolence and right) 4. 분수分守(위치와 책임 positions and responsibilities) 5. 형명形名(모양과 이름 shape and name) 6. 인임因任(임명의 근거 grounds for appointment) 7. 원성原省(탐구와 살핌 inquiry and inspection) 8. 시비是非(찬성과 비난 approving and condemning) 9. 상벌賞罰(상과 벌 reward and punishment)

위의 구절에서 보면 1단계의 천과 2단계의 도덕이 도가의 군주와 관련이 있고, 3단계의 인의가 유가의 재상들, 4단계부터 나머지 단계가 법가의 행정기술에 속한다.

옛날 사람들이 대도에 대해 설명했을 때, 5의 단계에서는 형명에 대해 언급할 가치가 있었고, 9의 단계에서는 상벌에 대해 말할 차례였다. 갑작스럽게 형명에 대해 설명하는 것은 그 근본에 대해 무지한 것이고, 갑작스럽게 상벌에 대해 설명하는 것은 그 유래에 대해 무지한 것이다. 도를 뒤집어 말하고, 도에 거역해서 설명하는 사람은 남에게 다스려지기나 했지, 어찌 남을 다스리겠는가! 느닷없이 형명과 상벌을 설명하는 것은 어떻게 다스릴지를 이해하는 도구를 갖는 것이지, 어떻게 다스릴지를 이해하는 도는 아니다. 이런 사람들은 천하에 쓰여질 수는 있지만, 천하를 움직이기에는 부족하다. 이런 사람들을 가리켜 한가지 재주만 가진 전문가라고 부른다. 의례와 법, 방법과 수, 그리고 모습과 이름은 자세한 내용은 옛날에

315 是故古之明大道者, 先明天而道德次之, 道德已明而仁義次之, 仁義已明而分守次之, 分守已明而形名次之, 形名已明而因任次之, 因任已明而原省次之, 原省已明而是非次之, 是非已明而賞罰次之 (『장자』「천도」).

도 있었지만, 이것들은 아랫사람들이 윗사람을 섬기는 도구이지 윗사람이 아랫사람들을 돌보는 도구는 아니다.[316]

『장자』「천하」편에도 사상의 통일 관점에서 각 학파의 도는 일종의 방술로 이것은 포괄적인 도술의 한 측면들임이 지적된다. 즉 제자백가의 다양성은 원래의 하나의 도가 분기되어 나타난 것으로 처리된 것이다. 당연히 이러한 분기들은 통일의 요청에 따라 각기 그 원래의 자리로 자리매김해야 한다는 논리가 생겨났다.

사마담의 「논육가요지」에 드러난 도가 본위의 제자백가 통합은 이미 살펴보았고, 점차 이러한 도가 본위의 제자백가 통합은 유가를 종주로 하는 통합의 길로 나아갔다. 이 과정이 서기 1세기에 이루어진 반고의 『한서』「예문지」에서 완성되는데, 이것은 지금은 없어진 유흠의 『칠략』에 기초해서 쓰여졌다고 전해진다. 이 완성을 통해 제자백가들의 저작은 특별히 '자子'로 분류된다. 이 자子를 포함하는 여섯 등급은 다음과 같다:

1. 경經傳, 2. 자諸子, 3. 시詩賦, 4. 전술兵書, 5. 수술數術, 6. 방기方技.

이 「예문지」의 문헌분류에서 중요한 점은 유가의 문헌들을 제자백가의 문헌 앞에 두고 이들을 경經이라 하였으며, 나아가 이 제자백가의 문헌들이 "비록 맹점과 결점을 갖고 있지만, 그 결정적 경향들을 결합하면 결국에 가서 이것들은 모두 육경六經의 지파이고 결과이다"라고

316 古之語大道者, 五變而形名可擧, 九變而賞罰可言也. 驟而語形名, 不知其本也; 驟而語賞罰, 不知其始也. 倒道而言, 迕道而說者, 人之所治也, 安能治人!驟而語形名賞罰, 此有知治之具, 非知治之道; 可用於天下, 不足以用天下. 此之謂辯士, 一曲之人也. 禮法度數, 形名比詳, 古人有之, 此下之所以事上, 非上之所以畜下也. (『장자』「천도」).

보았다는 것이다. 또한 제자백가의 경우는 사마담의 6가에 종횡가, 잡가, 농가를 확장하여 9가, 혹은 그 중요성이 떨어지는 소설가를 집어넣어 10가로 편성되었는데, 그 중에서도 유가가 가장 대표적 학파로 자리매김했다. 이것은 오상五常 즉 인의예지신仁義禮智信의 도덕이 인간의 본성이나 천지의 성질로 굳건히 자리매김하였음을 의미한다. 이것은 앞서 말한 대로 엄밀한 의미에서의 지성의 퇴보이지만 적어도 심정적, 정서적 안정을 한대漢代의 중국인들에게 제공하였던 것이다.

위에서의 혼합주의가 보여주듯이 사실 윤리적 덕 혹은 더 나아가서 다양한 덕은 인간사회가 다양한 층위로 구성되었음을 보여준다. 예컨대 공자나 맹자가 보여주는 혈연적 관계에서 이루어진 덕과 순자가 관심을 갖는 보다 공공적이고 시민사회적 영역에서의 덕, 나아가 한비자가 관심을 갖는 법과 정치의 영역에서의 제도 운용의 덕의 존재는 인간의 삶이 개인적 영역의 측면은 물론이고 공공적인 영역 나아가 정치 영역 등과 같은 다양한 영역에 걸쳐 있음을 보여준다. 한마디로 제자백가의 다양한 덕은 바로 이런 인간 삶의 다양한 층위와 연관이 있으며, 따라서 그들은 서로 충돌한 것이 아니라, 서로 보완적 관계에 있었던 것이 아닌가 생각해본다. 이렇게 보았을 때, 이제까지 살펴본 다양한 덕목들이 모두 완벽한 것이 아니고, 다만 하나의 부분적 진리만을 간직하고 있다는 인식이 강력하게 전국말戰國末 진秦 · 한초漢初에 있었음을 알 수 있다. 궁극적 도는 이런 부분적 진리들로 완벽히 표현될 수는 없고, 오직 이런 부분적 진리들을 부분적인 것으로 인지할 때 가능하다는 생각이 그들의 결론이었다. 나는 이러한 통찰이 단순히 한대漢代에 결과적으로 완성된 비철학적이고 비합리적인 융합주의로 읽히기보다는 인간의 한계를 겸손하게 인지하고, 보다 폭넓은 인식의 확장을 도모해야 한다는 다짐으로 읽힌다. 우리가 제자백가 사상에게서 배울 것은 이런 태도가 아닐까?

참고 문헌

원전류

『經典釋文』.
『공손룡자』.
『관자』.
『노자』.
『논어』.
『맹자』.
『묵자』.
『사기』.
『상서』.
『순자』.
『여씨춘추』.
『왕양명전집』
『장자』.
『정몽』.
『左傳』.
『중용』.
『한비자』.
Aristotle, *Nichomackean Ethics*.
Wittgenstein, Ludwig. *Philosophical Investigations*.

동양서

김도일, 「맹자의 감정 모형- 측은지심은 왜 겸애와 다른가?」『동아문화』, 제 41집, 2003.

김영건, 『이성의 논리적 공간』, 서울: 서강대학교출판부, 2014.
김형효, 『노장사상의 해체적 독법』, 서울: 청계출판사, 1999.
노사광, 『중국철학사』 (고대편), 정인재 역, 서울: 탐구당, 1986.
戴卡琳,「『墨子 · 兼愛』上, 中, 下篇是關於兼愛嗎? - "愛"範圍的不斷擴大」, 墨子 2011年國 際硏討會論文集, 中國 · 包頭, 2011.
渡邊卓, 『古代中國思想の硏究』, 東京: 創文社, 1977.
로버트 버스웰, 『파란눈 스님의 한국 선 수행기』, 김종명 옮김, 서울:예문서원, 1999.
로버트 앨린슨 지음, 김경희 옮김, 『장자: 영혼의 변화를 위한 철학』, 서울: 그린비, 2004.
마루야마 마사오 (丸山眞男), 『日本政治思想史硏究』, 김석근 옮김, 통나무, 1995.
매킨타이어, 『윤리의 역사, 도덕의 이론』, A. 매킨타이어 지음;김민철 옮김, 철학과현실사, 2004.
모종삼, 『중국철학19강』, 모종삼전집29, 대만: 학생서국, 1996.
______, 『政道與治道』, 모종삼선생전집 10, 대만: 학생서국, 1996,
______, 『모종삼 교수의 중국철학 강의』, 서울: 예문서원, 2011.
바이시, 『직하학연구』, 이임찬 옮김, 서울:소나무, 2013.
이강수, 『중국고대철학의 이해』, 서울: 지식산업사, 2015.
이병덕, 『논리적 추론과 증명』, 서울: 이제이북스, 2015.
정세근, 『위진현학』, 서울:예문서원, 2001.

서양서

Ames, Roger T. Ames and Hall, David L. *Thinking Through Confucius*, New York: State University of New York Press, 1987.
________________, *Anticipating China*, New York: State University of New York Press, 1995.
Angle, Stephen C. and Tiwald, Justin. *Neo-Confucianism: A Philosophical Introduction*, Malden, Polity Press, 2017.
Chong, Kim-Chong. "Xunzi's Systematic Critique of Mencius," *Philosophy East and West*, Vol. 53, No. 2 Apr., 2003.

Clark, Andy and Chalmers, David J. "The extended mind". *Analysis* 58 (1), 1998.

Creel, H. G. *Confucius, the Man and the Myth*, New York, 1949.

Cua, Antonio S. *Human Nature, Ritual and History: Studies in Xunzi and Chinese Philosophy*, Washington D. C.: The Catholic University of America Press, 2005.

Defoort, Carine. "Is There Such a Thing as Chinese Philosophy" in *Philosophy East and West*, 51/3, 2001.

Fingarette, Herbert. *Confucius-the Secular as Sacred,* New York: Harper & Row, 1972.

Fraser, Chris. T*he Philosophy of the Mozi: The First Consequentialists,* New York: Columbia University Press, 2016.

Fromm, Erich. *The Art of Loving*, Harper Perennial Modern Classics, 2006.

Fung Yu-Lan, *A History of Chinese Philosophy*, tr. Derk Bodde, Princeton, NJ: Princeton University Press, 1952.

Graham, A. C. *Later Mohist Logic, Ethics and Science,* Hong Kong: Chinese University Press, 1978.

________________, *Disputers of the Tao,* La Salle: Open Court Publishing Company, 1989.

Hadot, Pierre. *What is ancient philosophy?* Cambridge: Harvard University Press, 2002.

Hansen, Chad. *Language and Logic in Ancient China*, Ann Arbor: The University of Michigan Press, 1983.

______________, *A Daoist Theory of Chinese Thought*, New York, 1995.

Kim, Sungmoon. "Before and after Ritual: Two Accounts of Li as Virtue in Early Confucianism" *Sophia*, 2012.

Kupperman, Joel J. *Classic Asian Philosophy*, New York: Oxford University Press, 2007.

___________________, *Learning from Asian Philosophy,* New York: Oxford University Press, 1999.

Loy, Hui-Chieh. "On the Argument for Jian'ai," *Dao: A Journal of Comparative Philosophy*, 12 (4), 2013.

Munro, Donald J. *The Concept of Man in Early China,* Stanford Univ Press, 1969.

Nivison, David S. *The Ways of Confucianism,* Open Court, 1996.

Van Norden, Bryan W. *Virtue Ethics and Consequentialism in Early Chinese Philosophy,* New YorK: Cambridge University Press, 2007.

__________________________, *Introduction to Classical Chinese Philosophy,* Indianapolis: Hackett Publishing Company, Inc., 2011.

__________________________, *Taking Back Philosophy,* New York: Columbia University Press, 2017.

Robins, Dan. "Mohist Care," *Philosophy East and West,* 62/1, 2012.

Ryle, Gilbert. *The Concept of Mind,* New York: Barnes & Noble, 1949.

Seok Bongrae, *Embodided Moral Psychology and Confucian Philosophy,* New York: Lexington Books, 2012.

Snow, Nancy. "Rethinking Public Diplomacy" in *Routledge Handbook of Public Diplomacy* ed. Nancy Snow and Phillip M. Taylor, New York: Routledge, 2009

Strawson, P. F. *The Bounds of Sense: An Essay on Kant's Critique of Pure Reason,* New York: Routledge, 1975.

Waley, Arthur. trans. *The Analects of Confucius,* New York, 1938.

Wong, David B. "Universalism Versus Love With Distinctions: An Ancient Debate Revived," *Journal of Chinese Philosophy,* 16, 1989.

Yu, Jiyuan. *The Ethics of Confucius and Aristotle,* New York: Routledge, 2007.

색 인

ㅅ

ㅇ